ELEMENTS DE THEORIE COMPTABLE

AHMED RIAHI-BELKAOUI
Professeur Emeritus
Univeersity of Illinois at Chicago

Plan de l'ouvrage

Table des matières

ÉVALUATION DES ACTIFS ET DÉTERMINATION DU PROFIT

CHAPITRE I
Introduction

La comptabilité est une discipline, et, comme toute discipline, elle obéit à un ensemble de règles formelles. En effet, la comptabilité a pour fonction d'opérer la collecte, l'enregistrement, la classification et la communication des données qui décrivent une classe de phénomènes (ou <<événements>>) économiques.

La comptabilité est aussi une discipline de nature empirique, dans le sens qu'elle vise l'explication et la prédiction d'une classe d'événements spécifiés. Pour arrivera cette fin, cependant, la comptabilité a besoin d'un cadre de référence base sur un raisonnement logique et conceptuel, c'est-à-dire, en l'occurrence, d'e la formulation d'une *théorie comptable*.

L'objectif de cet ouvrage est donc de justifier et d'expliquer les différents éléments d'une théorie comptable. Ces éléments seront présentés en trois parties, recouvrant quinze chapitres.

La première partie traite de la formulation d'une théorie comptable. La deuxième partie présente des solutions aux problèmes fondamentaux de l'évaluation des actifs et de la détermination du profit, Finalement, la troisième partie aborde certains sujets comptables controverses et évalue les positions officielles prises par la profession aux États-Unis et au Canada face à ces sujets.

Les chapitres traitent des éléments qui, par leur importance et/ou le manque de solutions qu'ils mettent en évidence, contribuent d'une façon ou d'une autre a la formulation d'une théorie comptable. Ces éléments sont présentés comme suit:

a) *une description des approches traditionnelles pour la formulation, d'une théorie comptable.* Ces approches sont représentées par des méthodes soit normatives, soit descriptives. Cette distinction correspond dans une large mesure à la distinction entre approches théoriques et approches non théoriques (Chapitre II) ;

b) *une description de l'approche règlementaire pour la formulation, d'une théorie comptable.* Cette approche est représentée par des méthodes reposant soit sur le marché libre, soit le secteur privé ou le secteur public (Chapitre in) ;

c) *une description des approches de l'événement et béhaviorales pour la formulation d'une théorie comptable* (Chapitre IV) ;

d) *une description des approches prédictives et positives pour la formulation d'une théorie comptable* (Chapitre V);

e) *une description, du cadre théorique de la comptabilité financière.* Une différenciation est faite entre le cadre théorique aux États-Unis, au Canada et au Royaume Uni (Chapitre VI);

f) *une description, de la structure théorique de la comptabilité.* Une différenciation est faite entre les postulats, les concepts théoriques et les principes et procédures comptables (Chapitre VII);

g) *une description, de la portée future de la comptabilité,* cette dernière comprenant quatre nouvelles sous-disciplines: 1) la comptabilité des ressources humaines; 2) la publication des résultats prévisionnels; 3) la comptabilisation du cout du capital; et 4) la comptabilité sociale et économique (Chapitre VIII) ;

h) *une présentation du courant <<radical>> marque par le choix de la valeur actuelle comme base de valorisation.* Reposant sur la notion de préservation du patrimoine, c'est-à-dire de préservation de la capacité de production, ce courant présente quatre concepts de la valeur actuelle: 1) le prix d'entrée courant ; 2) le prix de sortie courant ; 3) les valeurs actualisées ; 4) la méthode << mixte >> (Chapitre IX) ;

i) *une présentation du courant <<néo-classique>>marqué principalement par le rejet de to stabilité présumée de l'unité de mesure monétaire et la reconnaissance du changement dans le pouvoir d'achat de la monnaie* ; c'est le courant de la comptabilité <<indexée>> sur le niveau général des prix (Chapitre X) ;

j) *une présentation des différentes méthodes de calcul du profit.* On distingue d'une part trois systèmes qui ne tiennent pas compte de l'évolution du niveau général des prix, à savoir: 1) le système traditionnel base sur la valeur d'origine ; 2) le système base sur les valeurs actuelles selon la méthode du prix d'entrée courant; et 3) le système base sur les valeurs actuelles selon la méthode du prix de sortie courant. On trouve d'autre part trois systèmes qui tiennent compte de l'évolution du niveau général des prix, à savoir: 1) le système traditionnel base sur la valeur d'origine indexée sur le NGP; 2) le système base sur le prix d'entrée courant indexe sur le NGP; et 3) le système base sur le prix de sortie courant indexe sur le NGP (Chapitre XI) ;

CHAPITRE II
Approches traditionnelles pour la formulation d'une théorie comptable

Approches traditionnelles
pour la formulation
d'une théorie comptable

Les *gestionnaires* ont besoin d'information concernant les effets de leurs décisions sur le profit comptable et les mouvements de trésorerie. Les *actionnaires* soucieux de maximaliser la rentabilité de leurs investissements utilisent l'information pour évaluer l'efficacité des méthodes de gestion de l'entreprise. Enfin, les *investisseurs* et les *créditeurs* cherchent, dans l'information divulguée, un indicateur de la capacité qu'a la firme de payer ses dettes et ses dividendes. La comptabilité financière fournit la plupart de ces informations. Elle a un but pratique très précis: informer de façon pertinente les divers lecteurs. Pour accomplir cette tâche, le comptable dispose d'un ensemble de techniques de collection, de classification, d'enregistrement et de communication. Certaines de ces techniques ont une portée assez vaste, une acceptation dite générale. Connues sous le nom de <<principes comptables généralement reconnus >> (PCGR), elles guident depuis longtemps la profession comptable dans le choix des techniques et la préparation des états financiers. Ces PCGR se sont traditionnellement développés au rythme des crises qu'a connues la profession comptable, et dans le but d'apporter des solutions satisfaisantes à des problèmes précis. Cette approche a freine le développement d'une base logique, d'une théorie comptable, à cause de l'accent mis sur la recherche de solutions à court terme plutôt que sur l'intégration de ces solutions à l'ensemble de la théorie[1]. Cependant, cette approche a été utilisée par la profession comptable dans la formulation d'une théorie comptable. Elle résulte, la plupart du temps, de l'application de diverses méthodes d'analyse, appelées approches traditionnelles de formulation d'une théorie comptable. Parmi ces approches traditionnelles (caractérisées par l'absence de cheminement rigoureux et théorique), on peut distinguer: a) l'approche déductive; b) l'approche inductive; c) l'approche morale, d) l'approche psychologique; e) l'approche

---

[1] LANDRY, Maurice, <<Les principes comptables et leur mode de développement: une analyse critique>>, *Le Comptable Agréé Magazine* (Août 1975), pp. 47-51.

12

sociologique ; f) l'approche macro-économique ; g) l'approche de la théorie de la communication, et h) l'approche de la théorie des comptes.

Avant d'entamer l'analyse de ces approches traditionnelles, le chapitre traite des différentes images de la comptabilité, des notions de théorie comptable et des méthodologies de formulation d'une théorie comptable.

2.1. LA NATURE DE LA COMPTABILITÉ: DIFFÉRENTES IMAGES

La comptabilité est généralement définie comme étant l'art de la mesure, du classement et de l'enregistrement des données ayant trait à des transactions et évènements économiques affectant l'entreprise, et de l'interprétation des résultats périodiques. La comptabilité est donc définie comme étant un résultat de l'application de techniques et pratiques bien déterminées, à savoir les principes comptables généralement reconnus. Le Bulletin numéro 4 du Comité sur les principes comptables de 1'A.I.C.P.A. (appelé par la suite 1'A.P.B.) énonce ce qui suit :

> L'expression << principes comptables généralement reconnus >> a un sens technique en comptabilité financière. Ces principes comprennent à la fois les conventions et les règles qui sont nécessaires pour préciser à quel moment une pratique comptable devient acceptable. Les principes comptables généralement reconnus ne désignent pas seulement des directives générales[2] mais aussi des pratiques précises.

Ces techniques servent de base a la plupart des fonctions entamées par les comptables ; entre autres :

a) *la comptabilité générale*: s'occupe surtout de l'inscription des données et de l'établissement des états financiers et d'autres rapports destines a la direction, aux propriétaires, aux créanciers, au gouvernement et au grand public;

b) *la comptabilité fiscale*: s'occupe de l'établissement des déclarations d'impôts et de la formulation de suggestions en vue d'aider la direction à prendre des décisions qui risquent ainsi de minimiser les impôts à payer;

c) *la vérification interne*: s'occupe de l'établissement de mécanismes pour assurer que tous les services respectent les procédures comptables établies et les directives des cadres supérieurs;

d) *la vérification externe*: s'occupe de la vérification des comptes et permet au comptable d'exprimer une opinion portant sur la sincérité ou la fidélité des états financiers;

e) *la comptabilité de prix de revient*: s'occupe de la compilation et du contrôle des couts de fabrication, de la distribution et de l'administration, et enfin de la planification de contrôle des activités de l'entreprise. La comptabilité de prix de revient est aussi connue comme la comptabilité de gestion ou de << management>> ;

---

[2] The Accounting Principles Board, Statement N. 4 - *Basic Concepts and Accounting Principles Underlying Financial Statement of Business Enterprises* (New York: American Institute of Certifies Public Accountants, Inc., 1971), paragraphe 138.

f) *la consultation en administration*: s'occupe d'études spécialisées dont l'objectif est d'améliorer l'exploitation et l'installation d'un meilleur système comptable. Les comptables s'inspirent de différentes << images >> du processus comptable pour transformer ces fonctions et ces techniques en théorie comptable[3]. Avant d'examiner les différentes approches de formulation d'une théorie comptable, il serait utile d'étudier certaines de ces images qui ont façonné les développements en comptabilité financière. Parmi ces images, on peut distinguer la comptabilité comme une idéologie, un langage, un enregistrement historique, une réalité économique actuelle, et un produit.

2.1.1. La comptabilité comme idéologie

La comptabilité peut être perçue comme un phénomène idéologique. Par exemple, Marx maintient que la comptabilité engendre une forme de fausse conscience et crée un moyen de mystifier plutôt que de révéler la vraie nature des relations sociales que constituent les activités de production[4]. De ce fait, la comptabilité a aussi été perçue comme un mythe, un symbole ou un rite. Elle permet la création d'un ordre symbolique au sein duquel les agents sociaux peuvent réagir réciproquement. Ces deux perceptions de la comptabilité, idéologie ou symbole rituel, sont aussi à la base de la perception de la comptabilité comme instrument de rationalité économique et instrument du système capitaliste. Cette perception de la comptabilité comme instrument de rationalité économique est bien exemplifie par Weber quand il définit cette rationalité formelle de l'action économique comme étant << le degré de calcul économique, ou de comptabilité, qui est techniquement possible et qui est actuellement applique>>[5] .

2.1.2. La comptabilité comme langage

La comptabilité peut être perçue comme le langage des affaires. C'est l'un des moyens de communiquer toute information sur une entreprise.

La perception de la comptabilité comme langage est bien acceptée dans les milieux académiques. Par exemple, Ijiri maintient que:

> Comme langage des affaires, la comptabilité a beaucoup en commun avec les autres langages. Les différentes activités de l'entreprise sont enregistrées dans les états financiers sur la base du langage comptable, tout comme les nouvelles sont enregistrées dans les journaux sur la base d'un langage, comme l'anglais. Pour exprimer un événement en comptabilité ou en anglais, on doit survire certaines règles. Sans ces règles, on court le risque d'être pénalisé pour avoir présente un faux rapport, un mensonge ou un faux témoignage. La comparabilité des représentations ou expressions est essentielle au fonctionnement efficace

---

[3] DAVIS, S.W., MENON, K. et G. MORGAN, <<The Images that Shaped Accounting Theory>>, *Accounting, Organization and Society* (decembre 1982), pp. 307-

[4] BURCHELL, S., CLUBB, C., HOPWOOD, A., HUGHES, J. et J. NAHAPICT, <<The Roles of Accounting in Organizations and Society>>, *Accounting, Organizations and Society* (juin 1980), P. 19.

[5] WEBER, M., *Economy and Society*, Vol. I (Bechminster Press, 1969), p. 85.

de tout langage incluant la comptabilité. En même temps, tout langage doit être flexible afin de s'adapter à un environnement qui change constamment[6].

Cette situation est bien reconnue, par la profession comptable, comme en témoigne la publication des bulletins de terminologie comptable. Elle est également reconnue dans le milieu de recherche empirique à témoigner par les efforts entrepris pour la mesure de la communication des concepts comptables[7].

Qu'est-ce qui fait que la comptabilité peut être perçue comme un langage? Tout langage a deux dimensions qui sont les symboles et les règles de grammaire. La reconnaissance de la comptabilité comme un langage repose donc sur l'identification de ces deux dimensions comme les deux niveaux de la comptabilité. Ceci peut être explique de la façon suivante:

a) Les symboles ou caractéristiques lexiques d'un langage sont les unités ou mots identifiables dans tout langage. Ces représentations symboliques existent aussi en comptabilité. Par exemple, McDonald a identifié les chiffres et les mots, les débits et les crédits comme des symboles généralement acceptes et tout à fait uniques a la discipline comptable[8].

b) Les règles de grammaire d'un langage ont trait à la syntaxe existant dans tout langage. De telles règles existent en comptabilité. Elles ont trait à l'ensemble des procédures utilisées dans la création de données financières de l'entreprise. Par exemple, Jain établit le parallèle suivant entre les règles de grammaire et les règles de comptabilité:

Le vérificateur certifie l'exactitude de l'application des règles de comptabilité de la même façon qu'on vérifie la bonne grammaire d'une phrase. Les règles de comptabilité organisent la structure de la comptabilité de la même façon que la grammaire structure un langage naturel[9].

Étant donnée l'existence de ces deux dimensions (symboles et règles grammaticaux), la comptabilité peut être définie a priori comme un langage[10].

2.1.3. La comptabilité comme enregistrement historique

La comptabilité a été généralement perçue comme un moyen de fournir l'histoire de l'organisation et de ses transactions avec son environnement. Pour le propriétaire ou les actionnaires, la comptabilité fournit la gestion et la sauvegarde des ressources des actionnaires par la direction. Ce principe de sauvegarde constitue un trait principal de la

---

[6] IJIRI, Y., *Theory of Accounting Measurement*, Studies in Accounting Research No. 10 (American Accounting Association, 1975) p. 14.

[7] BELKAOUI, Ahmed, <<Linguistic Relativism in Accounting>>, *Accounting, Organizations and Society* (octobre 1978), pp. 97-104.

[8] McDONALD, D., *Comparative Accounting Theory* (Addison-Wesley Publishing Co., 1972).

[9] JAIN, T.N., <<Alternative Methods of Accounting and Decision Making: A Psycholinguistic Analysis>>, *The Accounting Review* (janvier 1979), p. 101.

[10] BELKAOUI, A., <<Linguistic Relativity m Accounting>>, *Accounting, Organizations and Society* (octobre 1979), pp. 97-104.

relation entre le propriétaire et l'agent ou l'agent est charge d'assurer la sauvegarde des ressources de l'entreprise. Ce concept de sauvegarde a beaucoup évolué. Birnberg fait la distinction entre quatre périodes :

1. la période de sauvegarde pure;
2. la période de sauvegarde traditionnelle;
3. la période d'utilisation des actifs;
4. la période de libre choix[11].

Dans les deux premières périodes, l'agent devait retourner intactes les ressources du propriétaire, après avoir accompli des taches vraiment minimales pour s'acquitter de sa tache de sauvegarde. Ces deux périodes considèrent la publication et la divulgation des données du bilan comme étant suffisamment adéquates.

Dans la troisième période, l'agent devait montrer de l'initiative et du bon jugement dans l'utilisation des actifs conformément aux plans préétablis. En plus du bilan, cette période a nécessité la divulgation de données sur l'évaluation de la performance dans l'utilisation des actifs.

La dernière période de libre choix diffère de la période d'utilisation des actifs en donnant plus de souplesse dans l'utilisation des actifs et en permettant à l'agent de décider de la bonne utilisation des actifs.

2.1.4. La comptabilité comme réalité économique actuelle

La comptabilité a également été perçue comme un reflet de la réalité économique actuelle. La thèse principale supportant cette perception est que le bilan et l'état des revenus et dépenses devraient être bases sur une évaluation des actifs plus représentative de la réalité économique que les couts d'origine. La base d'évaluation la plus représentative de la réalité économique repose sur les prix actuels ou futurs plutôt que sur les couts d'origine. L'objectif principal de cette image de la comptabilité est la détermination du <<vrai profit>> (ou <<profit idéal>>), un concept qui reflète le changement de richesse de la firme pour une période donnée. Quelle est la base d'évaluation des actifs qui pourrait engendrer ce profit idéal, est généralement le sujet d'études théoriques et empiriques qui font d'ailleurs l'objet des chapitres 8-10.

2.1.5. La comptabilité comme système d'information

La comptabilité peut être perçue comme un système d'information. Elle constitue un processus qui relie une source d'information (généralement le comptable), un canal de communication et un ensemble de récepteurs (les usagers externes). C'est donc un processus de communication bien défini comme <<le processus de codification des observateurs utilisant le langage du système comptable, la transformation des chiffres et

---

[11] BRINBERG, J.C., <<The Role of Accounting in Financial Disclosures>>, *Accounting, Organizations and Society* (juin 1980), p. 73.

rapports, et la transmission des résultats >>[12]. Ce point de vue de la comptabilité a des ramifications théoriques et empiriques. Premièrement, cela implique que le système comptable est le seul système formel de mesure dans l'entreprise. Deuxièmement, cela implique la possibilité de construire un système optimal de comptabilité, capable de fournir des informations pertinentes a tous les usagers. Troisièmement, cela suppose que le transmetteur de l'information (le comptable) est aussi important que le récepteur de l'information (l'usager). Le comportement du transmetteur est important pour le choix de l'information et la manière dont elle est communiquée. Le comportement du récepteur est important en termes de réaction engendrée par l'information, et d'utilisation finale de cette information. Ces deux comportements constituent le sujet de recherches conceptuelles et empiriques dans la comptabilité dite <<béhaviorale>>, qui fera partiellement l'objet du troisième chapitre.

2.1.6. La comptabilité comme produit
La comptabilité peut aussi être perçue comme un produit résultant d'une activité économique. Ce produit existe du fait de l'existence d'une demande pour des informations données et de la bonne volonté et capabilité des comptables a les produire. En tant que produit, l'utilité de la comptabilité peut être évaluée sur une base de cout-avantage. Elle devient aussi un candidat idéal à la règlementation et à la supervision de tout type de contrats entre la firme et son environnement. Le choix d'une information comptable et/ou d'une technique comptable peut donc avoir un impact sur le bien être des différents groupes sociaux. Il s'en suit d'un marché d'information comptable résultant des forces d'offre et de demande de la dite information.

2.1.7. La comptabilité comme résultat du choix
de la fonction objective
La comptabilité repose sur des bases de behaviorisme. Son objectif principal est d'orienter le comportement des individus dans des directions favorables à une gestion optimale de l'organisation. Pour réaliser ses objectifs, la comptabilité doit s'adapter aux différentes dimensions qui composent la personnalité des individus dans l'organisation et qui influencent aussi leur rendement, Une des dimensions concerne le choix de la fonction objective en comptabilité. Ce choix affecte le comportement de l'organisation, la conduite de la comptabilité et la construction d'un système d'information. Un choix optimal conduit nécessairement a une bonne performance. Les alternatives présentées dans la littérature et dans la pratique comptable se résument a trois fonctions objectives: 1) le modèle de la maximalisation de la richesse des actionnaires; 2) le modèle de la maximalisation du bien-être des gestionnaires; et, 3) le modèle de la maximalisation du

---

[12] BELKAOUI, Ahmed, <<Linguistic Relativity and Accounting>>, *Accounting Organization and Society*, octobre 1978, pp. 97-104.

bien-être social. Chacun de ces modèles affecte la perception et la conduite de la comptabilité.

1. Selon le modèle de la maximalisation de la richesse des actionnaires, le but principal de la gestion est de maximaliser le bien-être des actionnaires. Ainsi, l'entreprise accepte tous les projets dont le taux de rentabilité est supérieur au cout du capital et préfère investir ses bénéfices plutôt qu'émettre de nouvelles actions. Le modèle implique le choix de techniques comptables qui sont dans le meilleur intérêt des propriétaires de la firme. Dans le cas où les gestionnaires ne respectent pas ces règles, les droits de gestion sont soit mis en question, soit révoqués, étant donne que la firme appartient aux actionnaires qui, en fin de compte, élisent aussi les gestionnaires.

2. Selon le modèle de la maximalisation du bien-être des gestionnaires, le but principal des gestionnaires est de gérer les firmes pour leur propre avantage. Ceci est possible étant donne le grand nombre des actionnaires, qui permet aux gestionnaires d'avoir beaucoup de liberté dans l'administration des affaires. Ainsi, plutôt que de maximaliser les profits, les gestionnaires peuvent maximaliser les ventes ou les actifs, le taux de croissance ou encore leurs propres utilités. Dans le contexte comptable, le modèle de la maximalisation du bien-être des gestionnaires implique une acceptation peu enthousiaste des normes du budget et du contrôle, une tentation de manipuler la publication des informations afin de présenter des résultats favorables, mieux connu sous l'appellation <<normalisation du profit>>, et finalement l'adoption de techniques comptables qui soient dans le meilleur intérêt des gestionnaires.

3. Selon le modèle de la maximalisation du bien-être social, l'entreprise accepte tous les projets qui, en plus de répondre au critère de rentabilité, permettent de minimiser les couts sociaux et de maximaliser les bénéfices sociaux créés par les opérations de production de l'entreprise. Ainsi, selon ce modèle, l'entreprise est non seulement responsable vis-à-vis des actionnaires et des gestionnaires, mais aussi vis-à-vis de la société en général. Le modèle de la maximalisation du bien-être social implique le développement d'un système de comptabilité sociale oriente vers la mesure de la performance sociale, tenant compte des coûts et des bénéfices sociaux. Cela implique aussi le développement d'un nouveau concept de performance de l'organisation qui est plus indicatif de la responsabilité sociale de la firme que celui utilise dans la comptabilité conventionnelle. Par exemple, un comité de l'<<American Accounting Association>> a suggéré en 1974 une mesure de la performance de l'organisation composée des cinq résultats suivants :

1. profit net: intéresse les actionnaires et fournit des ressources pour la croissance future;
2. contributions aux ressources humaines: assistent les individus dans l'organisation a développer de nouvelles connaissances et talents ;
3. contributions publiques: aident la communauté dans laquelle se trouve l'entreprise a mieux fonctionner et à servir le public;

4. contributions environnementales: affectent la <<qualité de la vie>> dans la société ;
5. contributions en termes de produits et de services: affectent le bien-être et la satisfaction des consommateurs.

2.2. NOTIONS DE THÉORIE COMPTABLE

Bien qu'un grand effort ait été fait pour développer l'ensemble des principes comptables généralement reconnus, peu d'auteurs ont essayé de prouver que la comptabilité est une théorie. Quelques exceptions méritent cependant notre attention.

2.2.1. Un cadre de référence

Hendriksen propose une définition de la notion de théorie qui peut être appliquée a la comptabilite.[13] Une théorie représenterait un ensemble cohérent de principes hypothétiques, conceptuels et pragmatiques, formant un cadre de référence pour un champ d'intérêt. Ainsi, la théorie comptable pourrait être définie comme étant un raisonnement logique, exprime par un ensemble de principes généraux, et qui:

1) fournit un cadre de référence pour l'évaluation des techniques comptables existantes;
2) sert de guide pour le développement de nouvelles techniques comptables.

Cette définition permet de concevoir la théorie comptable comme un outil d'explication et de prédiction. L'objectif principal d'une telle définition est de fournir un ensemble cohérent de principes bases sur la logique et servant de cadre de référence pour l'explication et la prédiction des techniques comptables.

Cependant, il faut remarquer qu'une théorie comptable ainsi définie n'est pas satisfaisante pour les raisons suivantes:

1. Une théorie comptable ne peut à elle seule expliquer toutes les pratiques comptables a ce stade embryonnaire de la comptabilité. Ce dont on a besoin, c'est d'un ensemble de théories comptables complémentaires ou concurrentes, qui nous amèneraient à une vision exhaustive de la discipline comptable. Chacune de ces théories serait composée de propositions basées sur la logique, et chacune des propositions serait elle-même composée de différentes hypothèses. Le choix d'une théorie à l'intérieur de cet ensemble reposerait sur un test d'explication et de prédiction d'événements économiques.
2. Une théorie comptable a une base logique, alors que la plupart des techniques comptables ne sont pas conçues d'une façon logique. En d'autres termes, certains faits comptables peuvent être expliques par une théorie comptable, tandis que d'autres dépendent de facteurs non comptables. Le choix d'une théorie comptable

---

[13] HENDRIKSEN, Eldon, *Accounting Theory*, 3ième édition, R.D. Irwin Inc. 1977, p. 1.

optimale reposerait donc sur le pouvoir d'explication er de prédiction de tous les faits affectant l'entreprise.

2.2.2. Un ensemble de représentations symboliques

McDonald conçoit une théorie comme étant un ensemble de représentations symboliques assorties de règles de traduction et d'association permettant de faire des prédictions[14]. On peut donc, d'après cette définition, distinguer trois éléments dans une théorie.

Le premier élément concerne l'emploi de représentations symboliques. Les chiffres et les lettres sont des exemples de symboles. Pour que ces symboles puissent être identifies a une théorie, ils doivent avant tout être *acceptes* et *uniques*. La comptabilité utilise beaucoup de symboles acceptes par la profession et uniques a la discipline, comme le débit, le crédit, etc.

Le deuxième élément d'une théorie consiste dans les règles de traduction. La représentation symbolique implique la mise en code de transactions ou événements à l'aide de symboles définis. Ce processus de codification correspond aux règles de traduction identifiées dans la définition d'une théorie. Ces règles de traduction existent en comptabilité. Par exemple, les termes comptables ont une signification unique, comme les *postes d'actif ou de passif*, etc.

Le troisième élément d'une théorie comprend les règles de manipulation et d'association des représentations symboliques. Ce sont des règles qui permettent d'exprimer des relations, propositions ou hypothèses propres à la discipline. De nouveau, on peut affirmer que la comptabilité comporte de telles règles; par exemple, les techniques de tenue des livres, de détermination du profit comptable, etc.; ou encore, le profit comptable qui est exprimé par une relation de postes de revenus et de dépenses correspondant spécifiquement à la différence entre les revenus réalisés de la période et les dépenses correspondantes.

2.2.3. Une science sociale

La comptabilité est d'abord une profession. Les comptables offrent différents services aux entités économiques qui composent le marché. Cependant, le côté conceptuel et académique de la comptabilité peut nous amener à la percevoir comme une science sociale. Certains soupçonneront peut-être l'auteur de ce livre d'essayer de donner à la comptabilité un statut qu'elle n'a pas encore atteint, de l'honorer du titre de <<science>>, ou de la classifier avec les autres sciences sociales reconnues pour qu'elle puisse jouir du même statut. En fait, la comptabilité a déjà atteint ce statut, car les services qu'elle rend demandent une grande compétence, le niveau et le résultat de la recherche dans son domaine sont élevés, et des règles morales existent et sont respectées dans la profession.

---

[14] McDONALD, Daniel L., *Comparative Accounting Theory*: Addison-Wesley Publishing Company, 1972, p. 4.

Cependant, est-ce que la comptabilité peut être considérée comme une science *sociale*? La réponse à cette question repose sur la détermination du degré de correspondance entre les critères qui définissent une science comme étant << sociale>> et les caractéristiques de la comptabilité[15].

Les critères de définition d'une science sociale diffèrent dans la littérature. Seligman et Alvin, par exemple, l'ont définie en ces termes:

> <<Les sciences sociales peuvent être définies comme étant les sciences culturelles qui ont trait aux activités de l'individu comme membre d'un groupe>>[16].

Herring, pour sa part, a tenté de découvrir un dénominateur commun aux sciences sociales:

> <<Les scientistes sociaux partagent un souci commun dans le développement et l'emploi de méthodes permettant de classifier les données de manière systématique et analytique, et interpréter les résultats le plus objectivement possible >>[17].

Si on examine ces quelques définitions, il devient facile de percevoir la comptabilité comme une science sociale. En effet, la comptabilité traite des transactions entre différentes entités qui sont certainement des groupes sociaux; elle s'occupe de transactions qui ont des conséquences sociales, et enfin, elle produit des rapports utiles aux personnes engagées dans des activités sociales. La comptabilité pourrait donc être définie comme étant une science sociale.

Cependant, avant que la comptabilité puisse vraiment être qualifiée de science sociale, d'importants changements devront survenir dans la discipline comptable. Le point de vue suivant en témoigne:

> <<Nous avons besoin d'enseignants qui soient plutôt des sociologues que des praticiens. Il faut aussi améliorer notre système d'éducation. Il faudrait une approche qui reconnaîtrait la comptabilité comme une méthode d'analyse plutôt que de la considérer comme un art, une façon de faire, ou une série de procédures et techniques >>[18].

2.3. MÉTHODOLOGIES DE FORMULATION D'UNE THÉORIE COMPTABLE

Nous avons montre, dans la section précédente, que la comptabilité peut être considérée comme une théorie parce que:

1) elle constitue un cadre de référence;

2) elle forme un ensemble de représentations symboliques;

---

[15]MAUTZ, R.K., << Accounting as a Social Science >>, *Accounting Review* (April 1963), pp. 317-325.

[16] SELIGMAN, Edwin, R.A. et HAMSON, Alini, *Encyclopedia of the Social Sciences*, New York, Macmillan Co., 1930, Vol. 1, p. 3.

[17] HERRING, Pendleton, << Toward an Understanding of Man >>, in *New Viewpoint in the Social Sciences*, Twenty Eight Yearbooks of the National Council for the Social Studies, Ray A. Price, Editor, National Council of the Social Studies, 1958.

[18] MAUTZ, *op. cit.*, p. 324.

3) elle peut être qualifiée de séance sociale.

Comme toute discipline, la comptabilité nécessite une méthodologie de formulation d'une théorie. En comptabilité, les disparités existant entre la pratique et la théorie ont entrainé l'utilisation de deux méthodologies, une *descriptive* et une *normative*.

Dans le monde professionnel, on a pendant assez longtemps maintenu que la comptabilité est un art qui ne peut être formalise. Selon cette conception, la méthodologie utilisée pour la formulation d'une théorie comptable est par nécessité strictement *descriptive*. En d'autres termes, la théorie comptable cherche à déterminer *ce qui* appartient à la comptabilité, en termes *de* pratiques existantes. Le résultat est une théorie *de* la comptabilité. La définition suivante illustre cette méthodologie:

> <<La comptabilité est l'art d'enregistrer, de classifier et de résumer de façon significative et en termes monétaires, des transactions et événements qui sont, en partie au moins, de caractère financier, et d'interpréter les résultats >>[19].

Cette approche a cependant été beaucoup critiquée par les tenants d'une méthodologie *normative*, pour qui la théorie comptable cherche à déterminer *ce qui devrait* appartenir à la comptabilité en termes de pratiques existantes et, aussi, futures. Le résultat est une théorie *pour* la comptabilité. Ijiri décrit les raisons qui militent en faveur d'une méthodologie normative de la façon suivante:

> <<Malheureusement, La comptabilité conventionnelle est une collection de différents principes et méthodes qui, dans la plupart des cas, sont mutuellement inconsistants. Ainsi, aucune théorie systématique ne peut les décrire tous. Aussi, notre effort a été dirigé vers l'approximation de la comptabilité conventionnelle par la construction d'un ensemble relativement simple de concepts et théories afin d'expliquer des phénomènes complexes de façon satisfaisante>>[20].

Cependant, il faut avouer qu'étant donne le caractère assez dynamique du monde des affaires, la comptabilité devrait faire preuve d'une souplesse suffisante pour enregistrer d'une manière complète et utile l'information pertinente. Cette adaptation nécessite donc la contribution de deux méthodologies, une descriptive et l'autre normative, pour la formulation d'une théorie comptable. (La méthodologie descriptive se posera la question de justifier ce qui devrait être en comptabilité.) La contribution de chacune des deux méthodes apparait de façon évidente dans la littérature comptable. Parmi les théories de la comptabilité, on peut distinguer les travaux de Grady[21], le << Statement No. 4>> de l'A.I.C.P.A.[22], et les ouvrages de Skinner[23] et d'Ijiri[24]. Parmi les théories pour la

---

[19] American Institute of Certified Public Accountants, *Committee on Terminology, Accounting Terminology, Bulletin No. 1, Review and Résumé*, New York, A.I.C.P.A., 1939, p. 9.

[20] IJIRI, Yuji, *The Foundations of Accounting Measurement: A Mathematical Economic, and Behavioral Inquiry*, Prentice Hall, Inc., 1967.

[21] GRADY, Paul, *Inventory of Generally Accepted Accounting Principles for Business Enterprises*, Accounting Research Study No. 7, New York, A.I.C.P.A., 1961.

[22] Accounting Principles Board, *Basic Concepts and Accounting Principles Underlying Financial Statements of Business Enterprises*, New York; A.I.C.P.A., 1970.

comptabilité, on trouve les travaux de Moonitz[25], de Sprouse et Moonitz[26], une etude de l'American Accounting Association[27], l'ouvrage d'Edwards et Bell[28], et celui de Chambers[29]. Une bonne révision des deux méthodologies et des ouvrages cites est présentée par McDonald[30] et un récent rapport de l'American Accounting Association[31].

2.4. APPROCHES POUR LA FORMULATION D'UNE THÉORIE COMPABLE

Plusieurs approches ont été utilisées pour la formulation d'une théorie comptable. Comme on l'a dit précédemment, le but de ce chapitre est de présenter les approches traditionnelles. Ces approches sont les suivantes:

1. *Approche non théorique ou pragmatique.*
2. *Approches théoriques:*
   a) *approche déductive;*
   b) *approche inductive;*
   c) *approche morale:*
   d) *approche psychologique;*
   e) *approche sociologique;*
   f) *approche macro-économique;*
   g) *approche de la théorie de la communication;*
   h) *approche de la théorie des comptes,*

Dans les pages qui suivent, nous examinerons la portée de chacune de ces approches.

2.4.1. Approche non théorique ou pragmatique

Le pragmatisme philosophique est une doctrine selon laquelle les concepts théoriques sont évalués sur la base de leur utilité pratique. Appliquée a la comptabilité, l'approche pragmatique implique le développement de concepts en accord avec la pratique comptable et utiles dans des situations réelles. Le choix des techniques et concepts

---

[23] SKINNER, R.M., *Les principes comptables: une étude canadienne*, L'Institut canadien des comptables agréés, 1973.

[24] IJIRI, *op. cit.*

[25] MOONITZ, Maurice, *The Basic Postulates of Accounting*, New York, A.I.C.P.A., 1961.

[26] SPROUSE, Robert, T. et Maurice MOONITZ, *A Tentative Set of Board Accounting Principles for Business Enterprises, Accounting Research Study*, No. 3, New York, A.I.C.P.A., 1962.

[27] American Accounting Association, *A Statement of Basic Accounting Theory*, Evanston, Illinois, American Accounting Association, 1966.

[28] EDWARDS, Edgar, O. et Philip W. BELL, *The Theory and Measurement of Business Income*, Berkeley, University of California Press, 1961.

[29] CHAMBERS, Raymond J., *Accounting, Evaluation and Economic Behavior*, Englewood Cliffs, N.J., Prentice Hall, 1966.

[30] McDONALD, Daniel L., *op. cit.*

[31] Committee on Concepts and Standards for External Reports, Statement on, *Accounting Theory and Theory Acceptance*, American Accounting Association, 1977.

comptables sera donc sujet à des tests d'utilité et de réalisme. Ces techniques et concepts sont considérés utiles quand ils facilitent la gestion interne de l'entreprise, ou quand ils facilitent la prise de décision des lecteurs externes. En d'autres termes, une théorie qui n'a pas de conséquences pratiques est une mauvaise théorie[32].

L'utilité comme critère de choix des principes comptables semble lier entièrement la théorie comptable a la pratique comptable, ce qui explique, mis à part quelques exceptions, le peu d'enthousiasme soulevé par l'approche pragmatique[33, 34]. On peut distinguer certains avantages et désavantages de cette approche. Un des avantages est lie au fait que la comptabilité est utile seulement si elle a une fonction. Cela implique que les comptables seront toujours conscients des divers besoins des lecteurs. Cependant, l'approche pragmatique souffre d'un élément de subjectivité. L'absence d'un critère précis d'utilité et d'une identification complète des lecteurs et de leurs besoins rend son application totalement subjective. L'approche a aussi le désavantage de présenter un caractère non théorique. L'absence d'une logique dans la formulation des techniques comptables peut parfois rendre leurs généralisations douteuses.

Malgré ces défauts, l'approche pragmatique a été pendant longtemps favorisée au sein de la profession, à cause de sa simplicité et de son maintien du statu quo. Le résultat, en termes de formulation d'une théorie comptable, n'a pas été extraordinaire. A ce sujet, Skinner affirme:

<< Dans le passe, la profession comptable a formulé les principes comptables d'une façon pragmatique. De plus, les efforts en vue de réduire les pratiques contradictoires ont été, jusqu'à tout récemment, extrêmement timides et prudents. L'expérience révèle que cette approche ne pourra jamais, par elle-même, résoudre les conflits auxquels donne lieu l'acceptation des principes comptables>>[35].

2.4.2. Approches théoriques
2.4.2.1. *Approche déductive*
L'approche déductive consiste à identifier certaines prémisses fondamentales ou objectifs de la comptabilité a partir desquels seront dérivés logiquement les postulats, principes et techniques comptables. La formulation d'une théorie comptable par voie de raisonnement déductif consiste à aller du général au particulier. On peut identifier les étapes suivantes dans le processus de déduction:

1. Formuler les objectifs généraux et spécifiques des états financiers.
2. Développer des axiomes ou postulats de la comptabilité qui décrivent l'environnement économique, politique, psychologique ou sociologique du processus comptable.

---

[32] HENDRIKSEN, *op. cit.*, p. 13.
[33] FREMGEN, James M., <<Utility and Accounting Principles, Accounting Review (juillet 1967), pp. 457-467.
[34] MUELLER, Gerhard G., *International Accounting*, New York, Macmillan Co., 1967, pp. 60-63.
[35] SKINNER, *op. cit.*, p. 330.

3. Développer des principes sur lesquels serait base le développement de techniques comptables.

4. Choisir un ensemble de symboles ou une terminologie adéquate pour permettre aux idées d'être exprimées et résumées dans un contexte propre à la discipline comptable.

5. Appliquer les objectifs, postulats et principes a des situations spécifiques (comme des événements économiques) pour établir des règles et méthodes procédurales.

Même s'ils n'appliquent pas toujours exactement le processus de déduction décrit ci-haut, on peut dire que les auteurs et ouvrages suivants appartiennent à l'école déductive et normative: les ouvrages de Paton[36], Canning[37], Sweeny[38], MacNeal[39], Alexander[40], Edwards et Bell[41], Moonitz[42], et Sprouse et Moonitz[43]. Tous ces ouvrages ont en commun un raisonnement logique plutôt que pragmatique.

L'approche déductive repose principalement sur une définition logique des objectifs des états financiers, ce qui est fondamental pour les autres étapes du processus de déduction. En effet, différents objectifs pourraient conduire à différentes structures comptables. De même, l'approche déductive peut entrainer la formulation de faux principes comptables si les objectifs formules sont faux au départ. A ce sujet, Skinner maintient que:

<<Il y a d'abord le problème d'ordre intellectuel qui consiste à choisir des hypothèses valables afin d'en arriver à une théorie. Les efforts faits jusqu'ici pour énoncer les << postulats comptables>> n'ont pas été très convaincants >>[44].

Cependant, les professions américaine et canadienne sont maintenant conscientes de l'importance de la définition des objectifs de la comptabilité pour la formulation déductive d'une théorie comptable. Nous verrons dans le chapitre 4 que la profession américaine a déjà proposé, dans le << Rapport Trueblood>>, un ensemble de douze objectifs de la comptabilite[45].

L'approche déductive peut aussi conduire à des résultats théoriques plus précis si elle est conçue dans le cadre de modèles mathématiques bases sur l'algèbre matricielle ou la logique symbolique. Connue sous le nom d'*approche axiomatique ou mathématique* à la

[36] PATON, W.A., *Accounting Theory*, New York, The Ronald Press Company, 1922.

[37] CANNING, J.B., *The Economics of Accountancy*, New York, The Ronald Press Company, 1929

[38] SWEENY, H.W., *Stabilized Accounting*, New York, Harper and Brothers, 1936.

[39] MACNEAL, K., Truth in Accounting, Philadelphia, University of Pennsylvania Press, 1939.

[40] ALEXANDER, S.S., <<Income Measurement in a Dynamic Economy>>, Five Monography on Business Income, New York, The Study Group on Business Income, The American Institute of Accountants, 1910.

[41] EDWARDS, E.O. et Philip W. BELL, *op. cit.*

[42] MOONITZ M., *op. cit.*

[43] SPROUSE, R.T. et M. MOONITZ, A *Tentative Set of Board Principles for Business Enterprises*, Accounting Research Study No. 3, New York, A.I.C.P.A., 1962.

[44] SKINNER, *Op. cit.*, p. 330.

[45] American Institute of Certified Public Accountants, Study Group on the Objectives of Financial Statements, Objectives of Financial Statements, New York, A.I.C.P.A., 1973.

formulation d'une théorie comptable, l'approche déductive fournit, grâce a un processus de vérification mathématique, un résultat plus rigoureux. Comme exemples d'auteurs et d'ouvrages qu'on peut inclure dans l'approche axiomatique, citons les travaux de Mattessich[46] et Chambers[47].

2.4.2.2. *Approche inductive*

L'approche inductive consiste à dériver une structure logique de la comptabilité à partir d'observations particulières, c'est-à-dire à développer des généralisations sur la comptabilité à partir d'un ensemble d'observations prises dans la pratique comptable. Cette approche va donc du particulier au général. Les généralisations font souvent l'objet de vérification et d'expérimentation avant d'être acceptées. Parmi les auteurs qui ont utilisé un raisonnement inductif, on peut citer Hatfield[48], Gilman[49], Littelton[50], et surtout Ijiri[51]. 11 est intéressant de noter que lorsque Littleton, qui favorise l'approche inductive et Paton, qui favorise l'approche déductive, ont travaillé en collaboration, le résultat était nettement imprégné d'un raisonnement déductif[52].

L'approche inductive souffre elle aussi d'un élément de subjectivité. Les observations utilisées dépendent beaucoup du jugement de l'observateur, de son système de valeurs, de son biais. Ce qui est pertinent pour l'observateur n'est pas nécessairement pertinent pour la formulation d'une théorie comptable. De même, les observations recueillies dans la pratique comptable diffèrent d'une firme à l'autre et d'une industrie à l'autre. Les différences entre ces données comptables risquent de conduire à de fausses généralisations.

Même si notre discussion semble reconnaitre des différences flagrantes entre l'approche déductive et l'approche inductive, il demeure qu'il y a une relation étroite entre les deux. L'approche déductive est basée principalement sur le développement d'objectifs, hypothèses ou propositions qui sont de nature générale et, par conséquent, ne sont pas prouves. En fait, leur détermination résulte d'un raisonnement inductif lie à la bonne connaissance, par le théoricien, de la discipline. En d'autres termes, la logique inductive présuppose la logique déductive. La vérification, confirmation ou modification empirique des propositions dérivées à partir d'un raisonnement déductif nécessite l'utilisation d'un processus inductif[53]. C'est pourquoi certains des ouvrages comptables utilisant la méthodologie descriptive ou normative font reposer le développement d'une théorie

---

[46] MATTESSICH, Richard, *Accounting and Analytical Methods*, Homewood, Ill., Richard D. Irwin, Inc., 1964.
[47] CHAMBERS, *op. cit.*
[48] HATFIELD, H.R., *Accounting*, New York, D. Appleton & Co., 1927.
[49] GILMAN, S., *Accounting Concepts of Profit*, New York, The Ronald Press Company, 1939.
[50] LITTELTON, A.C., *Structure of Accounting Theory*, Monograph No. 5, American Accounting Association, 1953.
[51] IJIRI, *op. cit.*
[52] PATON, W.A. et A.C. LITTELTON, *An Introduction to Corporate Accounting Standards*, Monograph No. 3, American Accounting Association, 1940.
[53] Yu, S.C., << *The Structure of Accounting Theory*>>, Gainesville, The University Press of Florida, 1976

comptable sur une approche inductive quand il s'agit de la formulation des hypothèses de base, et sur une approche déductive quand il s'agit de dégager une structure comptable. Les exemples les plus évidents sont ceux de Ijiri[54] et de Chambers[55].

2.4.2.3. *Approche morale*

L'approche morale met l'accent sur les concepts de *justice, vérité et impartialité* comme critères principaux dans la formulation d'une théorie comptable. D.R. Scott définit ainsi ces critères:

1. Les procédures comptables doivent fournir un traitement *juste* pour toutes les parties intéressées.
2. Les rapports financiers doivent présenter une image *vraie*, exacte et sans biais.
3. Les données comptables doivent été *fidèles* et ne servir aucun intérêt special[56].

L'approche morale implique avant tout que les rapports comptables ne feront l'objet d'aucune influence non nécessaire et serviront équitablement tous les groupes de lecteurs ; tous les intérêts des groupes de lecteurs devraient donc être inclus dans les rapports comptables, dans la mesure du possible.

<<Justice>>, dans l'approche morale, implique plus précisément une conformité a un standard établi pour assurer un traitement équitable, alors que <<vérité>> implique une conformité a des faits réels. On veut dire par là que les données comptables doivent être objectives et vérifiables. Finalement, << fidélité >> implique une conformité aux principes généralement reconnus, une divulgation complète, et des données comparables.

Patillo est parmi les rares auteurs à se conformer totalement à l'approche morale[57]. MacNeal, de son côté, a mis l'accent uniquement sur le concept de justice[58]; et, en général, les associations professionnelles ont toujours reconnu l'importance du concept de fidélité[59, 60].

2.4.2.4. *Approche psychologique*

L'approche psychologique est le résultat de l'application des sciences du comportement à la comptabilité. Elle insiste sur la pertinence de l'information communiquée pour la prise de décision, et la nature du comportement des individus et groupes qui résulte de la divulgation de l'information comptable. Une procédure comptable est jugée sur la base de

---

[54] IJIRI, *op. cit.*

[55] CHAMBERS, *op. cit.*

[56] SCOTT, D.R., <<The Basis for Accounting Principles>>, *Accounting Review* (décembre 1941), pp. 341-349

[57] PATILLO, James W., *The Foundations of Financial Accounting*, Baton Rouge, Louisiana State University Press, 1965.

[58] MACNEAL, *op. cit.*

[59] Committee on Auditing, Procedure of the A.I.C.P.A., *Auditing Standards and Procedures*, Statement on Auditing Procedure No. 33, New York, A.I.C.P.A., 1963, pp. 69-74.

[60] RYAB, F.J.O., <<A True and Fair View>>, *Abacus* (décembre 1967), pp. 95-108.

la réaction qu'elle engendre chez les lecteurs[61]. Une procédure comptable sera jugée utile si le comportement qui en résulte est jugé désirable.

Cette approche a soulevé un certain enthousiasme et a généré un nouvel effort de recherche auquel on a donné le nom de <<Comptabilité comportementale >> (<< Behavioral Accounting >>). Cette nouvelle sous-discipline de la comptabilité s'est immédiatement caractérisée par des méthodologies, des écoles de pensée et des théories propres aux sciences du comportement[62, 63, 64,65].

Malgré l'intérêt croissant que la recherche comptable a montré pour l'approche psychologique, plusieurs questions et problèmes restent à résoudre.

1. Quels sont les utilisateurs de l'information comptable ? II est généralement admis que l'information comptable intéresse plusieurs groupes d'utilisateurs. En général, ces groupes incluent les créanciers, les investisseurs, les organismes sans but lucratif, les syndicats, les services gouvernementaux charges soit de la cueillette de statistiques, soit de la mise en application des lois anti-monopoles, etc. Cette liste n'est pas exhaustive et la recherche comptable se doit d'entreprendre des études d'identification des utilisateurs de l'information comptable.

2. Quels sont les besoins informationnels des lecteurs des états financiers ? La réponse a cette question repose largement sur la solution du problème soulevé en 1. En effet, avant de déterminer les besoins informationnels des lecteurs, il faut d'abord bien identifier ces derniers. Même en supposant que certains d'entre eux peuvent être identifies, comme les investisseurs et créanciers, une étude de leurs besoins informationnels ne peut être raisonnablement accomplie qu'après une recherche de leurs modèles de décision. Ceux-ci, normatifs ou descriptifs, sont nécessaires pour identifier les informations qui pourraient être utiles aux utilisateurs, et par conséquent, feront l'objet de l'étude des besoins. C'est ainsi que la plupart des études portant sur ce sujet se sont limitées premièrement à identifier des informations jugées a priori utiles à des groupes de lecteurs, et, deuxièmement, à comparer les perceptions de différents groupes de lecteurs envers ces informations[66, 67].

---

[61] PRINCE, Thomas, *Extensions of the Boundaries of Accounting Theory*, Cincinnati, South Western Publishing Co., 1963.

[62] HOPWOOD, Anthony G., *Accounting and Human Behavior*, Prentice Hall, 1974.

[63] SCHIFF, Michael et Arie Y. LEWIN, *Behavioral Aspects of Accounting*, Prentice Hall, 1974.

[64] BELKAOUI, Ahmed et Alain COUSINEAU, <<Accounting Information, Non Accounting Information, and Common Stock Perception >>, *Journal of Business* (juillet 1977), pp. 3 34-342.

[65] HOPWOOD, Anthony G., *An Accounting System and Managerial Behavior*, Saxon House, 1973.

[66] BUZBY, Stephen, <<Selected Items of Information and their Disclosure in Annual Reports >>, *Accounting Review* (juillet 1974), pp. 423-435.

[67] BELKAOUI, Ahmed, Alfred KAHN et Josette PRYARD, <<Information Needs of Financial Analysts: An International Comparison>>, *Journal of International Education and Research in Accounting* (automne 1977), pp. 19-27.

3. L'approche psychologique souffre d'un manque d'objectivité concernant la nature du comportement approprie du lecteur. Faut-il baser la formulation de la théorie comptable sur le comportement parfois incompris du lecteur ? De plus, il est connu que les lecteurs réagissent parce qu'ils sont conditionnes à réagir à l'information comptable[68]. Ce problème peut être résolu par un examen plus approfondi des variables de personnalité ou autre, susceptibles d'influencer le comportement individuel dans un contexte comptable. Peut en témoigner l'intérêt croissant pour le <<traitement humain de l'information>> (human information processing)[69, 70].

4. L'approche psychologique nécessite en général l'utilisation d'expériences de laboratoire visant à isoler l'impact des données comptables. Malheureusement, les résultats obtenus dans ces expériences sont généralement critiques pour leur manque de réalisme et de validité externe, et parce qu'on utilise des étudiants comme sujets[71, 72].

2.4.2.5. *Approche sociologique*

L'approche sociologique met l'accent sur le comportement social face à l'information comptable plutôt que sur le comportement individuel. La formulation d'une théorie comptable s'intéresse au bien-être de la société en général plutôt qu'à celui de certains individus ou groupes. Selon cette approche, une technique comptable donnée serait évaluée à l'aide de la réaction de la société en général. En d'autres termes, les données comptables sont censées servir de guide à la formulation de politiques ou décisions portant sur le bien-être social.

L'approche sociologique a la formulation d'une théorie comptable a contribué au développement d'une sous-discipline de la comptabilité appelée <<comptabilité socio-économique>>. Le but de la comptabilité socio-économique est de permettre aux entités économiques fonctionnant dans une économie de marche de tenir compte de l'impact de leurs activités sur l'environnement social par une intégration, une mesure et une divulgation dans les états financiers[73].L'interet pour cette sous-discipline s'est

---

[68] STERLING, Robert T., << On Theory Construction and Verification>>, *Accounting Review* (juillet 1970), p. 453.

[69] << Studies on Human Information Processing/n Accounting >>, *Journal of Accounting Research*, Supplement 1976.

[70] SCHRODER, H.M, J. DRIVER et S. STEUFERT, *Human Information Processing*, New York, Holt, Rinehart and Winston, 1967.

[71] BIRNBERG, Jacob G., et RAGHU, Nath, <<Implications of Behavioral Science for Managerial Accounting>>, *Accounting Review* (juillet 1967), pp. 468-479.

[72] COPELAND, R.M., FRANCIS, A.J. et R. STRAWSER, <<Students as Subjects in Behavioral Business Research>>, *Accounting Review* (avril 1973), pp. 365-372.

[73] LINOWES, David F., <<Socio-Economic Accounting>>, *The Journal of Accountancy* (novembre 1968), pp. 37-42.

considérablement accrue par suite du mouvement de responsabilité sociale qui anime les firmes, le gouvernement et le public en général.

Les premières manifestations de l'approche sociologique ont eu trait à la divulgation d'états financiers socio-économiques[74, 75]. Plus spécifiquement, l'effet a porté sur la mesure et la divulgation de couts et bénéfices sociaux, tels que les couts de prévention de la pollution[76, 77].

Le seul désavantage de cette approche réside dans le manque de techniques de mesure nécessaires à l'évaluation des coûts et bénéfices sociaux. La compétence technique actuelle des comptables empêche la réalisation de certains des objectifs de la comptabilité socio-économique. Une meilleure formation des comptables est à souhaiter.

2.4.2.6. *Approche macro-économique*

L'approche macro-économique s'intéresse au contrôle du comportement des indicateurs macro-économiques de la nation qui résultent de l'utilisation de techniques comptables données et de la divulgation de certaines informations comptables. Alors que l'approche psychologique vise l'intérêt des individus ou groupes concernes, et que l'approche sociologique porte sur le bien-être social, l'approche macro-économique se soucie de l'économie en général par le contrôle et le choix judicieux de méthodes comptables appropriées à la situation macro-économique désirée. Ainsi, selon cette approche, les méthodes comptables requises varieraient selon la situation économique. Par exemple, une situation inflationniste nécessiterait l'adoption de méthodes pertinentes d'amortissement des actifs ainsi que des politiques appropriées de paiement de dividendes. Plus spécifiquement, on peut avancer que la comptabilité a la valeur actuelle ou l'indexation de la comptabilité à la valeur actuelle permettrait un meilleur calcul des indicateurs macro-économiques que la comptabilité a la valeur d'origine, contribuant ainsi à une meilleure politique macro-économique. La Suède est un exemple de pays qui favorise une approche macro-économique à la formulation d'une théorie comptable[78]. L'utilisation de cette approche en Amérique du Nord se trouve contrecarrée par le caractère plus professionnel et plus libre de la discipline. En effet, le des avantage principal d'une telle approche est la possibilité, et peut-être la nécessité, d'un contrôle rigoureux par le gouvernement du choix de techniques comptables, et ainsi, l'abandon d'une certaine flexibilité qui a toujours caractérisé la discipline comptable.

---

[74] BEAMS, Floyd A. et Paul E. FERTIG << Pollution Control Through Social Cost Conversion >>, *The Journal of Accountancy* (novembre 1971), pp. 37-42.

[75] CHURCHMAN, West C., <<On the Facility, Felicity, and Morality of Measuring Social Change>>, *Accounting Review* (janvier 1971), pp. 30-35.

[76] BELKAOUI, Ahmed, << The Accounting Treatments of Pollution Costs >>, *The Certified General Accountant* (août 1973), pp. 19-21.

[77] -------------, <<The Whys and Wherefores of Measuring Externalities>>, *The Certified General Accountant* (janvier-février 1975), PP. 29-32.

[78] MUELLER, Gerhard, G., *International Accounting*, New York, Macmillan Co., 1967.

2.4.2.7. *Approche de to théorie de to communication*

Cette approche cherche à démontrer l'utilité de la théorie de la communication pour la comptabilité. Elle considère la comptabilité comme un processus de communication de données comptables utiles à un ensemble de lecteurs. Il s'ensuit donc que les concepts et techniques de la théorie de la communication sont applicables à la comptabilité. Voici quelques exemples:

1. Bedford et Baladouni ont suggéré que la comptabilité, comme tout processus de communication, se doit de déterminer l'information comptable et de choisir le meilleur moyen de la divulguer et de la communiquer aux lecteurs[79].

2. Sur la base des travaux de Theil[80], Lev a proposé l'utilisation du concept d'entropie pour mesurer la quantité d'information transmise par un message[81]. Sa contribution a permis l'utilisation de ces mesures d'entropie dans divers contextes comptables[82, 83].

L'avantage de cette méthode repose sur l'intérêt porte aux besoins informationnels des lecteurs. La comptabilité est un processus de communication d'informations jugées pertinentes pour les lecteurs dans leurs prises de décision, et, par conséquent, certaines techniques comptables sont préférables a d'autres en termes de besoins des lecteurs. La formulation d'une théorie comptable réside donc dans la recherche de méthodes optimales de communication de l'information comptable.

2.4.2.8. *Approche de la théorie des comptes*

Cette approche se veut un effort de justification et de rationalisation de techniques de tenue des livres utilisées en pratique. Elle cherche à apporter une logique a la comptabilité en partie double, dont l'origine remonte au manuscrit publie par le moine franciscain *Luca Pacioli* en 1949 à Venise et intitule << *Summa de Arithmetica, Geomatrica, Proportioni et Proportionatita*>>. Les techniques comptables sont choisies de façon à préserver l'égalité de l'équation comptable. Cette dernière, sur laquelle sont basées les techniques de tenue des livres, peut se résumer comme suit :

Actifs + Coût = Capital + Dettes + Bénéfices Non Distribués + Revenus

L'équation comptable est le fondement même de la tenue des livres en partie double. Toute opération ou transaction de l'entreprise influe sur les comptes de l'équation

---

[79] BEDFORD, Norton M. et BALADOUNI, Vahe, << A Communication Theory Approach to Accountancy>>, *Accounting Review* (octobre 1962), pp. 650-659.
[80] THEIL, H., *Economics and Information Theory*, Chicago et Amsterdam, Rand McNally, North Holland Publishing Co., 1967.
[81] LEV, Baruch, *Accounting and Information Theory*, Studies in Accounting Research No. 2, Saranota, AAA, 1969.
[82] THEIL, H., <<How to Worry about Increased Expenditures>>, *Accounting Review* (janvier 1969), pp. 27-37.
[83] BELKAOUI, Ahmed, <<The Entropy Law, Information Decomposition Measures and the Prediction of Takeovers >>, *The Journal of Business Finance and Accounting* (automne 1976), pp. 41-52.

comptable sans changer l'équilibre qui doit toujours exister entre les deux membres de l'équation. Ceci s'explique principalement par le fait que l'équation comptable exprime l'égalité entre les ressources de l'entreprise et l'emploi qu'on fait de ces ressources.

La méthode de la théorie des comptes a beaucoup influence la formulation de techniques et principes comptables[84]. Le principal avantage de cette approche réside dans sa simplicité et la facilite d'accommoder toutes sortes de transactions monétaires. Elle a cependant le désavantage de lier la recherche comptable et la formulation d'une théorie comptable à la comptabilité en partie double, plutôt que de les orienter vers de nouvelles approches de tenue des livres.

2.5. CONCLUSION

La pratique comptable contient une grande diversité de techniques appliquées à la comptabilisation des événements économiques. Les comptables ont donc besoin d'un ensemble théorique qui les guide dans l'établissement et le choix de ces techniques. Cette théorie doit être facilement adaptable a la pratique, Aussi, l'élaboration d'une théorie comptable doit-elle emprunter à la fois à la méthode déductive et a la méthode inductive, ainsi qu'à la méthode normative et à la méthode descriptive. Cela permettrait à la comptabilité de connaitre une certaine souplesse d'adaptation à un monde économique dont la principale caractéristique est d'être sans cesse en mouvement. Chacune des méthodes considérées dans ce chapitre présente des avantages et des désavantages certains. Un effort rationnel d'élaboration d'une théorie comptable devrait reposer sur une *approche éclectique*, c'est-à-dire sur un sous-ensemble des approches conventionnelles théoriques et non théoriques.

---

[84] KAFER, Karl, *Theory of Accounts in Double-Entry Bookkeeping*, Urbana, Ill., Center for International Education and Research in Accounting, 1966.

Lectures

I. IMAGES DE LA COMPTABILITÉ

BELKAOUI, A., 《Linguistic Relativity in Accounting》, *Accounting Organizations and Society* (octobre 1978), pp. 97-104.

BRINBERG, J.G., 《The Role of Accounting in Financial Disclosure》, *Accounting, Organizations and Society* (juin 1980), pp. 71-80.

BUCKLEY,J.W., 《 Policy Models in Accounting : A Critical Commentary 》, *Accounting, Organizations and Society* (juin 1980), pp. 49-64.

BURCHELL, S.: CLUBB, C.; HOPWOOD, A.; HUGHES, J.; et J. NAHAPIET, 《The Roles of Accounting in Organizations and Society》, *Accounting, Organizations and Society* (juin 1980), pp. 5-28.

CHAMERS, R.J., 《The Mythes and the Science of Accounting》, *Accounting Organizations and Society* (juin 1980), pp. 167-180.

DAVIS, S.W.; MENON, K.; et G. MORGAN, 《The Images that Have Shaped Accounting Theory》, *Accounting, Organizations and Society* (décembre 1982), pp. 307-318.

JAIN, T.N., 《Alternative Methods of Accounting and Decision Making: A Psycholinguistic Analysis》, *The Accounting Review* (janvier 1973), pp. 95-104.

II. FORMULATION ET VÉRIFICATION DE LA TKÉORIE

American Accounting Association. 《Report of the Committee on Foundations of Accounting Measurement》. *The Accounting Review*, Supplément du Vol. 46 (1971), pp. 37-45.

American Accounting Association. 《Report of the Committee Accounting Theory Construction and Verification>>. The Accounting Review, Supplément du Vol. 46 (1971), pp. 53-79.

BUCKLER, John W., Paul KIRCHER, et Russel L. MATHEWS, 《 Methodology in Accounting Theory 》, *The Accounting Review* (avril 1968), pp. 274-283.

GONEDES, Nocholas J., 《Perception, Estimation and Verifiability》, *International Journal of Accounting Education, and Research* (printemps 1969), pp. 63-73.

McDONALD, Daniel L., *Comparative Accounting Theory*, Reading, Mass., Addison-Wesley, 1972.

SCHRADER, WILLIAM, J., et Robert E. MALCOLM, 《Note on Accounting Theory Construction and Verification》, Abacus (juin 1973), pp. 93-98.

STERLING, Robert R., 《An Explication and Analysis of the Structure of Accounting, Part One 》 ,*Abacus* (décembre 1971), pp. 137-152 et 《Part Two》, *Abacus* (décembre 1972), pp. 145-162,

STERLING, Robert R., 《 On Theory Construction and Verification 》, *The Accounting Review* (juillet1970), pp. 444-457.

WILUAMS, Thomas H., et Charles H. GRIFFIN, 《On the Nature of Empirical Verification in Accounting》, *Abacus* (décembre 1969), pp. 143-178.

III. APPROCHE NON THEORIQUE

COWAN, T.K., 《A Pragmatic Approach to Accounting Theory 》, *The Accounting Review* (janvier1968), pp. 94-100.

BEAMS, Floyd A., 《Indications of Pragmation and Empiricism in Accounting Thought》, *The Accounting Review* (avril 1968), pp. 382-397.

FREMGEN, James M., 《 Utility and Accounting Principles 》, *The Accounting Review* (juillet 1967), pp. 437-467.

GEUSBEEL, J.B., *Ancient Double Entry Bookkeeping: Luca Pacioli's Treatise, Denver*, University of Colorado, 1914.

MUEELLER, Gerhard G., 《 Accounting and Conventional Business Practices 》, *International Accounting*, New York, Macmillan, 1967, pp. 60-63.

PRINCE, T.R., *Extensions of the Boundaries of Accounting Theory, Cincinnati, South-Western*, 1963.

IV. APPROCHES DÉDUCTIVES, INDUCTIVES ET AXIOMATIQUES

BEDFORD, N.M., et N. DOPUCH, 《Research Methodology and Accounting Theory: Another Perspective》, *The Accounting Review* (juillet 1972), pp. 351-361.

DEMSKI,Joel S., 《 The General Impossibility of Normative Accounting Standards 》, *The Accounting Review* (octobre 1973), pp. 718-723.

DEVINE, Carl Thomas, 《 Research Methodology and Accounting Theory Formation 》, *the Accounting Review* (juillet 1960), pp. 387-399.

HAKANSSON, Nils H., 《Normative Accounting Theory and the Theory of Decision 》, *International Journal of Accounting Education and Research* (printemps 1969), pp. 33-47.

LANGENDERFER, Harold Q., 《A Conceptual Framework for Financial Reporting》, *Journal of Accountancy* (juillet 1973), pp. 45-55.

MATTESSICH, R., *Accounting and Analytical Methods*, Homewood, III., R.D. Irwin, 1964.

MATTESSICH, R., 《Methodological Preconditions and Problems of a General Theory of Accounting》, *The Accounting Review* (juillet 1972), pp. 469-487.

MOONITZ, Maurice, 《 Why Do We Need 'Postulates' and 'Principles' ? 》, *The Journal of Accountancy* (décembre 1963), pp. 42-46.

PELLIUCELLI, Georgio, 《 The Axiomatic Method in Business Economics: A First Approach 》, *Abacus* (décembre 1969), pp. 119-131.

VERNON, Kam, 《Judgment and Scientific Trend in Accounting》, *Journal of Accountancy* (février1973), pp. 57-67.

V. APPROCHE MORALE

ARNETT, Harold E., 《The Concept of Fairness 》 *The Accounting Review* (avril 1967), pp. 291-297.

BURTON,John C., ed., *Corporate Financial Reporting: Ethical and Other Problems*, New York, A.I.C.P.A., 1972, pp. 17-27, ff.

PATILLO, James W., The Foundations of Financial Accounting, Bâton Rouge, Louisiana State University Press, 1965.

SCOTT, D.R., 《The Basis for Accounting Principles 》, *The Accounting Review* (décembre 1941), pp. 341-349.

SPACEK, Leonard, A *Search for Fairness in Financial Reporting to the Public*, Chicago, Arthur Andersen & Co., 1965, pp. 38-77, et 349-356.

VI. APPROCHE SOCIOLOGIQUE

ALEXANDER, Michael O., 《Social Accounting, If You Please!》, *Canadian, Chartered Accountant* (janvier 1973), pp. 23-27.

American Accounting Association, 《 Report of the Committee on Measures of Effectiveness for Social Programs》, *The Accounting Review*, Supplément du Vol. 47 (1972), pp. 337-398.

A.I.C.P A., Social Measurement, New York A.I.C.P A,1972

ANDREWS, Frederick, 《Puzzled Businessman Ponder New Methods of Measuring Success》, Canadian Chartered Accountant (mars 1972), pp. 58-61.

BEAMS, Floyd A., et Paul E. FERTIG, 《 Pollution Control Through Social Cost Conversion 》, *Journal of Accountancy* (novembre 1971), pp. 37-42.

BELKAOUI, A., 《The Whys and Wherefores of Measuring Externalities》, *The Certified General Accountant* (janvier-février 1975), pp. 29-32.

ESTES, Ralph W., 《Socio-Economic Accounting and External Diseconomies 》, *The Accounting Review* (avril 1972), pp. 284-290.

GAMBLING, Trevor, *Societal Accounting, London*, Allen and Unwin, 1974.

LADD, D.R., *Contemporary Corporate Accounting and the Public*, Homewood, Ill., Richard D.Irwin, 1963.

MOBLEY, Sybil C., 《The Challenges of Socio-Economic Accounting》, *the Accounting Review* (octobre 1970), pp. 762-768.

VII. APPROCHE ÉCONOMIQUE

BROOKS, L.L., Jr., 《Accounting Policies Should Reflect Economic Reality 》, *The Canadian Chartered Accountant Magazine* (novembre 1976), pp. 39-43.

Conference on the Economic Consequences of Financial Accounting Standards, Stamford, Conn., F.A.S.B., 1978.

ENTHOVEN, Adolf J.H., Accountancy and Economic Development Policy, New York, American Elsevier Publishing Co., 1973.

MOONITZ, M., 《 Some Reflections on the Investment Credit Experience 》, *Journal of Accounting Research* (printemps 1966), pp. 47-61.

MUELLER, Gerhard G., 《Accounting Within a Macro-economic Framework》, *International Accounting,* New York, Macmillan, 1967.

ZEFF, A.S., 《The Rise of 'Economic Consequences'》, *The Journal of Accountancy* (décembre 1978), pp. 56-63._

CHAPITRE III
L'approche réglementaire
pour la formulation
d'une théorie comptable

3.1. La nature des normes comptables

3.2. Entités concernées par les normes comptables

 3.2.1 L' 《American Institute of Certified Public Accountants》 (A.I.C.P.A.)

 3.2.2. Le 《Financial Accounting Standards Board》 (F.A.S.B.)

 3.2.3. L'Institut canadien des comptables agréés (I.C.C.A.)

 3.2.4. La Commission des bourses de valeurs (Securities Exchange Commission)

 3.2.5. L' 《American Accounting Association》 (A.A.A.)

 3.2.6. Le Comité international de normalisation de la comptabilité(C.I.N.C)

 3.2.7. Les cabinets d'experts comptables

 3.2.8. Les usagers de l'information

3.3. Développement des principes comptables

 3.3.1. La phase de contribution des dirigeants d'entreprises (1900-1933)

 3.3.2. La phase de la contribution de la profession comptable (1933-1973)

 3.3.3. La phase politique (1973 au présent)

3.4. Qui devrait établir les normes comptables

 3.4.1. Théories de réglementation

 3.4.2. La théorie du marché libre

 3.4.3. La réglementation des normes comptables par le secteur Privé

 3.4.4. La réglementation des normes comptables par le secteur Public......

3.5. Conclusion

 Lectures

L'approche réglementaire

pour la formulation

d'une théorie comptable

L'établissement et le renforcement des normes comptables constituent des problèmes importants pour la profession comptable et les usagers de l'information, La détermination du meileur mécanisme pour établir et renforcer les normes comptables peut être essentielle à l'acceptabilité et à l'utilité des normes. Devra-t-on confier cette tâche à un marché libre, au secteur privé ou au secteur public ? Ce chapitre présente une discussion des mérites et des utilités de chacune de ces approches. Avant cette discussion, le chapitre présente une explication des normes comptables, détermine les entités intéressées par les normes comptables et trace le développement des principes comptables.

3.1. LA NATURE DES NORMES COMPTABLES

Les normes comptables dominent le travail du comptable. Ces normes sont constamment changées, éliminées ou améliorées. Elles se définissent comme étant des règles pratiques guidant la conduite du travail du comptable. Elles sont généralement acceptées comme des règles d'importance avec des sanctions imposées pour toute non-conformité à ces règles. En général, les normes comptables sont composées de trois parties:

a) une description du problème à résoudre;

b) une discussion logique, préférablement basée sur une théorie, des moyens à résoudre le problème;

c) une solution choisie préférablement sur la base d'une théorie[1].

En général, les normes comptables et spécialement les normes de vérification sont conformes à la troisième partie, en ce sens qu'elles constituent une solution à un problème comptable, ce qui entraîne beaucoup de controverse au sujet de

l'absence de support théorique et l'emploi d'approche ad hoc à la formulation des normes. De plus en plus, la tendance est d'inclure également les deux premières parties dans la formulation des normes, procurant ainsi un certain support théorique.

Les normes peuvent être classifiées en quatre catégories principales:

Catégorie 1: spécifie que les comptables doivent communiquer ce qu'ils font par la publication des principes comptables qu'ils ont adoptés.

Catégorie 2: cherche à établir une certaine uniformité dans la présentation des états financiers.

Catégorie 3 : demande la publication des faits spécifiques qui nécessitent de l'usager l'utilisation de son propre jugement.

Catégorie *4* : requiert des décisions explicites ou implicites sur le choix de la méthode d'évaluation des actifs et de détermination du profit[2]

Premièrement, est-ce que les normes de la quatrième catégorie sont établies sur une base théorique et, deuxièmement, est-il possible de les choisir sur une base théorique ? Beaucoup de gens sont convaincus que la réponse est doublement négative. De toute façon, les quatre types de normes font partie de la situation comptable courante. Il doit donc y avoir un bon côté aux normes comptables.

Ainsi:

1. Elles fournissent aux usagers des informations sur la position, la performance et la conduite financière de l'entreprise. Ces informations sont supposées être claires, fidèles, fiables et comparables.

2. Elles servent de guides et de règles aux comptables pour s'assurer, d'une Façon prudente et indépendante, de leur expertise et de leur intégrité en vérifiant les rapports des entreprises et en testifiant leur validité.

---

[1] BAXTER, W.T., 《Accounting Standards - Boon or Curse? 》,The Emmanuel Saxe Distinguished Lectures in Accounting 1978-1979, The Bernard M. Baruch College, New York, 1979.
[2] EDEY, H.C., 《Accounting Standards in the British Isles 》 , *Studies in Accounting,* W.T. Baxter et S. Davidson (Eds), 3e édition, London Institute of Chartered Accountants of England and Wales, 1977, pp. 295-298.

3. Elles fournissent au gouvernement des données de base sur différentes variables considérées essentielles à la conduite de l'imposition, à la réglementation des entreprises, à la planification et réglementation de l'économie, et à l'amélioration de l'efficience économique et autres buts sociaux.

4. Elles développent un intérêt pour les principes et thé0ries chez ceux qui sont intéressés à la discipline comptable. En fait, l'établissent même d'une norme comptable crée beaucoup de controverses et de débats dans les mondes pratiques et académiques.

3.2. ENTITÉS CONCERNÉES

PAR LES NORMES COMPTABLES

Les approches traditionnelles pour la formulation d'une théorie comptable ont été proposées surtout par les *associations comptables*. Ces dernières se divisent en: 1) associations qui s'intéressent principalement à la réglementation des principes comptables financiers ; et 2) associations qui s'intéressent aux principes comptables de gestion. Nous nous limiterons ici à présenter les associations préoccupées d'abord par la formulation de principes comptables financiers.

Aux États-Unis, ces associations comprennent les organismes suivants: l'*American Institute of Certified Public Accountants* (A.I.C.P.A.), *Accounting Association* (A.A.A.), la *Securities and Exchange Commission* (S.E.C.), l'*Internal Revenue Service* (I.R.S.), le *New York Stock Exchange* (N.Y.S.E.), le National Association of Accountants (N.A.A.), le Financial *Executive Institute* (F.E.I.), le *Cost Accounting Standards Board* (C.A.S.B.), l'*Institute of Internal Auditors et le Federal Government Accountants Association.*

Au Canada, ces associations comprennent l'*Institut canadien, des comptables Agréés* (I.C.C.A.), la *Société des comptables en administration, industrielle* (R.I.A.), l'*Association, des comptables généraux licenciés* (C.G.A.), et les *Commissions des valeurs mobilières* de chacune des provinces. Les principales associations comptables que nous venons de citer sont fédérales et chacune a une section provinciale (au Québec, par exemple, on trouve l'*Ordre des comptables agréés du Québec, la Corporation, professionnelle des comptables en administration industrielle et la Corporation, professionnelle des comptables généraux licenciés.*

Sur le plan international, mentionnons l'existence du *Comité international de normalisation, de la comptabilité* (C.I.N.C.).

3.2.1. L' 《American Institute of Certified Public Accountants 》

(A,L,C,P,A)

L'Institut américain des experts comptables est formé exclusivement d'experts comptables appelés *Certified Public Accountants* (C.P.A.). Depuis les années 30, cet institut a énormément influencé la pratique et la recherche comptables aux États-Unis :

1. En 1932, un comité spécial de l'Institut propose cinq règles comptables au N.Y.S.E. Ces règles, qui régissent la préparation des états financiers, se résument comme suit:

   a) Un profit non réalisé ne devrait pas figurer directement ou indirectement dans un compte de revenu de l'entreprise. Un profit est censé être réalisé quand une vente 11ée au cours normal des affaires de l'entreprise est faite, à moins que les circonstances soulèvent un doute raisonnable quant à la possibilité de percevoir le montant de la vente.

   b) Le surplus de capital ne devrait pas être utilisé pour soulager le compte de revenu d'une année, quel qu'il soit, sauf dans le cas d'une entreprise en réorganisation

   c) Le surplus provenant d'une filiale créée avant la date d'acquisition ne peut faire partie du surplus accumulé consolidé de la compagnie mère et des filiales. Le dividende déclaré de ce surplus gagné ne peut également être impute à la compagnie mère.

   d) Les dividendes perçus sur les actions du trésor (Treasury Stock) ne doivent pas être imputés au compte revenu de l'entreprise.、

   e) Les effets et comptes à recevoir, dus par des directeurs, des employés, ou des filiales, doivent être indiqués séparément et ne doivent pas apparaitre sous la rubrique 《 Effets à recevoir et comptes à recevoir 》 .

2. En 1933, le Congrès américain adopta le Securities Act destiné à protéger les investisseurs contre toute pratique frauduleuse lors de transactions sur les valeurs.

3. En 1934, une autre loi fut adoptée par le *Congrès américain : le Securities Exchange Act donna naissance à la Securities Exchange Commission* (S.E.C.) et exigea l'enregistrement des valeurs inscrites et des courtiers sur les marchés boursiers.

4. En 1938, l'A.I.C.P.A. créa le Comité des procédures comptables (*Committee on Accounting Procedures*). Jusqu'en 1959, ce Comité publia ses recommandations concernant les principes et pratiques comptables sous forme de 51 *Accounting Research Bulletins.*

5. À partir de 1959, la recherche comptable de l'A.I.C.P.A. fut dirigée par la Division de recherche comptable. Les résultats, publiés sous le titre de *Accounting Research Studies* (A.R.S.) (Études de recherche comptable), visaient à créer un intérêt et à présenter une discussion déta11ée des problèmes comptables. Ainsi l'*Accounting Research Study No, 1* (《The Basic Postulates of Accounting》 , par Maurice Moonitz) et l'*Accounting Research Study No, 3*(《A Tentative Set of Broad Accounting Principles for Business Enterprises 》 , par Robert T. Sprouse et Maurice Moonitz) furent publies, en 1961 et 1962 respectivement. Cependant, ces textes furent rejetés parce qu'ils n'étaient pas représentatifs des techniques comptables existantes. C'est pourquoi l'*Accounting Research No. 7* (《Inventory of Generally Accepted Accounting Principles for Business Enterprises 》 par Paul Grady) fut publié. Cette dernière étude diffère des deux autres par son caractère inductif et pragmatique. D'autres études se sont révélées très utiles pour l'élaboration des principes comptables. Ce sont les suivantes :

a) A.R.S. No. 2, 《Cash Flow Analysis and the Funds Statement 》 , par Perry Mason, A.I.C.P.A., 1961.

b) A.R.S. No. 4, 《Reporting of Leases in Financial Statements 》 , par John H. Myers, A.I.C.P.A., 1962.

c) A.R.S. No. 5, 《 A CriticalStudy ofAccounting for Business Combina- tions 》 , par Arthur R. Wyatt, A.I.C.P.A., 1963.

d) A.R.S. No. 6, 《Reporting the Financial Effects of Price Level Changes 》 , par le personnel de la Division de recherche, A.I.C.P.A., 1963.

e) A.R.S. No. 8, 《Accounting for the Cost of Pension Plans》 , par Ernest L. Hicks, A.I.C.P.A., 1965.

f) A.R.S. No. 9, 《Interperiod Allocation of Corporate Income Taxes 》 , par Homer A. Black, A.I.C.P.A., 1966.

g) A.R.S. No. 10, 《Accounting for Goodwill》 , par George R. Catlett et Norman O. Olson, A.I.C.P.A., 1968.

h) A.R.S. No. 11, 《 Financial Reporting in the Extractive Industries 》 , par Robert R. Field, A.I.C.P.A., 1970.

i) A.R.S. No. 12, 《Reporting Foreign Operations of U.S. Companies in U.S. Dollars 》 , par Leonard Lorenson, A.I.C.P.A., 1972.

j) A.R.S. No. 13, 《The Accounting Basis of Inventories 》, par Horace G. Barden, A.I.C.P.A., 1973.

k) A.R.S. No. 14, 《Accounting for R & D Expenditures 》, par Oscar S. Gellein et Maurice S. Newman, A.I.C.P.A., 1973.

1) A.R.S. No. 15, 《Stockholders Equity 》, par Beatrice Melcher, 1973.

6. Depuis 1939, l'Accounting Principles Board (A.P.B.) s'occupe de la réglementation des principes comptables. Entre 1959 et 1973,l'.A.P.B, publia 31 Opinions (recommandations comptables) et 4 Statements (études). La publication d'une Opinion exigeait l'approbation des deux tiers des membres du Comité de l'A.P.B. et les opposants pouvaient également faire publier leur point de vue. Les Opinions du Comité de l'A.P.B. étaient généralement accompagnées d'une note précisant que 《la valeur des opinions est basée sur leur acceptation générale; il appartient aux tenants d'une opinion différente d'en faire la justification》. L'A.P.B. avait à se prononcer sur des sujets litigieux. Des critiques venant de différentes parties du monde économique s'opposaient aux Opinions de l'A.P.B., ce dernier ne pouvant présenter une ligne de pensée qui faisait l'unanimité chez ses membres. Ceux-ci, au nombre de 18 (en majorité des comptables agréés), adoptaient des méthodologies différentes pour la formulation des solutions comptables, chacun voulant justifier la pratique adoptée par sa firme. Aussi l'A.P.B. fut-il dissous le 30 juin 1973, après avoir publié 31 Opinions depuis sa création ; il donna naissance au Financial Accounting Standards Board (F.A.S.B.).

3.2.2. Le 《Financial Accounting Standards Board》 (F.A.S.B.).

Pendant des années, la profession comptable américaine fut vivement critiquée pour ne pas avoir prévu et permis d'éviter des abus qui nécessitèrent, dans certains cas, l'intervention de la justice (par exemple, les procès de Westec, Mill Factors, Four Seasons Nursing Homes, Continental Vending, Revenue Properties, Black Watch Farms, Orvis Brothers et Penn-Central). Pour répondre à ces critiques, l'A.I.C.P.A. créa en 1971 deux groupes d'études, l'un chargé de la formulation des objectifs de la comptabilité, le *Trueblood Committee* (du nom de son président), et l'autre chargé de la formulation des principes comptables, le *Wheat Committee* (du nom de son président). Ce dernier était charge plus précisément d'étudier le mode de développement des principes comptables et de faire des recommandations afin d'accélérer ce processus de développement. Une des recommandations de ce comité donna naissance au *Financial Accounting Standards Board* (F.A.S.B.), qui remplaça l'A.P.B.

Le tableau n° 1 décrit l'organigramme du F.A.S.B. Le comité le plus important est le F.A.S.B. Son rôle consiste à formuler des règlements concernant les normes comptables et à interpréter, sur demande, les Opinions de l'A.P.B. ou les recommandations des *Accounting Research Bulletins*. Il convient de noter que les normes édictées par le F.A.S.B. ont priorité sur celles édictées par l'A.P.B. et les *Accounting Research Bulletins*. Le F.A.S.B. remplace en fait l'A.P.B. pour les tâches consistant à commenter, interpréter et édicter les normes comptables. Le F.A.S.B. est constitué de 7 membres dont 4 sont des experts-comptables (C.P.A.), Les autres membres, bien que non experts-comptables, sont parmi les mieux informés de la discipline comptable. On a souvent critiqué le F.A.S.B. pour la lenteur de ses détails de publication. Contrairement au C.A.P. et à l'A.P.B. qui faisaient partie de :l'A.I.C.P.A., le F.A.S.B. fut créé en 1972 comme comité indépendant avec l'objet de formuler et de publier des normes comptables destinées à améliorer l'information publiée par les entreprises à but lucratif et les organismes à but non lucratif. Le F.A.S.B. procède à la résolution des problèmes comptables premièrement, par la publication d'un *mémoire* dans lequel est étudié le problème comptable et qui contient également toutes les solutions possibles, deuxièmement, après avoir reçu le point de vue d'audiences publiques, par la publication d'un *exposé-sondage* sur le sujet et, troisièmement, après avoir reçu les commentaires de la publication d'une *norme comptable*, par la publication de *bulletins d'interprétation*.

TABLEAU N° 1
Financial Accounting Foundation
ORGANIGRAMME

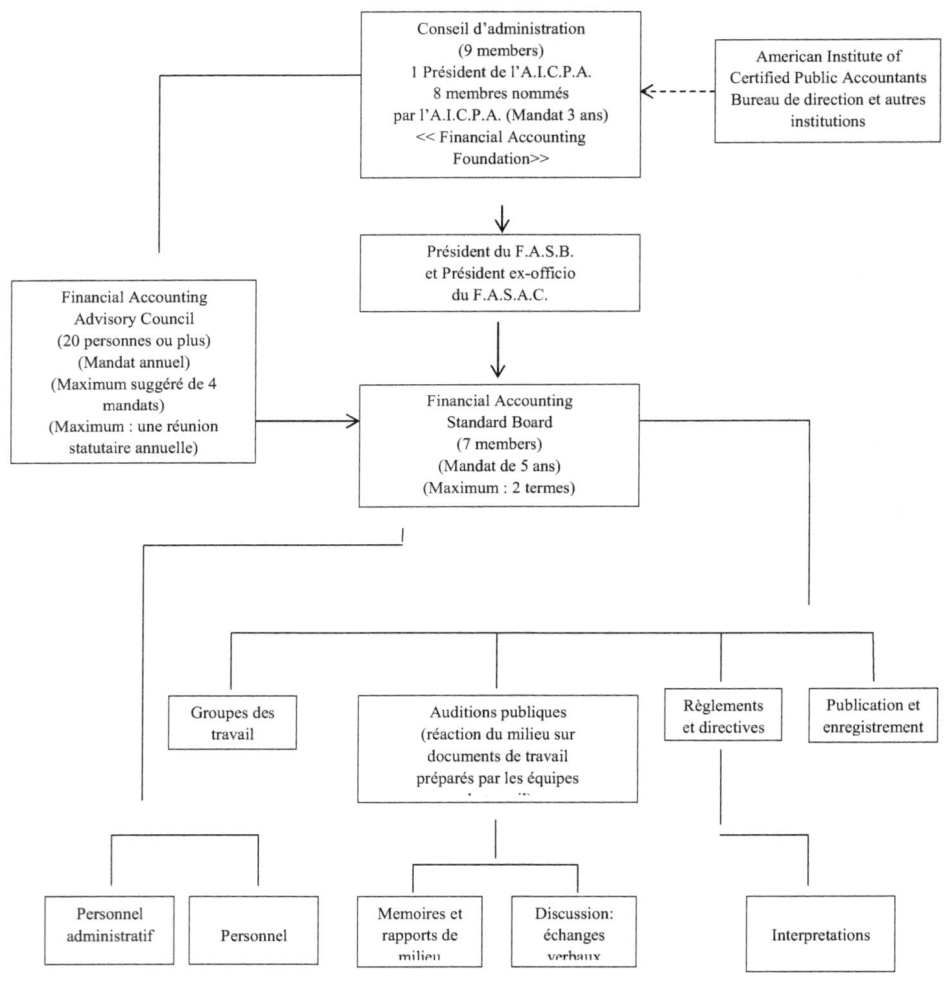

3.2,3. L'Institut canadien des comptables agréés

〈**L.C.C.A.**〉

L'I.C.C.A. joue au Canada le rôle que joue l'A.I.C.P.A. aux États-Unis[3]. L'Institut s'occupe d'édicter des normes comptables et des principes d'enseignement, de recrutement et de pratique professionnelle. Depuis sa fondation, l'I.C.C.A. a beaucoup évolué.

En 1880, l'*Association, des comptables fut créée.*

En 1883, l' 《*Institute of Chartered Accountants of Ontario*》 vit le jour. Le 15 mai 1902, une loi créant l'*Association, Dominion, des Comptables Incorporés fut sanctionnée.*

En 1949, la loi fut changée pour donner à l'association le nom d'*Institut canadien des comptables agréés.*

En 1911 apparut le premier numéro de la revue de l'Institut, Le Comptable Agréé Canadien.

Depuis 1939, un examen identique en anglais et en français est offert aux étudiants. Depuis 1945, l'Institut publie le 《*Manuel de l'.I.C.C.A.*》 contenant les recommandations sur les normes de comptabilité et de vérification.

Le tableau n° 2 décrit la structure de l'I.C.C.A. Les comités les plus importants sont le Comité de recherche comptable et le *Comité des normes de vérification.* Tous deux sont chargés d'édicter des normes comptables; ils se différencient par leur domaine d'intérêt respectif. Leur principale tâche est de publier dans le *Manuel de l'I.C.C.A.* des recommandations et des prises de position relatives à la comptabilité. Les deux comités utilisent les *exposés-sondages* pour connaître l'opinion des membres de l'Institut et du monde des affaires concernant divers sujets comptables. Toute prise de position doit être ratifiée par au moins les 2/3 des membres du comité concerné avant d'être publiée. Il convient de noter que six membres du *Comité de recherche comptable* peuvent être nommés par d'autres associations telles que la *Société des comptables en administration industrielle, l'Association des comptables généraux licenciés du Canada,* le 《 *Financial Executive Institute of Canada* 《 et le 《 *Financial Analysts Federation* 》 .

---

[3] D'autres associations existent au Canada: ce sont l'Institut des administrateurs financiers, la Société des comptables en administration industrielle l'Association des comptables généraux licenciés et la Sociétée des analystes financiers. Leur rôle dans la formulation d'une théorie comptable est moindre que celui de l'I.C.C.A.

TABLEAU Nº 2
ORGANIGRAMME DE L'I.C.C.A.

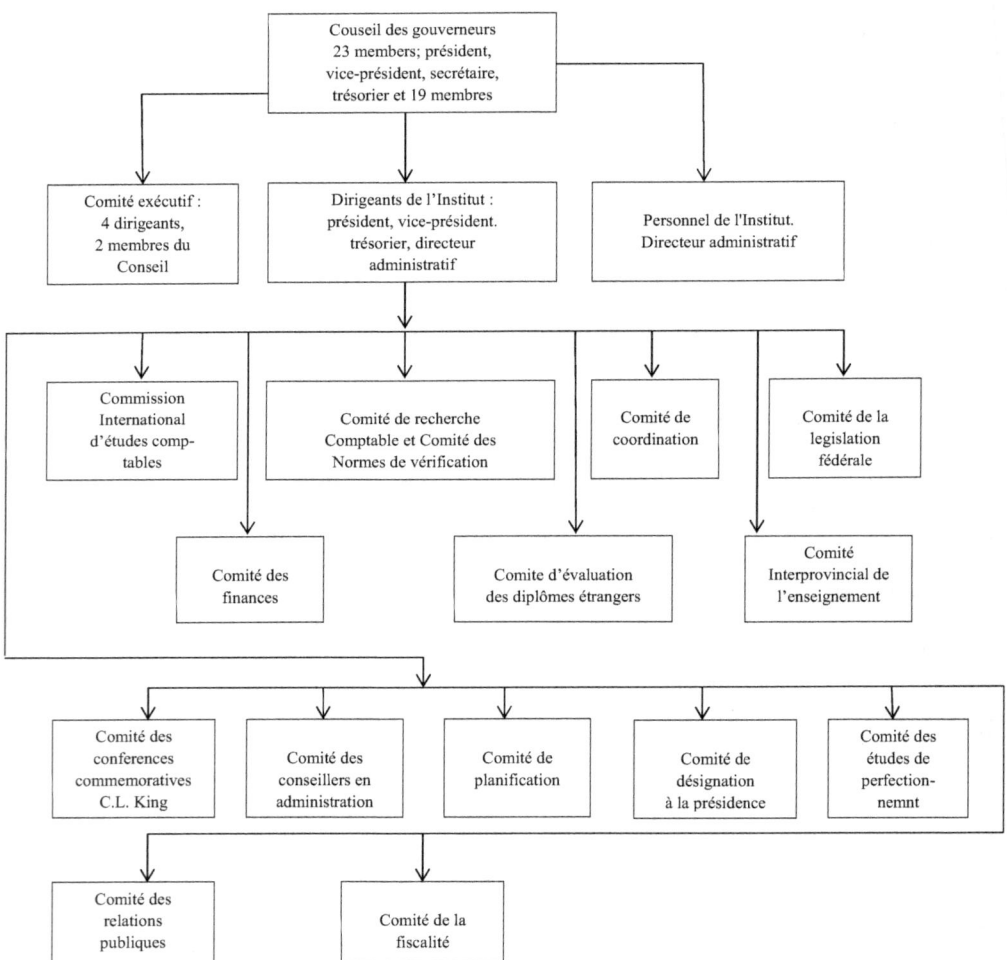

3.2.4 La Commission des bourses de valeurs
(Securities Exchange Commission)

Aux États-Unis et au Canada, les bourses de valeurs et les commissions des valeurs mobilières tentent de protéger les intérêts des lecteurs des états financiers, en exerçant une surveillance sur l'évolution des principes comptables Aux États-Unis, le Krach de 1929 et la dépression des années 30 furent à l'origine de la fondation du S.E.C. Cet organisme fut créé pour administrer le 《 *Securities Act*》 *de 1933*, le 《*Securities Exchange Act*》 *de 1934* et d'autres lois. Le 《*Securities Act*》 *de 1933* exige qu'une valeur soit enregistrée et que certaines garanties soient soumises avant qu'elle ne soit vendue au public. Le 《 *Securities Exchange Act* 》 *de 1934* exige l'enregistrement des marchés boursiers nationaux, ainsi que celui des courtiers et agents transigeant des valeurs sur le marché hors bourse ou au comptoir.

Le S.E.C. édicte les procédures à utiliser pour l'établissement des rapports spéciaux qui lui sont destinés. Ces recommandations publiées sous forme de manuels appelés 《*Accounting Series Releases*》 , sont la plupart du temps conformes aux Opinions de l'A.P.B. Cependant, le S.E.C. intervient parfois pour formuler des règles lorsque la solution apportée par l'A.P.B. n'est pas jugée satisfaisante. En fait, le S.E.C. a un certain pouvoir pour influencer le développement des pratiques comptables. Ce pouvoir n'a pas été continuellement utilisé, le S.E.C. laissant à la profession comptable le soin de réglementer les principes comptables. Cependant, lorsque la profession comptable est trop lente à réagir, le S.E.C. risque d'intervenir et d'imposer des solutions rigides.

Au Canada, la Commission des valeurs mobilières de chacune des provinces encourage les firmes à dresser leurs états financiers en conformité avec les principes comptables généralement reconnus tels que formulés dans le *Manuel de l'I.C.C.A.* par le *Comité de recherche comptable de l'I.C.C.A.*

Il convient de noter que tant au Canada qu'aux États-Unis, les lois fiscales ont aussi exercé une influence importante sur la formulation des pratiques comptables.

3.2.5. L' 《American Accounting Association》
(A.A.A)

L'A.A.A. est avant tout une association d'académiciens comptables, quoiqu'elle inclut parmi ses membres tout comptable. Elle fut fondée en 1935 pour 1) encourager et diriger la recherche comptable et 2) développer des principes et normes comptables et s'assurer de leur acceptation par la profession. Ainsi, en 1936, le Comité exécutif de l'A.A.A. publia un ouvrage sur les principes comptables intitulé: 《*A Tentative Statement of Accounting Principles Underlying Corporate Financial Statements* 》 . Différents autres travaux traitant du même sujet furent publiés dans les années suivantes. Le plus important, publié en 1966 et intitulé 《*A Statement of Basic Accounting Theory*》 , souligna les nouvelles directions de la pensée comptable en redéfinissant la comptabilité et en proposant une structure théorique de cette discipline.

La recherche constitue l'activité principale de l'A.A.A. Chaque année, l'A.A.A. rend public les rapports des divers comités. De plus, des études menées par des membres de l'A.A.A. ont été publiées avec l'aide de comités consultatifs en rédaction et du directeur de la recherche. Ces études sont les suivantes:

1. 《*Investment Analysis and General Price-level Adjustments*》 , par T.R. Dydeman.
2. 《*Accounting and Information Theory*》 , par Baruch Lev.
3. 《*The Allocation, Problem in Financial Accounting 'Theory* 》 , par Arthur L. Thomas.
4. 《*Accounting Controls and the Soviet Economic Reforms of 1966*》 , par Bertrand Horwitz.
5. 《*Information, Evaluation*》 , par Gerald Feltham.
6. 《*Statement of Basic Auditing Concepts*》 , par Je 《*1966-1971 Committee on Basic Auditing Concepts*》 .
7. 《*Valuation of Used Capital Assets*》 , par Carl R.Beidleman.
8. 《*Obtaining Agreement on Standards in the Accounting Profession*》 , par Maurice Moonitz.
9. 《*The Allocation, Problem: Part Two*》 , par Arthur L.Thomas.
10. 《*Theory of Accounting Measurement*》 , par Yuji Ijiri.
11. 《*The Impact of Audit Frequency on the Quality of Internal Control*》 , par R.M. Barefield.
12. 《*A Comparative Analysis of Selected Income Measurement Theories in Financial Accounting*》 , par James A.Anderson.
13. 《*Measurement and Accounting Information Criteria*》 , par Theodore J. Mock
14. 《*Phantasmagoric Accounting: Research and Analysis of Economic, Social Environment Impact on Corporate Business*》 , par Robert E. Jensen.
15. 《*Adaptive Bebavior:Management Control and Information Analysis*》 , par Hiroyudi Itami.

De même, l'A.A.A. publie les résultats des recherches des membres dans la revue 《Accounting Review》 . En général, les approches de l'A.A.A. pour la formulation d'une théorie comptable sont essentiellement normatives et déductives.

3.2.6. Le Comité international de normalisation de la comptabilité (C.I.N.G)

En 1937, le Comité international de normalisation de la comptabilité fut créé à Londres par un accord entre neuf pays. Les objectifs du C.I.N.C. tels que définis par l'accord sont les suivants:

a) 《définir et publier, dans l'intérêt de public, les normes de base qui doivent être respectées lors de la vérification des livres et la présentation des états comptables;

b) promouvoir l'acceptation et le respect de ces normes à travers le monde 》.

Le tableau suivant présente une liste des membres fondateurs et des membres associés du C.I.N.C. (Remarquons que le F.A.S.B. ne peut siéger au Comité car cela pourrait créer des conflits entre les normes édictées par chacun des deux organismes).

Membres fondateurs et associés du C.I.N.C. (juillet 1975)

Membres fondateurs

Australie	- The Institute of Chartered Accountants in Australia
	- The Australian Society of Accountants
Canada	- L'Institut canadien des comptables agréés
France	- L'Ordre des experts comptables et des comptables agréés
Allemagne	- Institut der Wirschaftspriifer in Deutschland e.v.
	- Wirtschaftspriiferkammer
Japon	- The Japanese Institute of Certified Public Accountants
Mexique	-Instituto Mexicano de Contadores Publicos, A.C.
Pays-Bas	- Nederlands Institut van Registeraccounts
Royaume-Uni	- The Institute of Chartered Accountants in England & wales
Irlande	- The Institute of Chartered Accountants of' Scotland
	- The Institute of Chartered Accountants in Ireland
	- The Association of Certified Accountants
	- The Institute of Cost and Management Accountants
	- The Chartered Institute of Public Finance and Accountancy
États-Unis d'Amérique	- American Institute of Certified Public Accountants

Membres associés

Bangladesh	- The Institute of Chartered Accountants of Bangladesh
Belgique	- Collège national des experts comptables de Belgique, Institut des réviseurs d'entreprises, Institut belge des réviseurs de banques

Brésil	- Instituto dos Auditores Independentes do Brazil
Chypre	- The Institute of Certified Public Accountants of Cyprus
Danemark	- Foreningen Af Statsautoriserede Revisorer
Fidji	- The Fiji Institute of Accountants
Finlande	- KHT-Yhdistys - Foreningen CGR
Ghana	- The Institute of Chartered Accountants (Ghana)
Grèce	-Institute of Certified Public Accountants of Greece
Hong-Kong	- Hong Kong Society of Accountants
Inde	- The Institute of Chartered Accountants of India, The Institute of Cost and Works Accountants of India
Israël	- The Institute of Certified Public Accountants in Israel
Jamaïque	- The Institute of Chartered Accountants of Jamaica
Corée	- Korean Institute of Certified Public Accountants
Luxembourg	- Ordre des experts-comptables luxembourgeois
Malaisie	- The Malaysian Association of Certified Public Accountants
Malte	- The Malta Institute of Accountants
Nouvelle-Zélande	- New Zealand Society of Accountants
.Nigéria	- The Institute of Chartered Accountants of Nigeria
Norvège	- Norges Statsautoriserte Revisorers Forening
Pakistan	- The Institute of Cost and Management Accountants of Pakistan - The Institute of Chartered Accountants of Pakistan
Philippines	- Philippine Institute of Certified Public Accountants
Rhodésie	- The Rhodesia Society of Chartered Accountants
Sierra Leone	- The Association of Accountants in Sierra Leone
Singapour	- Singapore Society of Accountants
Afrique du Sud	- The National Council of Chartered Accountants (S.A.)
Espagne	-Instituto de Censores Jurados de Cuentas de Espana
Sri Lanka	- The Institute of Chartered Accountants of Sri Lanka
Suède	- Foreningen Auktoriserade Revisorer
Trinité & Tobago	- The Institute of Chartered Accountants of Trinidad and Tobago
Yougoslavie	- Yugoslav Association of Accountants of Financial Experts - Social Accounting Service of Yugoslavia
Zambie	- Zambia Association of Accountants

Chacun de ces membres est tenu d'appliquer les normes du C.I.N.C. dans son pays. C'est pourquoi, les normes de base définies par le C.I.N.C. devraient être conçues de façon à être acceptées et respectées à l'échelle internationale. Cependant, les normes du C.I.N.C. peuvent être en conflit avec les normes propres à chaque pays. Dans un tel cas, les normes publiées par le C.I.N.C. n'ont pas préséance sur les règlements locaux s'appliquant à la publication des états financiers. Toutefois, le vérificateur est tenu d'inclure dans son rapport une déclaration de non-conformité ou d'indiquer les différences qu'il a notées. Ceci ne résout pas pour autant le problème de l'uniformité des normes internationales.

Notons finalement qu'en 1966, l' 《*Accounting International Study Group* 》 fut créé par les trois instituts britanniques de comptables agréés et par l'I.C.C.A. et l'A.I.C.P.A. Cette nouvelle association a publié quinze études comparatives des pratiques utilisées dans les pays d'expression anglaise.

3.2.7. Les cabinets d'experts-comptables

Les experts-comptables sont chargés de fournir des services comptables à leurs clients. Une des tâches principales est de vérifier les livres comptables d'une entreprise et émettre un rapport dans lequel ils portent un jugement professionnel sur l'exactitude et fiabilité des états financiers. Les cabinets d'experts-comptables les plus influents sont connus comme les 《 huit géants 》 .

Par ordre alphabétique, ce sont:

1. Arthur Anderson et Co.	5. Price Waterhouse et Co.
2. Arthur Young et Co.	6. Deloitte Haskins et Sells
3. Coopers et Lybrand	7. Peat, Marwick, Mitchell et Co.
4. Ernst et Whitney	8. Touche Ross et Co.

Les experts-comptables sont supposés être indépendants des intérêts de leurs clients. En plus du travail de vérification, ils fournissent d'autres services tels que la préparation des rapports d'impôt, la mise en place de système de comptabilité et la comptabilité de gestion.

3.2.8. Les usagers de l'information

Différents groupes d'intérêt sont concernés par les résultats des entreprises à but lucratif et des organismes à but non lucratif. Ils sont généralement identifiés soit comme *usagers directs,* soit comme *usagers indirects.*

Les usagers directs sont composés 1) des propriétaires de l'entreprise et de *ses actionnaires,* 2) des *créditeurs et des fournisseurs,* 3) *des dirigeants de la firme.* 4) des *autorités, fiscales,* 5) des *employés de l'organisation et* 6) des *clients.*

Les usagers indirects sont composés 1) des *analystes et conseillers financiers,* 2) des *bourses des valeurs mobilières,* 3) des *avocats,* 4) des *autorités gouvernementales,*5) de *la presse financière,* 6) des *associations de commerce,* 7) des *syndicats,* 8) de *la concurrence, et* 9) du *public en général.*

Ces usagers demandent des informations différentes. En fait, il y a trois besoins informationnels, ce sont:

1. *des états financiers à but général pour satisfaire les besoins généraux des usagers ;*
2. *der états financiers à but spécifique pour satisfaire* les besoins des usagers spécifiques ;
3. différentes publications qui présentent différentes informations mises à la disposition de tout usager.

3.3 DÉVELOPPEMENT DES PRINCIPES COMPTABLES

Le développement des principes comptables aux États-Unis consiste en trois phases :

3.3.1. La phase de contribution des dirigeants d'entreprises

(1900-1933)

Cette période est marquée par l'influence et l'intervention des dirigeants d'entreprises pour la formulation des principes comptables. Cela consiste en fait dans l'adoption de solutions ad hoc à tout problème ou controverse comptable. Comme résultat, on a constaté les conséquences suivantes:

a) Étant donné le caractère pragmatique des solutions adoptées, la plupart des techniques manquaient de support théorique.

b) L'accent était plutôt mis sur la détermination du profit imposable et la minimalisation des impôts.

c) Les techniques adoptées étaient motivées par le désir de normaliser le profit comptable.

d) Tout problème complexe était évité et toute solution pratique était adoptée.

Cette situation a naturellement entraînée beaucoup de dissatisfaction.

3.3.2. La phase de contribution de la profession comptable

(1933-1973)

La deuxième phase de la formulation d'une thé0rie comptable, de 1933 à 1973, était marquée par la cr6ation de diff6rentes organisations chargées de réglementer les normes comptables. C'est durant cette période que l'A.I.C.P.A. créa premièrement le C.A.P. puis l'A.P.B. L'influence de la profession sur la formulation des normes comptables a eu les conséquences suivantes:

a) Les organisations chargées de réglementer les normes comptables n'ont pas eu recours à une théorie comptable quelconque.

b) L'autorité des normes n'était pas bien claire.

c) L'existence de différentes alternatives comptables permet une certaine souplesse dans le choix des techniques comptables.

Naturellement, l'intervention de la profession comptable a aussi entraîné beaucoup de dissatisfaction.

3.3.3. La phase politique (1973 au présent)

Les limitations des contributions des dirigeants d'entreprises et de la profession comptable à la formulation de normes comptables ont entraîné non seulement l'adoption d'approches plus déductives mais aussi une politisation du processus de formulation des normes comptables. Cette situation naquit de la notion bien acceptée que les chiffres comptables ont un impact sur le comportement économique et que par conséquent, les règles comptables devraient être établies dans l'arène politique. C'est pourquoi le F.A.S.B. a adopté un mélange d'approches déductives et politiques à la formulation des normes comptables. Le F.A.S.B. en fait cherche d'un côté à développer un cadre théorique comptable et d'un autre côté, à faire participer dans le processus plusieurs groupes d'intérêt.

3.4. QUI DEVRAIT ETABLIR LES NORMES COMPTABLES ?
3.4.1. Théories de réglementation

La réglementation est créée pour une industrie donnée et fonctionne principalement pour lui assurer des avantages. Il y a deux catégories principales de réglementation: 1) thé0ries d'intérêt public et 2) théories des groupes d'intérêt[4, 5].

Les théories d'intérêt public maintiennent que la réglementation est fournie en réponse à la demande par le public d'une correction des pratiques du marché considérées inefficaces ou inéquitables. Elles sont créées principalement pour la protection et l'avantage du public en général.

Les théories des groupes d'intérêt maintiennent que la réglementation est fournie en réponse à la demande des groupes spéciaux d'intérêt qui cherchent à maximiser le revenu de leurs membres. Ces théories sont généralement divisées entre l) la théorie

---

[4]SNGLER, GJ. , 《 The Theory of Economic Regulation 》 , *Bell Journal of Economics (printemps*1971), pp. 3-21.
[5] POSNER, R.A., 《Theories of Economic Regulation》 , *Bell Journal of Economics (automne* 1974), pp. 335–358.

politique de l'élite gouvernante et 2) la théorie économique de réglementation[6]. Alors que la théorie politique repose sur le pouvoir politique pour réglementer le contrôle, la théorie économique repose sur le pouvoir économique.

Laquelle de ces théories peut mieux expliquer le processus de formulation des normes comptables ? Malheureusement, la thé0rie de ce que constitue un comportement optimal en matière de réglementation comptable est à ses débuts. Cependant, Benston a essayé d'expliquer le comportement de S.E.C. en se référant à la notion de prudence suggérée par la thé0rie économique de réglementation[7]. De la même façon, Hussein et Ketz ont examiné et rejeté la possibilité d'expliquer la réglementation comptable par la théorie politique[8.] Plus d'études empiriques seront nécessaires avant de développer une théorie de réglementation des normes comptables. Il peut s'avérer utile de considérer en premier les avantages et limitations des différentes formes de formulation des normes comptables. Dans ce qui suit, chacune des approches à la formulation de normes comptables est considérée.

3.4.2. La théorie du marché libre

L'approche du marché libre à la formulation de normes comptables repose sur l'hypothèse de base que l'information comptable est un produit économique au même rang que les autres produits ou services. Ainsi, l'information comptable sera sujette aux forces des demandes par les usagers et des offres pour les producteurs d'information. Il en résulte un montant optimal d'information produit à un prix optimal. Chaque fois qu'une information est requise à un bon prix, le marché produira la dite information si le prix est supérieur au coût de l'information. Le marché constitue donc le mécanisme idéal pour décider des types d'information à divulguer, des usagers de l'information et des normes comptables à utiliser pour produire Ia dite information.

Certaines critiques sont cependant soulevées à l'égard de l'approche du marché libre. Ces critiques ont trait particulièrement à l'échec ou défaillance explicite ou implicite du marché. Ces deux genres d'échec sont examinés dans ce qui suit:

1. L'échec explicite du marché est créé quand soit la quantité, soit la qualité d'un produit dans un marché non réglementé laisse à désirer en matière d'optimum social. Cette situation peut arriver aussi à l'information comme produit du marché.

2. L'échec implicite du marché résulte des défaillances suivantes dans les marchés prives d'information comptable: 1) l'exercice d'un monopole sur

[6] PELTZMAN, S., 《Toward a More General Theory of Regulation》 , *The Journal of Law and Economics (août 1976)*, pp. 211-240.
[7] BENSTON, G., 《Accounting Standards in the U.S. and the U.K.: Their Nature, Causes and Consequences》 , *Vanderbilt Law Review* (janvier 1975), p. 255.
[8] HUSSEIN, M.E. et J.E. KETZ, 《 Ruling Elites of the F.A.S.B. : A Study of the Big Eight 》 , *Journal of Accounting, Auditing, and Finance* (été 1980), pp. 354-367.

l'information par les dirigeants d'entreprises, 2) la présence d'investisseurs naïfs, 3) la distorsion des chiffres comptables, 4) la flexibilité dans le choix des techniques comptables, 5) la fixité fonctionnelle, et 6) le manque d'objectivité[9]. Chacune de ces défaillances résulte en un échec du marché libre d'information de produire une information optimale.

3.4.3. La réglementation des normes comptables par le secteur privé

La réglementation des normes comptables par le secteur privé repose sur l'hypothèse principale que l'intérêt public en comptabilité est mieux servi par le secteur privé.

Ceux qui favorisent la réglementation des normes comptables par le secteur privé mentionnent les arguments suivants pour soutenir leur position:

1. Le F.A.S.B. comme le I.C.C.A. semblent concernés par les intérêts de tous leurs é1ecteurs.
2. Le F.A.S.B. comme le I.C.C.A. semblent avoir attiré, comme membres ou comme employés, des gens qui possèdent les connaissances techniques nécessaires pour développer et rendre effectifs différents systèmes de mesure et de publication.
3. Le F.A.S.B. comme l'I.C.C.A. semblent avoir des é1ecteurs dans le processus de formulation de normes comptables.

Ceux qui s'opposent à la réglementation par le secteur privé utilisent les arguments suivants:

1. Le secteur privé n'a pas le pouvoir et l'autorité du secteur public pour rendre effective la réglementation comptable.
2. Le F.A.S.B. comme l'I.C.C.A. souffrent du manque d'indépendance des cabinets d'experts-comptables et des entreprises. Ceci est plus évident aux États-Unis à témoigner par le 《Metcalf Report》 qui maintient que le processus de formulation des normes comptables est dominé par les huit cabinets importants d'experts-comptables.[10]
3. Le F.A.S.B. comme l'I.C.C.A. sont souvent accusés de réagir trop lentement aux controverses importantes. Ceci est aggravé par le temps que les deux organisations prennent dans leurs dé1ibérations.

3.4.4. La réglementation des normes comptables par le secteur public

La réglementation des normes comptables est constamment le sujet de débats.

---

[9] LEFTWICH, R., 《 Market Failure, Fallacies, and Accounting Information 》 „*Journal of Accounting and Economics* (décembre 1980), p. 200.
[10] U.S. Senate, Subcommittee on Reports, Accounting and Management of the Senate Committee on Government Operation, *The Accounting Establishment* (Washington, DC: Government Printing Office, 1976).

Sans aucun doute la réglementation par le secteur public a atteint un niveau élevé d'acceptation et de légitimation, et fait part des traditions internationales et des structures légales de chaque pays, Pour être efficace. La réglementation doit respecter certains principes:

1. La réglementation ne doit pas violer les droits constitutionnels.
2. Elle existe pour éliminer ou prévenir tout dommage social, réel, ou probable.
3. Elle doit agir dans l'intérêt public.
4. Elle ne devrait pas être utilisée si les mêmes buts pouvaient être atteints par des organisations dans le secteur privé.
5. Elle doit être justifiée.
6. Elle ne devrait pas être utilisée juste pour corriger un comportement social occasionnel.[11]

Ceux qui favorisent la réglementation des normes comptables par le secteur public mentionnent les arguments suivants pour soutenir leur position.

1. Le processus d'innovation en comptabilité dépend du rôle 《irritant 》 du secteur public quand celui-ci demande des améliorations pour protéger l'intérêt public.[12] En d'autres termes, le secteur public agit comme un meilleur agent de changement que le secteur privé ou le marché de capitaux.
2. La réglementation des normes comptables par le secteur public est motivée par le besoin de protéger l'intérêt public.
3. La réglementation des normes comptables par le secteur public est aussi motivée par le désir de créer un niveau de divulgation estimé nécessaire et adéquat à la prise de décision.
4. À l'encontre du secteur privé, le secteur public jouit de plus de pouvoir et d'autorité pour faire accepter des normes comptables et pour expérimenter avec de nouvelles normes comptables,
5. 11 est généralement dit que le secteur privé doit être surveillé et contrôlé étant donné le fait que ses objectifs peuvent être en conflit avec l'intérêt public.

Il y a aussi des arguments bien acceptés contre la réglementation des normes comptables par le secteur public. Par exemple:

1. Énormément de coûts sont engendrés par les entreprises qui doivent se conformer à la réglementation par le secteur public.

---

[11] ELLIOT, R.K. Et W. SCHUETZE, 《Regulation of Accounting: *Practitioners' Viewpoint*》, *in Government Regulation of Accounting Information,* Ed. by A.R. Abdel-Khalik (Gainesville, Fl.: University Presses of Florida, 1980), pp. 109-110.
[12] BURTON, J.C., 《The SEC and Financial Reporting: *The Sand in, the Oyster)*, in, *Government Regulation of Accounting Information., op, cit.*,p. 74.

2. Les bureaucrates travaillant pour le secteur public sont motivés par la maximalisation de leurs budgets, ce qui peut les entrainer à produire trop de réglementation.
3. Le processus de formulation des normes comptables risque de devenir politique. Ainsi, les groupes d'intérêt peuvent être amenés à formuler et négocier des demandes en faveur de leur position favorite.
4. La réglementation par le secteur public risque de décourager toute recherche et expérimentation en comptabilité.

3.5. CONCLUSION

L'approche réglementaire pour la formulation d'une théorie comptable peut avoir recours à un des mécanismes suivants: le marché libre, le secteur privé ou le secteur public. Chacune de ces approches présente certains avantages et certaines limitations. Pour le moment, la réglementation des normes comptables par le secteur privé semble l'emporter sur les autres méthodes, spécialement au Canada et aux États-Unis.

Lectures

I. DÉVELOPPEMENT DES PRINCIPES COMPTABLES

BENSTON, G.J., 《 The Establishment and Enforcement of Accounting Standards: Methods Benefits and Costs 》 , *Accounting and Business Research* (hiver 1980), pp. 51-60.

BENSTON, G.J., 《The Market of Public Accounting Services: Demand, Supply and Regulation》 , *The Accounting Review* (1980).

BENSTON, G.J., *Corporate Financial Disclosure in the UK and the USA* (Lexington Books Inc., 1976).

CHATFIELD, M., *A History of Accounting Thought* (Hinsdale, Illinois : Dryden Press, 1974).

SIEGEJ. G., 《Specialization and Segmentation in the Accounting Profession》 , *Journal of*

Accountancy (novembre 1977), pp. 74-80.

SOLOMONS, D., 《The Politicization of Accounting》, *Journal of Accountancy* (novembre 1978),pp. 65-72.

SOMMER, A.A. Jr., 《 Corporate Governance : Its Impact on the Profession 》, *Journal of Accountancy*(juillet 1980), pp. 52-60.

STOREY, R.K., *The Search for Accounting Principles-Today's Problems in, Perspective* (New York, NY: American Institute of Certified Public Accountants, 1964).

Study on the Establishment of Accounting Principles, *Establishing Financial Accounting Standards* (The Wheat Report) (New York, NY: American Institute of Certified Public Accountants, mars 1972).

ZEFF, S. A., *Forging Accounting Principles in Five Countries: A History and an Analysis of Trends* (Champaign Il.: Stires Publishing Company, 1971).

II. QUI DEVRAIT ÉTABLIR LES NORMES COMPTABLES ?

BROWN, P.R., 《F.A.S.B. Responsiveness to Corporate Input》, *Journal of Accounting, Auditing and Finance* (été 1982), pp. 282-290.

ELLYSON, R. C. et W. H. VAN REUSSELAER, 《 Sunset - Is the Profession Ready for It ? 》 ,*Journal of Accountancy* (juin 1980), pp. 52-61.

HAIUNC, J.R. Jr., 《Accounting Rules and "The Accounting Establishment" 》, J*ournal of Business* (octobre 1979), pp. 507-519.

HOMGREN, C.T., 《Accounting Principles: Private or Public Sector?》, *Journal of Accountancy*(mai 1972), P. 38.

HUSSEIN, M.E. et J.E. KETZ, 《Ruling Elites of the F.A.S.B.: A Study of the Big Eight》, *Journal of Accounting, Auditing and Finance* (été 1980), pp. 354-367.

JOHNSON, S.B. et W.F. Jr. MESSEIR, 《The Nature of Accounting Standards Setting: An Alternative Explanation 》, *Journal of Accounting, Auditing and Finance* (printemps 1982), pp. 195-213.

KELLY-NEWTON, L., *Accounting Policy Formulation: The Role of Corporate Management* (Reading Mass: Addison-Wesley, 1980).

OLSON, W.E., 《Self-Regulation – What's Ahead? 》, *Journal of Accountancy* (mars 1980), pp. 46-49.

PELTZMAN, R., 《 Towards a More General Theory of Regulation》, *The Journal of law and Economics* (août 1976), pp. 211-240.

POSNER, R.A., 《Theories of Economic Regulation》, *Bell Journal of Economics* (automne 1974), pp. 335—338.

STIGLER, G.J., 《Theory of Economic Regulation》, *Bell Journal of Economics* (printemps 1971), pp. 3-21.

CHAPITRE IV

Approches de l'événement

et béhaviorale pour la formulation

d'une théorie comptable

Approches de l'événement
et béhaviorale pour la formulation
d'une théorie comptable

4.1. INTRODUCTION

Les approches utilisées par la profession pour formuler une théorie comptable se sont généralement inspirées de la méthode 《 traditionnelle 》 ou de la méthode 《 réglementaire》 . D'une part, pour les praticiens de la comptabilité, les deux approches sont descriptives et pragmatiques. En d'autres termes, les pratiques comptables utilisées par la profession gagnent une reconnaissance théorique du fait de leur acceptation. Ce processus, essentiellement inductif, consiste à formuler une théorie comptable à partir des pratiques existantes. D'autre part, pour les universitaires, l'approche est normative, en ce sens que le développement d'une base logique précède la création de nouvelles pratiques comptables ou la justification de pratiques existantes. Le processus déductif consiste ici à formuler une théorie comptable à partir d'une considération objective de l'environnement comptable. En résumé, l'approche descriptive conduit à la formulation d'une théorie *de* la comptabilité alors que l'approche normative conduit à une théorie *pour* la comptabilité.

En fait, d'autres approches ont été utilisées dans la littérature comptable ainsi que chez les professionnels. Pour des raisons concernant surtout leur caractère nouveau, peu connu ou accepté, ces approches seront considérées ici comme 《non traditionnelles》 . Ces approches diffèrent aussi des approches traditionnelles par le fait que la formulation d'une théorie comptable est suivie de la vérification de la dite théorie. Le but de ce chapitre est justement d'évaluer les contributions possibles de chacune de ces approches à la formulation d'une théorie comptable. Ces approches sont, notamment, la méthode de l'événement, la méthode dite béhaviorale, la méthode du traitement humain de l'information, la méthode de prédiction et la méthode positiviste. Les trois premières méthodes seront présentées dans ce chapitre, tandis que les deux dernières le seront dans le chapitre suivant.

4.2. LA MÉTHODE DE L'ÉVÉNEMENT

4.2.1. La nature de la méthode de l'événement

Cette méthode est née d'une divergence d'opinions entre les membres d'un comité de l' 《American Accounting Association》 chargé de la rédaction de l'ouvrage: 《A

Statement of Basic Accounting Theory[1] .La majorité des membres du comité favorisait l'approche dite de la 《valeur》 . Un seul membre du comité, George Sorter, favorisait la méthode dite de 《l'événement》 [2].

L'école de la valeur (Value School), aussi appelée l'école des 《besoins des lecteurs》 (《User Need》 School), considère que les besoins des lecteurs sont suffisamment connus pour justifier la déduction d'une théorie comptable. Ces besoins se résument à la production d'une valeur ou de valeurs dites 《 optimales 》 de profit, d'actif et de passif. Ainsi, certains principes tels celui de la correspondance et celui de l'équation comptable sont établis pour garantir l'obtention de ces valeurs optimales. Des critiques peuvent être formulées contre la thé0rie de la valeur:

1. L'information comptable peut être utilisée de différentes façons dans différents contextes et par différents lecteurs. Il est difficile et peut-être inapproprié d'arriver à ce que les valeurs comptables produites soient optimales pour tous les contextes et pour les lecteurs.

2. Pour chaque contexte économique, il n'y a pas de consensus concernant le modèle dé décisions à choisir. Non seulement un modèle normatif et correct est-il difficile à définir, mais les quelques modèles descriptifs existants risquent de différer d'une personne à l'autre.

3. La critique la plus importante concerne l'élimination par la théorie de la valeur des événements n'ayant aucun effet sur la valeur de capital et de profit. En d'autres termes, la théorie de la valeur est essentiellement restrictive. Ceci explique en partie l'absence de comptabilisation d'événements économiques tels que les baux à long terme, l'acquisition de l'actif humain, les coûts et avantages sociaux, etc.

La méthode de l'événement, par contre, stipule que le but principal de la comptabilité est de fournir des informations sur les événements économiques pertinents qui pourraient être utiles à un grand nombre de modèles de décisions. Il s'ensuit que la fonction du comptable est de divulguer l'événement en laissant au lecteur le soin de l'interpréter. Ce sera donc au lecteur de procéder, à partir de la connaissance de l'événement en question, à l'agrégation, la pondération et l'estimation des données de façon compatible avec ses prévisions et sa fonction d'utilité. La méthode de l'événement conduit à un transfert, du comptable au lecteur, des fonctions de transformation de l'événement en informations. Cette notion de transfert est basée sur l'hypothèse que

---

[1] American Accounting Association, 《A Statement of Basic Accounting Theory》 , Rapport préparé par le 《 Committee on Basic Accounting Theory 》 , American Accounting Association, 1966.
[2] SORTER, George, 《An Event Approach to Basic Accounting Theory》 , *Accounting Review* (janvier 1969), pp. 12-19.

l'intervention du comptable dans le processus de production de l'information entraine un biais ou perte d'information qui dépasse sa contribution.

Le terme 《 événement》 correspond en général à toute action qui pourrait être décrite par n'importe quel élément d'attributs, caractéristiques ou propriétés. Johnson propose la définition suivante:

> 《Événement》 signifiera une observation possible des caractéristiques spécifiées d'une action au sujet de laquelle un comptable pourrait dire 《 j'ai prévu cela et je l'ai vu se produire 》 [3].

La différence entre les deux approches, celle de la valeur et celle de l'événement, semble donc reposer sur le niveau d'estimation des données divulguées dans les rapports comptables, et sur l'identification de la personne responsable de l'évaluation. Pour la seconde approche, les données relatives à un 《événement》 porteront sur la plupart des attributs, caractéristiques ou propriétés de cet événement au lieu d'être limitées seulement aux valeurs monétaires de la transaction. De plus, c'est au lecteur plutôt qu'au comptable que reviendra le soin de transformer ces données à des fins utiles. L'hypothèse de base dans l'approche de l'événement est que le lecteur serait plus favorisé en ayant à sa disposition toutes les données possibles sur un événement, de façon à pouvoir faire un choix d'informations pertinentes pour sa propre fonction d'utilité. Seul le lecteur peut décider de ce qui est utile ou non.

4.2.2. Les états financiers et la méthode de l'événement

On peut alors se demander quelles seront les conséquences de l'événement sur les rapports annuels conventionnels. Par exemple, le bilan est perçu par la méthode de la valeur comme un indicateur de la position financière de la compagnie à un moment donné. Par contre, la méthode de l'événement voit dans le bilan une communication indirecte de tous les événements comptables connus par la firme ; ainsi, d'après cette méthode, le stock de marchandise n'indique pas uniquement la valeur au coût mais décrit aussi le résultat des événements encourus, qu'il s'agisse d'acquisition et de consommation ou d'utilisation des marchandises. Sorter propose la règle opérationnelle suivante pour l'application de la théorie de l'événement à la construction du bilan:

> 《Un bilan devrait être construit de façon à maximiser la reconstruction des événements agrégés 》 [4].

De la même façon, le compte de pertes et profits de l'entreprise est, pour la méthode de la valeur, un indicateur de la performance financière d'une période donnée. Selon l'autre méthode, le but de l'état de pertes et profits est de produire une communication directe des événements vécus par la firme. Alors que le bilan est une forme de communication indirecte, le compte de pertes et profits est une forme de

---

[3] JOHNSON, Orace, 《Towards an 《Event》 Theory of Accounting》 , Accounting Review (octobre 1970), p. 644.
[4] SORTER. *op. cit.*, p. 16.

communication directe des événements critiques affectant la firme. De nouveau, la règle opérationnelle servant à la construction de cet état comptable est la suivante:

> 《 Un événement sera décrit de façon à faciliter la prédiction du même événement dans une période future malgré l'existence de changements exogènes》 [5].

Finalement, le compte des sources et emplois de fonds (état du changement dans la position financière) est vu par la théorie de la valeur comme un indicateur de la conduite financière de la firme et, plus précisément, comme celui du changement dans la valeur du fonds de roulement. La théorie de l'événement, par contre, perçoit ce document comme un état des événements de financement et d'investissement. En d'autres termes, le compte des sources et emplois de fonds, dans son état actuel, n'est qu'une façon indirecte d'estimer et de présenter ces événements. Selon la méthode de l'événement, l'accent devrait être mis sur une divulgation plus grande des événements pertinents dans le domaine des investissements et du financement de la période. Le facteur le plus important dans le choix des événements à divulguer est davantage leur pertinence que leur

4.2.3. La théorie normative de l'événement

Cette méthode normative de l'événement se résume comme suit:

> 《Afin de permettre aux personnes intéressées (actionnaires, employés, cadres, fournisseurs, clients, agences gouvernementales et entreprises à caractère non pécuniaire) de mieux prédire l'avenir des organisations sociales (ménages, entreprises commerciales, gouvernementales et philanthropiques),les attributs les plus pertinents (caractéristiques) des événements cruciaux (internes, environne- mentaux et transactionnels) qui affectent l'organisation sont agrégés par période et par section pour une divulgation périodique et objective》 [6].

Pour atteindre les objectifs de la méthode de l'événement, on a besoin d'un système d'information à base d'événements, qui permettrait la divulgation des événements utiles à la prise des décisions à tous les niveaux de gestion. Un tel système serait constitué des éléments suivants:

1) une banque générale de données contenant une description globale de tous les événements ;
2) une structure d'information centrée sur l'utilisateur, fournissant à chaque utilisateur sa propre structure conceptuelle des événements;
3) des opérations propres à l'utilisateur pour ce qui est de la manipulation des données [7].

La méthode de l'événement possède aussi quelques limites.

---

[5] *Ibid.*, p. 16.
[6] JOHNSON, op. cit., p. 680.
[7] LIEBERMAN, Arthur Z. et WHINSTON, Andrew B., 《 An Event-Accounting Information System 》 , *Accounting Review* (avril 1975), p. 249.

1. Une surcharge d'information peut subvenir si on tente de mesurer les événements affectant la firme.
2. Un critère de sélection des événements à mesurer reste à développer.
3. De nouvelles techniques pour mesurer toutes les caractéristiques des événements sont nécessaires.

4.3. LA MÉTHODE BEHAVIORALE

4.3.1. Nature de la méthode béhaviorale

La plupart des approches traditionnelles pour la formulation d'une théorie comptable n'ont pas tenu compte du comportement des usagers en particulier, ni des hypothèses comportementales en général. La méthode béhaviorale ou comportementale met l'accent sur la pertinence de l'information communiquée à la prise de décision -- *une orientation basée sur la communication et la décision*-- et sur le comportement de l'individu ou du groupe en réponse à la communication de l'information -- *une orientation basée sur le preneur de décision*. La comptabilité est supposée s'orienter vers l'action. Son but est d'influencer directement l'action (le comportement) à travers le contenu informationnel du message, et indirectement à travers le comportement des comptables. L'approche béhaviorale, pour la formulation d'une théorie comptable, applique les sciences du comportement à la comptabilité parce que celle-ci est considérée comme un processus béhavioral. Elle est concernée par le comportement humain suivant la présentation d'informations ou de problèmes comptables. Ainsi, le choix d'une technique comptable devra être évalué en termes d'objectifs et de comportements des usagers de l'information. L'approche béhaviorale a donné naissance à un nouveau sujet de recherche en comptabilité désigné comme 《comptabilité béhaviorale》 (Behavioral Accounting). Son objectif principal consiste à expliquer et à prédire le comportement humain dans tous les contextes comptables. Les résultats des recherches dans le domaine peuvent être classifiés sous les rubriques suivantes:
1) effets béhaviorals de l'information comptable;
2) effets linguistiques des données et techniques comptables;
3) fixation fonctionnelle, et
4) effets de l'information sur la source.

4.3.2. Effets béhaviorals de l'information comptable

L'information comptable, au niveau de son contenu et de son format, peut avoir un impact sur la prise de décision individuelle et suggère des avenues de recherche et une amélioration des systèmes comptables. En fait, les études dans ce domaine ont examiné les différents modèles d'enregistrement et de divulgation comptable pour évaluer les choix disponibles en termes de pertinence et d'effet sur le comportement. Ces études sont généralement classifiées dans cinq rubriques comme suit:

1) l'adéquation de la divulgation;
2) l'utilité des données financières;
3) les attitudes vis—à—vis des techniques comptables;
4) les jugements d'importance relative, et
5) les effets décisionnels des différentes alternatives comptables.

Deux approches ont été utilisées pour étudier l'adéquation de la divulgation. La première approche étudia les manières d'utilisation des données en vue de résoudre les problèmes controversés concernant l'addition de certaines informations. La deuxième approche étudia les déterminants de toute différence dans la divulgation financière entre les entreprises.

La recherche sur l'adéquation de la divulgation et l'utilisation des données montrent: a) que les états financiers sont généralement compris et acceptés tels quels, et b) que les différences entre les états financiers dans l'adéquation de la divulgation sont dues à des variables telles que la taille de la firme, la profitabilité, la taille de la firme vérifiant les données, et le cours coté dans la bourse des valeurs.

Trois approches ont été utilisées pour l'examen de l'utilité des données financières. La première approche considéra l'importance relative de différents items informationnels à l'analyse des investissements faits par les usagers et les producteurs d'information financière. La deuxième approche considéra la pertinence des états financiers pour la prise de décision sur la base d'expériences de laboratoire. La troisième approche considéra l'efficacité de la communication des données financières au niveau de la compréhension des usagers en général. La conclusion générale de ces études fait ressortir:

1) qu'un consensus semble exister entre les usagers et les comptables sur l'importance relative des items informationnels inclus présentement dans les états financiers; et

2) que les usagers ne dépendent pas seulement des états financiers pour leur prise de décision.

Deux approches ont été utilisées pour l'examen des attitudes vis-à-vis les techniques comptables. La première approche considéra les préférences pour les différentes alternatives comptables. La deuxième considéra les prises de position sur des sujets généraux de la comptabilité tels que le montant d'information qui devrait être disponible, le montant d'information actuellement disponible et l'importance de certains items. Ces études indiquent le niveau d'acceptation des techniques proposées par la profession et dévoilent des variétés d'attitudes pour certains sujets comptables vu les différents groupes professionnels.

Deux approches ont été utilisées pour l'étude des jugements d'importance relative. La première approche considéra les principaux facteurs qui déterminent la collection, la classification et la présentation des données comptables. La deuxième approche fit l'examen de ce que les gens considèrent comme relativement important. Cette seconde approche tenta de déterminer les niveaux de différences des données comptables nécessaires avant que ces différences ne deviennent trop importantes. Ces études ont démontré que certains facteurs semblent affecter les jugements d'importance et que ces jugements diffèrent entre individus.

Finalement, l'étude des effets décisionnels des différentes alternatives comptables démontre qu'elles semblent influencer les décisions individuelles et que le niveau d'influence peut dépendre de la nature de la tâche, des caractéristiques des usagers et la nature de l'environnement expérimental.

4.3.3. Effets linguistiques des données et techniques comptables

La linguistique et la comptabilité ont beaucoup de points en commun. Par exemple, il est permis de considérer les règles comptables comme analogues aux règles de grammaire et, en référence à cette analogie, on peut utiliser les effets de la structure grammaticale sur la perception de l'audience pour supporter l'hypothèse que la comptabilité affecte la prise de décision[8]. D'une façon plus formelle, on peut s'appuyer sur l'argument déterminant que la comptabilité est un langage et que selon l'hypothèse du relativisme linguistique, les caractéristiques lexicales et grammaticales de la comptabilité influencent à la fois le comportement linguistique et non linguistique des usagers[9]. En fait, quatre hypothèses basées sur le relativisme linguistique peuvent être utilisées pour intégrer conceptuellement les résultats de l'impact de l'information comptable sur les usagers. Ces hypothèses sont les suivantes:

1. Les usagers capables de faire certaines distinctions lexicales en comptabilité peuvent résoudre des problèmes qui ne peuvent être résolus par les autres usagers.
2. Les usagers capables de faire certaines distinctions lexicales en comptabilité peuvent accomplir des tâches non linguistiques plus rapidement ou plus complètement que les autres usagers.
3. Les usagers qui comprennent les règles comptables (grammaticales) sont davantage prédisposés à adopter des styles de gestion ou des intérêts différents de ceux adoptés par les autres usagers.

---

[8] JAIN, T. H., 《 Alternative Methods of Accounting and Decision Making: A Psycholinguistic Analysis》 , *The Accounting Review* (janvier 1973), pp. 95-104.
[9] BELKAOUI, A., 《Linguistic Relativity in Accounting》 , *Accounting, Organizations and Society* (octobre 1978), pp. 97-104.

4. Les techniques comptables tendent à faciliter ou à rendre plus difficiles différents comportements de gestion (non linguistiques) adoptés par les usagers[10].

Ces propositions ont été empiriquement analysées et vérifiées dans deux études mettant ainsi l'accent sur l'importance des considérations linguistiques dans l'utilisation de l'information comptable[11,12].

Selon, l'école du relativisme linguistique, le langage joue le rôle créateur de l'environnement; ceci implique que le langage comptable peut aussi prédisposer les usagers à une méthode donnée de perception et de comportement. De plus, l'affiliation des usagers avec différentes organisations ou communautés professionnelles possédant leurs propres systèmes de liaison et d'interaction peut créer différents 《répertoires》 comptables. En d'autres termes, des comptables appartenant à différents groupements professionnels peuvent utiliser plusieurs codes linguistiques à cause des différents objectifs et contraintes organisationnels. En fait, il a été possible, suite à une thèse socio-linguistique, de prouver d'une façon empirique que des affiliations professionnelles distinctes peuvent créer différents   répertoires comptables de communication entre et dans les groupes[13]. Cette thèse socio-linguistique fut utilisée pour justifier le manque possible de consensus sur la signification exacte des concepts comptables.

4.3.4. Fixation fonctionnelle

La fixation fonctionnelle en psychologie a trait à un phénomène du comportement humain dans lequel l'individu associe une signification particulière à un objet et devient alors incapable de distinguer ou de donner d'autres significations à cet objet. En d'autres termes, il associe une seule fonction à cet objet. Cette application de la comptabilité a commencé quand Ijiri et *al.* ont étudié les conditions qui font qu'un preneur de décisions peut être incapable de changer son processus décisionnel en réponse à un changement du processus comptable qui lui a fourni les données[14]. Ils ont attribué l'incapacité à changer les processus décisionnels de ces preneurs de décision au phénomène de fixation fonctionnelle. En d'autres termes, si les résultats comptables sont désignés par les noms tels que profit, coût, etc., les gens qui ne sont pas bien versés dans la science comptable

---

[10] *Ibid,*. p. 103.

[11] BELKAOUI, Janice et Ahmed BELKAOUI, 《The Impact of Socio-Economic Accounting Statements on the Investment Decision: An Empirical Study》 , Accounting, Organizations and Society (Sept. 1980). pp. 263-284.

[12] BELKAOUI, Janice et Ahmed BELKAOUI 《Bilingualism and the Perception of Professional Concepts》 , *Journal of Psycholinguistic Research.*

[13] BELKAOUI, Ahmed, 《The Interprofessional Linguistic Communication of Accounting Concepts; An Experiment in Sociolinguistic》 , *Journal of Accounting Research* (automne 1980), pp.362- 374.

[14] IJIRI, Y., JAEDICKE, R.K. et K.E. KNIGHT, 《 The Effects of Accounting Alternatives on Management Decisions》 , in *Research in Accounting Measurement,* Jaedicke, R.K. et O. Nielsen (Eds.) (New York: American Accounting Association, 1966), pp. 186-199.

risquent de négliger le fait que différentes alternatives comptables ont été utilisées pour préparer les dits résultats comptables. Ceci peut donc expliquer pourquoi les différentes techniques comptables, utilisées pour traiter une transaction donnée, peuvent occasionner plusieurs décisions.

4.3.5. Effets de l'information sur la source

L'information a un effet non seulement sur l'individu recevant l'information mais aussi sur l'individu la communiquant. Le premier effet est bien connu et accepté tandis que le second ne l'est pas. Ainsi, la thèse de plus en plus acceptée en comptabilité est celle soutenant que l'information peut avoir un effet sur l'individu qui est requis de la communiquer[15]. Cet effet résulte des anticipations de l'individu communiquant l'information portant sur les utilisations possibles de celle-ci. En d'autres termes l'individu communiquant l'information peut se poser des questions concernant son utilisation possible de même que les perceptions qu'auront de lui les individus recevant l'information. Il peut donc décider de changer l'information pour modifier le comportement et la perception des usagers. L'information a donc un effet sur la source.

4.4. LA MÉTHODE DU TRAITEMENT HUMAIN DE L'INFORMATION

L'intérêt envers le traitement humain de l'information provient de la nécessité d'améliorer l'ensemble des informations présentées aux usagers et de la compétence de ces usagers à utiliser la dite information. Les théories et modèles du traitement humain de l'information, tels que présentés en psychologie, suggèrent le mécanisme idéal pour transformer les controverses comptables en controverses de traitement de l'information. On retrouve trois composantes importantes dans le modèle du traitement de l'information: l'intrant, le processus et l'extrant.

1. Les études portant sur l'ensemble des informations constituant l'intrant mettent l'accent sur les variables qui risquent d'influencer la manière dont les individus traitent l'information pour la prise de décision. Les variables examinées incluent:

    1) les caractéristiques de mesure de chacune des informations telles que le niveau de mesure, la nature discrète ou continue, déterministe ou probabiliste ;

    2) les propriétés statistiques de l'ensemble des informations telles que le nombre d'informations individuelles, la nature de la distribution, les relations entre les informations individuelles, et la dimension de l'information ;

    3) le contenu informationnel tel que le biais possible, la fiabilité et la nature de la relation avec l'événement à prédire;

---

[15] PRAKASH, P. et A. RAPPAPORT, 《Information Inductance and its Significance to Accounting》, *Accounting, Organizations and Society* (février 1977), pp. 29-38.

4) la méthode de présentation de l'information telle que le format, la séquence et le niveau d'agrégation; et

5) le contexte tel que les conditions physiques d'observation de l'information, les instructions données, la nature des tâches requises pour l'étude et le 《feedback》 ou rétroaction[16].

2. Les études sur le processus mettent l'accent sur les variables qui influencent le preneur de décision telles que:

1) les caractéristiques du juge ou du sujet telles que les caractéristiques personnelles, la nature de la tâche requise, soit humaine soit mécanique, et le nombre de pages; et

2) les caractéristiques de la règle de décision comme la forme, l'utilisation des informations individuelles, la stabilité et l'emploi des heuristiques[17].

3. Les études portant sur l'extrant considèrent les variables ayant trait au jugement de prédiction ou à la décision qui risque d'influencer la façon dont l'individu traite l'information. Les variables examinées incluent les qualités du jugement (exactitude, rapidité, fiabilité en termes de fidélité, consensus et convergence, et prédictibilité)[18].

Les différences des trois composantes du modèle de traitement de l'information nous amènent à utiliser les quatre approches suivantes:

1) l'approche du 《Lens Model》 (modèle de la lentille) ;
2) l'approche de jugement probabiliste;
3) l'approche du comportement prédécisionnel; et
4) l'approche du style cognitif.

Chacune de ces approches sera expliquée dans ce qui suit.

4.4.1. Le modèle de Brunswick

Le modèle de la lentille, également appelé le modèle de Brunswick, explique l'interdépendance des variables environnementales et individuelles[19]. Le modèle est utilisé généralement pour évaluer des situations dans lesquelles des individus sont appelés à porter des jugements basés sur un ensemble de variables environnementales. Le modèle met l'accent sur les similitudes entre la réponse de l'environnement et celle de

---

[16] LIBBY, R. et B. L. LEWIS, 《Human Information Processing Research in Accounting: The State of the Art in 1982 》, *Accounting, Organizations and Society* (décembre 1982), p. 233.

[17] *Ibid.*, p. 234.

[18] *Ibid.*, p. 233.

[19] BRUNSWICK, E., The *Conceptual Framework of Psychology* (Chicago: The University of Chicago Press, 1972).

l'individu, comme il est démontré au schéma 4.1; le côté droit du modèle décrit les relations entre les réponses des individus ou jugements (Ys) et le niveau des variables (Xi) en termes de leur corrélation (Rs) ; le côté gauche du modèle décrit les relations entre l'événement ou critère actuel (Ye) et le niveau des variables (Xi). L'analyse utilise généralement un modèle de régression lorsque les variables sont continues et un modèle d'analyse de la variance lorsque les variables sont discrètes. Toute recherche utilisant le modèle de la lentille tend à:

1) construire des modèles mathématiques qui démontrent l'importance relative des différentes informations; et

2) évaluer l'exactitude des jugements ainsi que leur fidélité, consensus et convergence[20].

Plusieurs problèmes comptables sont apparus lors d'études utilisant le modèle de la lentille; ces problèmes incluent:

1) des études sur l'importance relative des différentes informations lors du processus de jugement et du consensus des preneurs de décisions;

2) l'exactitude des jugements basés sur les variables comptables; et

3) les effets des caractéristiques de la tâche sur l'accomplissement des projets et sur l'apprentissage.

SCHÉMA n° 4-1

Modelé de Brunswick

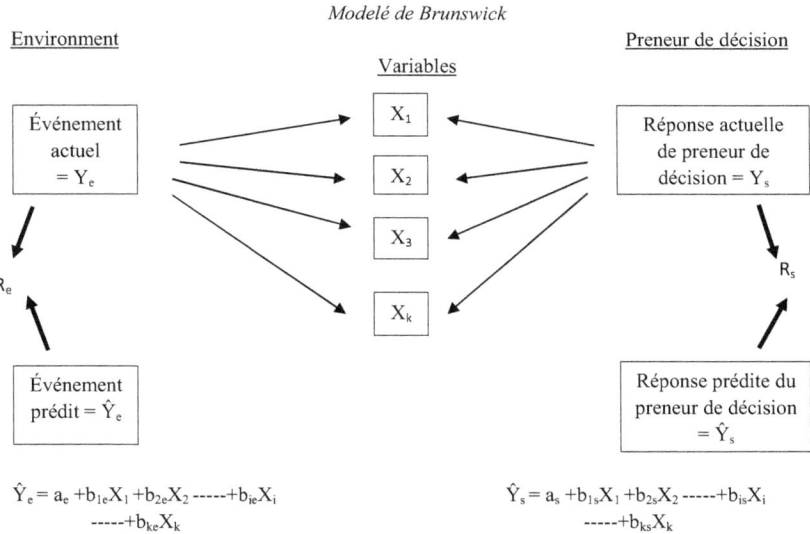

Environment

Variables

Preneur de décision

Événement actuel = Y_e

X_1

X_2

X_3

X_k

Réponse actuelle de preneur de décision = Y_s

R_e

R_s

Événement prédit = $\hat{Y}_e$

Réponse prédite du preneur de décision = $\hat{Y}_s$

$$\hat{Y}_e = a_e + b_{1e}X_1 + b_{2e}X_2 \text{-----} + b_{ie}X_i \text{-----} + b_{ke}X_k$$

$$\hat{Y}_s = a_s + b_{1s}X_1 + b_{2s}X_2 \text{-----} + b_{is}X_i \text{-----} + b_{ks}X_k$$

---

[20] LIBBY, R., and B. L. LEWIS, 《 Human Information Processing Research in Accounting 》 , *Op.cit.*, p. 233.

4.4.2. Le modèle du jugement probabiliste

Le modèle du jugement probabiliste, appelé aussi le modèle Bayesien, met l'accent sur une comparaison entre les jugements probabilistes et intuitifs et le modèle normatif. Le modèle normatif de révision de la probabilité, appelé aussi le modèle de Bayes, est utilisé comme le modèle descriptif du traitement humain de l'information. Ainsi, la probabilité a posteriori du théorème de Bayes prédit que :

$$\underbrace{\frac{P(H_1/D)}{P(H_2/D)}}_{\substack{\text{Probabilité} \\ \text{a posteriori}}} = \frac{P(D/H_1)}{P(D/H_2)} \times \underbrace{\frac{P(H_1)}{P(H_2)}}_{\substack{\text{Probabilité} \\ \text{a priori}}}$$

où H_1 et H_2 sont deux hypothèses et D représente les données.

La question de base du modèle du jugement probabiliste est de déterminer si les probabilités sont révisées dans la direction stipulée par le théorème de Bayes[21]. Les résultats démontrent que la révision est moins élevée que celle suggérée par le théorème de Bayes. Le phénomène est reconnu comme celui de 《 conservatisme 》 (ou prudence). De là, la recherche a porté sur les sources de biais introduits dans le traitement humain de l'information.

Tversky et Kahneman ont trouvé un certain nombre d' 《heuristiques》 (ou simplement règles) utilisées par les individus pour réduire les tâches complexes d'évaluation des probabilités à de simples opérations de jugement[22]. Ces règles incluent les notions de 《 représentativité 》 , 《 disponibilité 》 , et d' 《 ajustement》 . La représentativité correspond à la règle utilisée par les gens quand ils jugent la probabilité d'un événement par son degré de similarité (c.-à-d. représentativité) d'après la catégorie à laquelle il est supposé être un exemple. La disponibilité correspond à la règle utilisée par les individus quand' ils évaluent la probabilité d'un événement avec le premier cas qui leur vient à l'esprit. Finalement, l'ajustement correspond à la règle utilisée par les individus qui formulent une première estimation (valeur initiale) avant d'ajuster cette valeur pour en arriver à une réponse finale.

4.4.3. Le modèle du comportement prédécisionnel

La plupart des expériences de laboratoire, basées sur le modèle de lentille où le modèle du jugement probabiliste, utilisent des situations très répétitives où la tâche est bien élaborée, l'individu est expose a des variables bien définies et où les réponses possibles sont prédéterminées. Ces expériences ne traitent nullement de la dynamique de la

---

[21] EDWARDS, W., 《Conservatism in Human Information Processing》 , B. Kleinmuntz, (ed.), *Formal Representations of Human Judgment* (New York: Wiley, 1968).
[22] TVERSKY, A. et D. HAHNEMAN, 《Judgement Under Uncertainty: Heuristics and Biases》 , *Science*, 185 (1974), pp. 1124-1131.

définition du problème, de la formulation de l'hypothèse ni de la recherche d'information dans des environnements moins structurés. En bref, elles n'explorent nullement les différentes étapes du comportement prédécisionnel.

Le comportement prédécisionnel est généralement étud1é à l'aide de méthodes de recouvrement du processus (《 process tracing 》). Cette méthode fut premièrement appliquée à la thé0rie de résolution des problèmes, par Newell et Simon[23]. Ils utilisèrent l'argument que les êtres humains ont une capacité limitée dans le traitement et le recouvrement de l'information. Il en résulte que les êtres humains ont tendance à utiliser des actions qui satisfont plutôt que maximisent la fonction objective, ce qui les incite à s'adapter. Cette adaptation implique donc que la représentation cognitive de la tâche détermine la façon dont les problèmes sont résolus, puisque les tâches tendent d'é1ucider et ainsi contrôler la réponse comportementale des preneurs de décision.

L'étude des méthodes de recouvrement du processus repose sur 4 notions: mouvements des yeux, comportement en recherche de l'information, la période de réponse et les protocoles verbaux. Le protocole verbal est la méthode la plus utilisée en comptabilité. Elle consiste à demander aux individus de 《 parler tout en pensant 》 dans un appareil enregistreur pendant l'exécution de la tâche[24].

4.4.4. Le modèle du style cognitif

Le modèle du style cognitif met l'accent sur les variables qui risquent d'avoir un impact sur la qualité des jugements des preneurs de décision. Le style cognitif est un concept hypothétique utilisé pour expliquer le processus de médiation entre le stimulus et les réponses. Cinq approches ont été utilisées en psychologie pour les études du style cognitif: autoritarisme, dogmatisme, complexité cognitive, complexité intégrative et dépendance des alentours (《field dependence 》).

    a) L'autoritarisme a débuté grâce à Adorno et *al* avec les relations entre la personnalité, les attitudes anti-démocratiques et le comportement[25]. Ils étaient principalement intéressés par les individus dont leur façon de penser les prédisposait à une propagande anti-démocratique. Deux des notions d'autoritarisme, rigidité et into1érance de l'ambigüité, reflètent un style cognitif.

    b) Le dogmatisme a débuté par les efforts de Rokeach à développer une mesure structurale d'autoritarisme pour remplacer celle développée par Adorno qui met

---

[23] NEWELL, A. et H.A. SIMON, *Human Problem Solving* (Englewood Cliffs, N.J., Prentice Hall, 1972).

[24] PAYNE, J.N., BRAUNSTEIN, M. L. et J. S. CAROLL, 《Exploring Predicisional Behavior: An Alternative Approach to Decision Research》 , *Organizational Bebavior and Human Performance* (février 1978), pp. 17-44.

[25] ADORNO, T.W., FRENLEEL-BRUNSWJCK, E., LEWINSTON, DJ. et R.N. SANFORD, *The Authoritarian Personality* (New York: Harper and Row, 1950).

l'accent surtout sur le contenu[26], Il était intéressé au développement d'une mesure de style cognitif qui serait plus indépendante du contenu de la pensée.

c) La complexité cognitive, telle qu'introduite par Kelly[27] et Bieri[28] met l'accent sur les dimensions psychologiques que les individus utilisent pour structurer leurs environnements et distinguer le comportement des autres. Les individus considérés très complexes sur le plan cognitif sont supposés posséder un plus grand nombre de dimensions disponibles, avec lesquelles ils peuvent comprendre le comportement des autres, comparativement aux individus moins complexes sur le plan cognitif. Une plus grande distinction est également faite à l'aide de 2 styles cognitifs: heuristique et analytique[29]. Les individus analytiques ont tendance à réduire les problèmes et les situations à un modèle plus ou moins explicite et souvent quantitatif. Les individus heuristiques préfèrent l'utilisation de leur intuition et de leurs impressions tout en considérant la situation comme un tout organique plutôt que composée de parts identifiables.

d) La complexité intégrative, telle que présentée par Harvey et al.[30], et Schroeder et al.[31], se base sur la notion de l'engagement des individus dans deux sociétés pendant leur traitement des données sensorielles: différenciation et intégration. La différenciation a trait à la capacité de l'individu de placer des stimulus le long des dimensions ou catégories. L'intégration a trait à la capacité de l'individu d'utiliser des règles complexes pour combiner ces dimensions. Ainsi, une personne considérée peu apte dans les deux activités est dite 《 concrète 》, tandis qu'une personne très apte dans les deux activités est dite 《 abstraite 》. L'échelle de concret à abstrait est appelée la complexité intégrative ou conceptuelle. À ce concept de complexité intégrative est généralement ajouté le niveau de traitement de l'information. Le résultat est reflété dans 《l'hypothèse de la courbe U》, au schéma 4.2. Ainsi, plus le niveau de complexité environnementale augmente, plus le niveau de traitement de l'information augmente pour atteindre un niveau correspondant au niveau optimal de complexité environnementale au-delà duquel il commence à

---

[26] ROKEACH, M., *The Open and Closed Mind* (New York: Basic Books, 1960).

[27] KELLY, G.A., *The Psychology of Personal Constructs* (New York: Norton, 1955).

[28] BIERI, J., 《Cognitive Complexity and Personality Development》, in *Experience, Structure and Adaptability*, éd., Harvey, OJ., (New York: Springer, 1966).

[29] HUYSMANS, J. H. B., 《The Effectiveness of the Cognitive-Style Constraint in Implementing Operations Research Proposals》, Management Science (septembre 1970), pp. 94-95.

[30] HARVEY, O.J., HUNT, D,E. et H.M. SCHROEDER, Conceptual *Systems and Personality Organizations* (New York: John Wiley and Sons, 1961).

[31] SCHROEDER, H.M., M.J. DRIVER et S. STREUFERT, *Human Information Processing* (New York: Holt, Rinehart and Winston, 1967).

diminuer[32]. Schroeder et al., utilisèrent le résultat de la courbe U dans l'étude de la complexité intégrative. Ainsi, le schéma 4.2 démontre les différences entre un individu considéré «concret» et un individu considéré «abstrait». Plus l'individu est abstrait, plus est élevé le niveau optimal de traitement de l'information.

SCHÉMA n° 4-2
Hypothèse de la courbe U

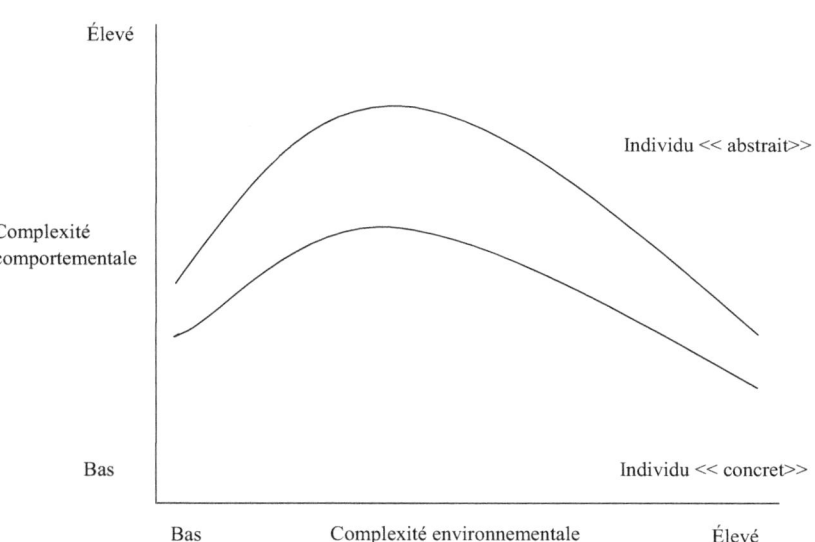

e)   Finalement, la dépendance des alentours (« field dependence »), telle que présentée par Witkin et ses collègues, constitue une mesure du niveau de différentiation dans le domaine de la perception[33]. Les individus qui sont dépendants des alentours ont

---

[32] *Ibid.*, p. 37.
[33] WITKIN, H.A., R.B. DYKS, H.F. FATERSON, D.R. GOODENOUGH, et S.A. KARYN, *Psychological Differentiation,* (New York: Wiley, 1962).

tendance à percevoir l'organisation entière dans les alentours et sont relativement incapables de percevoir des parties indépendantes.

Les études comptables qui se sont basées sur ces cinq approches ont identifié la classification des usagers de l'information d'après leur style cognitif et la construction du système d'information le plus adéquat au style cognitif de l'usager.

Les résultats ne sont pas nécessairement concluants étant donné les difficultés à considérer et à contrôler beaucoup de variables environnementales.

4.5. ÉVALUATION DE LA RECHERCHE COMPORTEMENTALE (BÉHAVIORALE)

La plupart des études comptables du comportement que nous avons élaborées dans les sections précédentes essaient de généraliser le comportement humain en face de l'information comptable. L'objectif implicite de toutes ces études est de développer et vérifier des hypothèses béhaviorales pertinentes à la théorie comptable, telles que les hypothèses sur l'adéquation de la divulgation, l'utilité des données financières, les attitudes envers les pratiques comptables, les jugements d'importance relative, les effets décisionnels des différentes alternatives comptables et les composantes au modèle de traitement de l'information. Cependant, cet objectif implicite n'a pas encore été atteint, dû au manque de rigueur théorique et méthodologique.

4.6. CONCLUSION

Ce chapitre a traité de la signification et des résultats des approches de l'événement, de la béhaviorale et du modèle de traitement de l'information pour la formulation d'une théorie comptable. Chacune de ces approches repose sur différentes suppositions et utilise de nouvelles méthodologies pour examiner les problèmes comptables et les questions des recherches. Chacune de ces approches commence donc à devenir un « paradigme » distinct, ce qui amène la comptabilité à devenir une science multiparadigmatique où chaque paradigme cherche à dominer. Le chapitre suivant continuera sur le même thème par la présentation des approches prédictives et positives pour la formulation d'une théorie comptable.

Lectures

I. APPROCHE DE L'ÉVÉNEMENT À LA FORMULATION

D'UNE THÉORIE COMPTABLE

BENBASAR, I. et DEXTER, A.S., 《 Value and Events Approaches to Accoumiog: An Experimental Evaluation》 ,*The Accounting Review* (octobre 1979), pp. 735-749,

CALANTONI, C.S., MANES, R.P., et WINSTON, A., 《 A Unified Approach to the Theory of Accounting and Information Systems》 , *The Accounting Review* (janvier 1971), pp. 90-102.

CHEN, P., Ed., *Entity-Relationship Approach to Systems Analysis and Design* (North Holland Publishing Company, 1980).

CHEN, P., Ed., *Entity-Relationship Approach to Information Modeling and Analysis* (ER Institute, 1981).

EVERST, G.C., et WEBER, R., 《A Relational Approach to Accounting Models》 , T*be Accounting Review* (avril 1977), pp. 340-359.

HASEMAN, W.D. et WHINSTON, A.B., 《Design of a Multidimensional Accounting System》 , *The Accounting Review* (juillet 1976), pp, 65-71,

JOHIVSON, O., 《Towards and 'Events' Theory of Accounting》 , *The Accounting Review* (octobre 1970), pp. 641 653.

LIEBERMAN, A.Z., et WHINSTON, A.B., 《A Structuring of an Events-Accounting Information System》 . *The Accounting Review* (avril 1975), pp. 246-258.

McCARTHY, W.E., 《 An Entity-Relationship View of Accounting Models 》 , T*be Accounting Review* (ocrobre 1979), pp. 667 686.

McCARTHY, W.E., 《The REA Accounting Model: A Generalized Framework for Accounting Systems in a Shared Data Environment》 , *The Accotting Review* (juillet 1982), pp. 554-578.

MCCARTHY, W.E., 《 A Relational Model for Events-Based Accounting Systems 》 , (doctoral dissertation, University of Massachusetts, 1978).

SORTER, G.H., 《An Events Approach to Basic Accounting theory》 , *The Accounting Review* (janvier 1965), pp. 12-19.

II. APPROCHE BÉHAVIORALE

DYCKMAN, T.R., GIBBONS, M. et SUIERINGA, R.J., 《Experimental and Survey Research in Financial Accounting ; A Review and Evaluation》 , in *The Impact of Accounting Research in, Financial Accounting and Disclosure on, Accounting Practice,* ed. Abdel-Khalik, A.R., and Keller,T,F., (Donhau, N.C.: Duke University Press, 1978), pp. 480-489.

RHODE, J.G., 《Behavioral Science Methodologies with Application for Accounting Research: References and Source Materials》 , Chapter 7 0f 《Report of the Committee on Research Methodology in Accounting》 , *The Accounting Review* (Supplement 1978), pp. 454-504.

III. EFFETS LINGUISTIQUES DES DONNÉES ET TECHNIQUES COMPTABLES

ADELBERG, A.H., 《A Methodology for Measuring the Understandability of Financial Report Messages》 , *Journal of Accounting Research* (automne 1979), pp. 565-592.

ADELBERG, A.H., 《An Empirical Evaluation of the Communication of Authoritative Pronouncements in Accounting》 , *Accounting and Finance* (novembre 1982), pp. 73-94.

BELKAOUI, A., et COUSINEAU, A., 《Accounting Information, Non-accounting Information and Common Stock Perception》, *The Journal of Business* (juillet 1977), pp. 334-343.

BELKAOUI, A., 《Linguistic Relativiry in Accounting》, *Accounting Organizations and Society* (octobre 1978), pp. 97-104.

BELKAOUI, A., 《The Interprofessional Linguistic Communtication of Accounting Concepts: An Experiment in Sociolinguistics》, *Journal of Accounting Research* (automne 1980), pp. 363-374.

BELKAOUI, A., 《 The Impact of Socio-Economic Accounting Statements on the Investment Decision : An Empirical Study》, *Accounting, Organizations and Society* (septembre 1980), PP, 263-284.

FLAMHOLTZ, E. et COOK, E., 《Connotative Meaning and its Role in Accounting Change: A Field Study》, *Accounting Organizations and Society* (octobre 1978), pp. 115—140,

HARIED, A., 《The Semantic Dimensions of Financial Statements》, *Journal of Accounting Research* (printemps 1973), pp. 117 145.

HARIED, A., 《Measurement of Meaning in Financial Reports》, *Journal of Accounting Research* (printemps 1973), pp. 117-145.

HAIN, T.N., 《Alternative Methods of Accounting and Decision Making: A Psycholinguistic Analysis》, *The Accounting Review* (janvier 1973), pp. 95-104.

BELKAOUI, Janice et BELKAOUI, A., 《Bilingualism and the Perception of Professional Concepts》, *Journal of Psycholinguistic Research* (à paraître).

LIBBY, R., 《Bankers' and Auditors' Perceptions of the Message Communicated by the Audit Report》, *Journal of Accounting Research* (printemps 1979), pp. 55—122.

LI, D., 《 The Semantic Aspect of Communication Theory and Accounting 》, *Journal of Accounting Research* (automne 1963), pp. 102--107.

OLIVER, B., 《The Semantic Differential: A Device for Measuring the Interprofessional Communication of Selected Accounting Concepts》, *Journal of Accounting Research* (automne 1974), pp. 299-316.

U.S. Senate, Subcommittee on Reports, Accounting, And Management of the Senate Committee. on Government Operation, *The Accounting Establishments* (Washington, D.C.: Government Printing Office, 1976).

IV. HYPOTHESE DE LA FIXATION FONCTIONNELLE

ASHTON, R. H., 《Cognitive Changes Induced by Accounting Changes: Experimental Evidence on the Functional Fixation Hypothesis》, *Studies on, Human Information, Processing in Accounting*, Supplement to *Journal of Accounting Research* (1976), pp. 1-17.

IJIRI, Y.,JAEDICKE, R. K. et KNIGHT, K. E. 《 The Effects of Accounting Alternatives on Management Decisions》, in *Research in Accounting Measurement*, édité par Jaedicke, R. K., et al., (New York: American Accounting Association, 1966), pp. 186-199.

V. TRAITEMENT HUMAIN DE L'INFORMATION

BELKAOUI, A., 《Judgment Related Issues in Performance Evaluation 》, *Journal of Business Finance and Accounting* (hiver 1982), pp. 489-500.

BRUNSWICK, E., *The Conceptual Framework of Psychology* (Chicago : University of Chicago Press,1952).

EINHORN, H. J., 《A Synthesis: Accounting and Behavioral Science》, *Studies on Human Information Processing in Accounting*, Supplement to *Journal of Accounting Research*, 1976, PP196-206.

EINHORM, H. J. et HOCARTH, R. M., 《Behavioral Decision Theory: Processes of Judgement and Choice》, *Annual Review of Psychology* (32, 1981), pp. 53-88.

EINHORN, H. J. et HOGARTH, R. M., 《Behavioral Decision Theory: Processes of Judgement and Choice》, *Journal of Accounting Research* (printemps 1981), pp. 1-31.

JOYCE, E. J., 《Behavioral Studies of Audit Decision Making》, *Journal of Accounting Literature*(printemps 1982), pp. 103-123.

LIBBY, R. et LEWIS, B. L., 《Human Information Processing Research in Accounting: The State of the Art 》, *Accounting, Organizations and Society* (septembre 1977), pp. 245-268.

LIBBY, R., *Accounting and Human Information Processing: Theory and Applications* (Englewood Cliffs, N.J.: Prentice Hall Inc., 1981).

LIBBY, R. et LEWIS, B. L., 《Human Information Processing Research in Accounting: The State of the Art in 1982》, *Accounting, Organizations and Society* (décembre 1982), pp. 231-286.

SCHRODER, H, M., DRIVER, MJ. et STREUFFERT, S., *Human Information, Processing* (Holt, Rinehart and Winston, 1967).

SNOWBALL, D., 《 On the Integration of Accounting Research on Human Information Processing 》, *Accounting and Business Research* (été 1980), pp. 307-318.

WRIGHT, W. F., 《Comparison of the Lens and Subjective Probability Paradigms for Financial Research Purposes 》, *Accounting, Organizations and Society* (février 1982), pp. 65-75.

VI. LE MODÈLE DE LA 《LENTILLE》 EN COMPTABILITÉ

ABDEL-KHALIK, A. R. et EL-SHESHAI, K., 《Information Choice and Utilization in an Experiment on Default Prediction》, *Journal of Accounting Research* (automne 1980), pp. 325-342.

ASHTON, R.H. et KRAMER, S.S., 《 Students as Surrogates in Behavioral Research : Some Evidence 》, *Journal of Accounting Research* (printemps 1980); pp. 269-277.

ASHTON, R.H. et BROWN, P.R., 《 Descriptive Modeling of Auditor's Internal Control Judgments : Replication and Extension》, *Journal of Accounting Research* (printemps 1980), pp. 1-15.

ASHTON, R. H., 《 A Descriptive Study of Information Evaluation 》, *Journal of Accounting Research* (printemps 1981), pp. 42-61.

BROWN, P. R., 《 A Descriptive Analysis of Select Input Bases of the Financial Accounting Standards Board》, *Journal of Accounting Research* (printemps 1981), pp. 62-85.

CASEY, CJ., 《Additional Evidence on the Usefulness of Accounting Ratios for the Prediction of Corporate Failure》 ,*Journal of Accounting Research.*

DANOS, P. et IMHOFF, E. A., 《Auditor Review of Financial Forecasts: An Analysis of Factors Affecting the Reasonableness Judgements 》 , *The Accounting Review* (janvier 1982).

EBERT, R.J. et KRUSE, T.E., 《 Bootstrapping the Security Analyst》 , Journal of Applied Psychology (février 1978), pp. 110-119.

GIBBS,T.E.et SCHROEDER, R.G., 《Evaluating the Competence of Internal Audit Departments 》 , in *Symposium on Audit Research III* (Urbana, Ill.,: University of Illinois, 1979).

HAMILTON, R. E. et WRIGHT, W. F., 《The Evaluation of Internal Controls over Payroll》 , *Unpublished Manuscript*, University of Minnesota (1977).

HARRELL, A. M., 《The Decision Making Behavior of Air Force Officers and the Management Control Process 》 , *The Accounting Review* (octobre 1977), pp. 833-841.

HARRELL, A. M. et KLICK, H. D., 《 Comparing the Impact of Monetary and Nonmonetary Human Asset Measures on Executive Decision Making》 , *Accounting, Organizations and Society* (1980), pp. 393-400.

HOLT, R. N. et CARROLL, R. J., 《Classification of Commercial Bank Loans Through Policy Capturing》 , *Accounting, Organizations and Society* (1980), pp. 285-296.

KESSLER, L. et ASHTON, R. H., 《Feedback and Prediction Achievement in Financial Analysis》 , *Journal of Accounting Research* (printemps 1981), pp. 148-162.

LIBBY, R., 《The Impact of Uncertainty Reporting on the Loan Decision》 , *Studies Auditing Selections from the Research Opportunities in Auditing Program., supplément du Journal of Accounting Research* (1979), pp. 35—57.

LIBBY, R., 《Bankers' and Auditors' Perceptions of the Message Communication by The Audit Report》 , *Journal of Accounting Research* (printemps 1979), pp. 99-122.

MORLARITY, S., «Communicating Financial Information Through Multi-Dimensional Graphics》 , *Journal of Accounting Research* (printemps 1979), pp. 205-223.

MORIARITY, S. et BARRON, F. H., 《Modeling the Materiality Judgements of Audit Partners》 , *Journal of Accounting Research* (automne 1976), pp. 320-341.

MOCK, T.J. et TURNER, J.L., 《The Effect of Changes in Internal Controls on Audit Program》 , in Burns, TJ., *Behavioral Experiment in Accounting II* (Columbus, Ohio: Ohio State University, 1979).

ROCKNESS, H. O. et NIKOLAI, L. A., 《An Assessment of A.P.B. Voting Patterns》 ,*Journal of Accounting Research* (printemps 1977), pp. 154-167.

SCHULTZ, J. J. et GUSTAVSON, S.G., 《 Actuaries' Perceptions of Variables Affecting the Independent Auditor's Legal Liability》 , *The Accounting Review* (juillet 1978), pp. 626-641.

SURERINGA, R. J., DYCKMAN, T. R. et HOSKIN, R. E., 《Empirical Evidence about the Effects of an Accounting Change on Information Processing》 , *in* Burns, TJ. (ed.), *Behavior Experiments in Accounting II* (Columbus, Ohio: College of Administrative Science, Ohio State University, 1979).

ZIMMER, I., 《 A Lens Study of the Prediction of Corporate Failure by Bank Loan Officers 》 *,Journal of Accounting Research* (automne 1980), pp. 629-636.

VII. LE MODÈLE DU JUGEMENT PROBABILISTE EN COMPTABILITÉ

BIDDLE, G.C. et JOYCE, EJ., 《 Heuristics and Biases: Some Implications for Probabilistic Inference in Auditing 》 , in *Symposium on Auditing Research, IV* (Urbana, Ill.: University of Illinois, 1981).

CHESLEY, G. R., 《 Subjective Probability Elicitation: Congruity of Datum and Response Mode》 , *Journal of Accounting Research* (printemps 1977), pp. 1-11.

CHESLEY, G. R., 《Subjective Probability Elicitation Techniques: A Performance Comparison》 , *Journal of Accounting Research* (automne 1978), pp. 225-241.

CORLESS, J., 《Assessing Prior Distributions for Applying Bayesian Statistics in Auditing》 , *The Accounting Review* (juillet 1972), pp. 556-566.

CROSBY, M., 《Implications of Prior Probability Elicitation on Auditor Sample Size Decisions》 , *Journal of Accounting Research* (automne 1980), pp. 585-593.

CROSBY, M., 《Bayesian Statistics in Auditing: A Comparison of Probability Elicitation Techniques》 , *The Accounting Review* (avril 1981), pp. 355-365.

FELIX, W. L., 《Evidence on Alternative Means of Assessing Prior Probability Distributions for Audit Decision Making》 , *The Accounting Review* (octobre 1976), pp. 800-807.

HIRSCH, M., 《Disaggregated Probabilistic Accounting Information: The Effect of Sequential Events on Expected Value Maximization Decisions》 , *Journal of Accounting Research* (automne 1978), pp. 256-269.

JOYCE, E. J. et BIDDLE, G. C., 《 Anchoring and Adjustment in Probabilistic Inference in Auditing 》 , *Journal of Accounting Research* (printemps 1981), pp. 120-145.

JOYCE, E. J. et BIDDLE, G. C., 《Are Auditors Judgements Sufficiently Regressive? 》 , *Journal of Accounting Research* (automne 1981).

LEWIS, B. L., 《Expert Judgement in Auditing: An Expected Utility Approach》 , *Journal of Accounting Research* (automne 1980), pp. 594-602.

MAGEE, R. P. er DICKHART, J. W., 《Effect of Compensation Plans on Heuristics in Cost Variance Investigations》 *Journal of Accounting Research* (automne 1978), pp. 294-314.

CHAPITRE V
Approches prédictives
et positives pour la formulation
d'une théorie comptable

Approches prédictives
et positives pour la formulation
d'une théorie comptable

Dans le chapitre 4 on a traité des nouvelles approches pour la formulation d'une théorie comptable, telles que l'approche de l'événement, béhaviorale ou du traitement humain de l'information. On retrouve au chapitre 5 d'autres approches telles que les approches prédictives ou positives. Chacune de ces approches constitue un paradigme nouveau qui essaye de jouer un rôle dominant dans la littérature comptable. Dans ce qui suit, la contribution et les résultats de chacune de ces approches seront examinés ainsi que leurs limitations telles que reconnues dans la littérature comptable.

5.1. L'APPROCHE PREDICTIVE

5.1.1. La nature de l'approche prédictive

Un problème ayant trait à l'évaluation et à la comparaison de différentes alternatives comptables a toujours préoccupé les gens de la profession. Il s'agit du choix de la « meilleure » méthode comptable ainsi que du critère à utiliser. Un critère de plus en plus employé et accepté dans la littérature est celui du pouvoir de prédiction[1]. Selon ce critère, les techniques comptables sont évaluées d'après leur capacité à prédire les événements économiques intéressant les preneurs de décisions. Ainsi, la technique comptable associée à cette plus grande capacité est considérée comme la meilleure technique pour le contexte envisagé. Par exemple, la controverse portant sur le traitement comptable des baux à long terme se résume au choix à faire entre une méthode de capitalisation et une méthode de non-capitalisation. Aussi, la méthode qui permettrait de

---

[1] BEAVER, Williaffi, KENNELLY,John W. et Vos, William M., « Predictive Ability as a Criterion for the Evaluation of Accounting Data» , Accounting Review (octobre 1968), p. 675.

mieux prédire un événement économique tel que la possibilité de non-paiement de dettes serait choisie comme la meilleure méthode de comptabilisation des baux à long terme.

Le critère du pouvoir de prédiction est d'ailleurs bien établi dans les sciences sociales et naturelles comme un moyen de choisir entre deux hypothèses. Son utilisation en comptabilité est relativement récente. En fait, les différentes techniques comptables reconnues pour le traitement d'une transaction donnée ont les mêmes caractéristiques que des hypothèses de recherche; et par conséquent, leur évaluation sur la base du critère du pouvoir de prédiction est justifiée. L'avantage évident d'une telle approche est que les controverses comptables sont ainsi vérifiées *empiriquement* et à partir d'un critère *discriminatoire*.

On pourrait toujours se demander pourquoi il est intéressant de choisir le critère de prédiction. Une des raisons importantes est qu'il facilite la prise de décisions. L'idée que l'information comptable devrait aider à la prise de décisions a toujours été présente dans la littérature comptable. Cependant, ce critère d'utilité soulève deux problèmes. Le premier consiste dans la difficulté de définir les modèles de décisions des lecteurs possibles. En effet, la plupart des décisions prises ne sont pas nécessairement conformes à des modèles normatifs de décisions. Le deuxième problème réside dans le fait que même si le modèle de décisions est bien défini, il est toujours difficile de déterminer la mesure comptable qui pourrait conduire à la meilleure décision. Le critère du pouvoir de prédiction permet de remédier à ce dernier problème. La prédiction et la décision représentent donc deux actions distinctes. Par exemple, l'examen de certains ratios financiers produits par des rapports comptables où les baux sont capitalisés peut s'avérer très utile pour prédire une future banqueroute de la firme. Dans cette situation, on pourrait être amené à conclure que la capitalisation des baux conduit à des données comptables ayant un plus grand pouvoir de prédiction. Devant un tel résultat, la décision pourrait consister par exemple à investir ou à ne pas investir dans la firme. Il y a donc une différence entre la prédiction et la décision. *On peut prédire sans pour cela prendre une décision, mais on ne peut prendre une décision sans prédire.* Cela nous permet d'évaluer le pouvoir de prédiction des données comptables à un moment où les modèles de décisions des lecteurs ne sont pas suffisamment connus.

Bien que présentant des avantages évidents pour la recherche en comptabilité et la formulation d'une théorie comptable, la méthode du pouvoir de prédiction connaît quelques limites.

1. Un problème réside dans l'identification des événements susceptibles d'être prédits et de présenter un intérêt pour les preneurs de décisions.
2. Même si l'évènement en question constitue un paramètre important du modèle de décisions, un raisonnement logique et théorique est nécessaire pour justifier l'association possible entre l'événement et les données comptables.

3. Finalement, les résultats d'une étude du pouvoir de prédiction de certaines données comptables dépendent en grande partie de la justesse des hypothèses sur lesquelles repose le modèle de prédiction. Par exemple, est-ce que le modèle devrait inclure une ou plusieurs variables, c'est-à-dire devrait-il être univarié ou multivarié? Est-ce que les relations entre les variables sont linéaires ou non? Etc.

5.2. LA PRÉDICTION D'UN ÉVÉNEMENT ÉCONOMIQUE

L'un des objectifs généraux de la comptabilité consiste à fournir des informations utiles à la prédiction des événements économiques. Dans la perspective de l'approche prédictive à la formulation d'une thé0rie comptable, les différentes procédures comptables devraient être évaluées sur leur pouvoir de prédiction des événements économiques. En général, le critère de pouvoir de prédiction consiste en une relation probabilistique entre des événements économiques d'intérêt pour les preneurs de décision et des variables pertinentes de prédiction obtenues en partie d'informations comptables.

5.2.1. Les propriétés des séries temporelles des profits publiés

Une connaissance des propriétés des profits publiés peut améliorer leur contenu informationnel et leur pouvoir de prédiction. L'utilisation de procédures statistiques pour l'étude des propriétés des séries temporelles de variables comptables résulte principalement de la théorie sur les variables comptables qui sont plutôt exprimées en variables aléatoires. Ce genre de recherche consiste en l'étude du comportement des profits annuels et des résultats intérimaires avec comme conclusion que le comportement n'est pas strictement aléatoire.

5.2.2. La pertinence des résultats prévisionnels

Les résultats prévisionnels sont généralement considérés très utiles aux usagers de l'information. Ils deviennent de plus en plus populaires et importants pour le fonctionnement efficace des marchés des capitaux. Les résultats prévisionnels peuvent être produits par les analystes financiers, les gestionnaires ou les modèles statistiques. La pertinence des résultats repose en grande partie sur leur degré de justesse ; sinon, le marché des capitaux en général et les investisseurs en particulier n'auraient aucune confiance et par conséquent n'utiliseraient pas ces résultats prévisionnels. Le problème qui se pose est de déterminer quelle est la méthode qui produirait le meilleur résultat prévisionnel. La recherche comptable ne semble pas fournir une réponse concluante sur la supériorité d'aucune des trois méthodes de production de prévision: par les analystes, les gestionnaires ou les modèles statistiques.

5.2.3. La prédiction de la faillite des entreprises

L'utilisation la plus pertinente de l'approche prédictive est celle de la prédiction de la faillite des entreprises à l'aide des variables comptables. En fait, des modèles utilisant une ou plusieurs variables ont été utilisés pour aider un comptable à déterminer si l'entreprise risque de déclarer banqueroute. Le modèle de Beaver, qui repose sur une variable à la fois, a démontré la supériorité du rapport autofinancement/dettes totales et du rapport profit net/actif total dans la prédiction de la banqueroute des entreprises[2]. Le modèle d'Altman utilisa une approche discriminatoire qui repose sur les cinq variables suivantes: 1) fonds de roulement net/actif total, 2) surplus d'exploitation/actif total, 3) profits avant intérêts et taxes/actif total, 4) la valeur marchande des actions/valeur comptable des dettes, et 5) les ventes/actif total[3]. Le modèle d'Altman put classifier correctement plus de 90% des entreprises parmi l'échantillon de son étude.

Pour éviter certaines limitations de l'analyse discriminatoire, l'étude d'Ohlson utilisa une autre procédure statistique et conclua que la taille, la disponibilité de ressources, la performance et la structure financière constituent des variables significatives de prédiction de la banqueroute[4].

D'autres études utilisèrent le pouvoir de prédiction de la banqueroute comme critère pour le choix et l'évaluation d'alternatives comptables. Cependant, les résultats n'étaient pas concluants quant au pouvoir de prédiction de la banqueroute en ce qui a trait à l'addition de données sur les baux à long terme[5] ou l'addition de données comptables indexées sur le niveau général des prix[6].

Les différentes limitations sont généralement attribuées à la recherche sur le pouvoir de prédiction de la banqueroute. La limitation majeure résulte de l'absence d'une théorie générale de banqueroute qui permettrait de spécifier les variables à inclure dans les modèles. Une autre limitation découle de la difficulté à généraliser les résultats pour dériver une théorie comptable basée sur des prédicteurs fidèles de la banqueroute.

5.2.4. La prédiction du classement des obligations

L'endettement peut être parfois bénéfique à la firme. Il est généralement admis que l'effet de levier permet d'augmenter le rendement de l'action ordinaire. Jusqu'à un certain point,

---

[2] BEAVER, W.H., 《 Financial Ratios and Predictors of Failure 》 , *Empirical Research in Accounting: Selected Studies, 1966*, Supplement to Volume 4, *Journal of Accounting Research,* pp. 71-127.
[3] ALTMAN, E., 《 Prediction Railroad Bankruptcies in America 》 , *Bell Journal of Economics and Management Science*, (printemps 1973), pp. 184-211.
[4] OHLSON, J.A., 《Financial Ratios and the Probabilistic Prediction of Bankruptcy》 , *Journal of Accounting Research* (printemps 1980), pp. 109 131.
[5] ELAM, R., 《The Effect of Lease Data on the Predictive Ability of Financial Ratios》 , *The Accounting Review* (janvier 1975), pp. 25-43.
[6] KETZ, J.E., 《The Effect of General Price-level Adjustements on the Predictive Ability of Financial Ratios 》 , Journal of Accounting Research, Supplement 1978, *Studies on Accounting for Changes General and Specific Prices: Empirical Research on Public Policy Issues*, pp. 273-284 ; Norton, C.L. and R.E. Smith, 《 A Comparison of General Price Level and Historical Cost Financial Statements in the Prediction of Bankruptcy》 , *The Accounting Review* (janvier 1979), pp. 78-87.

un endettement supplémentaire est intéressant en ce qu'il maximise d'une part, le cours de l'action et d'autre part, il minimise le cout moyen du capital.

Au-delà de ce point considéré comme le niveau de capital optimal, des dettes supplémentaires élèvent le coût du capital et réduisent la valeur de l'entreprise. Vu que ce niveau optimal de capital est difficile à déterminer et que les obligataires aiment préserver la qualité des obligations, une bonne évaluation de même qu'un classement des obligations sont généralement jugés nécessaires. En général, trois entreprises de classement des obligations (Fitch Investors Service, Moody's Investors' Service et Standard and Poor's Corporation) portent périodiquement des jugements sur la qualité de l'investissement des obligations des entreprises. Vu l'importance de ces classements, beaucoup d'études ont cherché à déterminer le modèle des variables comptables et financières qui permettrait de prédire les classements d'obligations[7]. Malgré l'absence d'une théorie générale de classement des obligations pouvant justifier le choix des variables comptables à inclure, ces modèles ont démontré un résultat appréciable en termes de l'explication et de la prédiction du classement des obligations.

5.2.5. La prédiction de la fusion des entreprises

La croissance est indispensable au bien-être d'une entreprise. En plus de la croissance interne, la croissance externe sous forme de fusion a joué un grand rôle dans le développement des sociétés. La fusion est préférée à la croissance interne en considération de la rapidité, de frais, de financement, de risques, d'effets stabilisants, d'impôts et d'avantages compétitifs. Considérant leur importance, plusieurs études ont tenté d'identifier les fusions utilisant les modèles de variables comptables ou financières. Chambers a considéré l'application du principe de la prudence comme un facteur important pour la prédiction des firmes qui risquent d'être absorbées par d'autres firmes[8]. Le résultat fut cependant rejeté par Taussig et Hayes[9]. De toute façon, les deux études reposent sur une seule variable à la fois. D'autres études ont essayé également de développer des modèles de variables comptables pour prédire les fusions dans les entreprises américaines, britanniques et canadiennes[10].

---

[7] HORRIGAN, J.O., 《The Determination of Long Term Standing with Financial Ratios》 ,Empirical *Research in Accounting : Selected Studies, 1966*, Supplement to Vol. 4, *Journal of Accounting Research,* pp. 44-62; Pinches, G.E. And K.E. Mingo, 《A Multivariate Analysis of Industrial Bond Ratings. A Discriminant Analysis Approach》 , *Financial Management* (automne 1980), pp. 44-5l ; BELKAOUI, A., *Industrial Bond Ratings and the Rating Process* (Greenwood Press, Conn.: 1984).

[8] CHAMBERS, R.J., 《 Financial Information and the Securities Market 》 ,*Abacus* (Septembre 1965), pp. 4-30.

[9] TAUSSIG, R.A. et S.L. HAYES, III, 《Cash Takeovers and Accounting Valuation》 , *The Accounting Review* (janvier 1968), pp. 68-72.

[10] STEVENS, D.L., 《 Financial Characteristics of Merged Firms : A Multivariate Analysis 》 ,*Journal of Financial and Quantitative Analysis* (mars 1973), pp. 149-159; TZOANNOS, J. et J.M.SAMUELS, 《Mergers and Takeovers: The Financial Characteristics of Companies Involved》 , Journal of Business

5.2.6. La prédiction des décisions d'octroi de crédit

La décision bancaire d'octroi de crédit aux entreprises constitue un autre exemple d'événement économique qui pourrait être défini à l'aide d'informations comptables et financières. Différentes entreprises, telles que Dan & Bradtreet Inc., National Credit Office, National Association of Credit Management, The Robert Morris Associate, sont engagées dans une sorte d'analyse de crédit[11]. En ce qui a trait à l'approche prédictive, l'analyse consiste à déterminer le modèle des variables comptables ou financières qui pourrait prédire la nature de la décision d'octroi de crédit par les banques aux entreprises.

Les résultats de ces analyses sont assez favorables, notamment ceux de Baker et Gossman[12]. Au fait, trois types d'analyse peuvent être identifiés:

a) Un premier type d'analyse consiste à simuler les aspects du processus d'emprunt et d'investissement par les banques[13, 14]. Cette recherche a surtout démontré l'importance vitale des informations financières dans la décision.

b) Un deuxième type d'analyse consiste à prédire la décision d'octroi de crédit. Les résultats de cette étude vont du défavorable, dans le cas de l'étude d'orgler[15], au favorable, pour l'étude de Dietrich et Kaplan[16].

c) Le troisième type d'analyse consiste à faire des estimations et à prédire, le cas échéant, la banqueroute des banques commerciales. En général, cette analyse examine avec succès le pouvoir de prédiction des données comptables dans un cas de banqueroute d'une banque[17, 18].

Finance (printemps 1972), pp.5-16; BELKAOUI, A., 《Financial Ratios as Predictors of Canadian Takeovers 》 , *Journal of Business Finance* (printemps 1978), pp. 93-107; SIMKOVITZ, M. et R.J. MONROE, 《A Discriminant Analysis Function for Conglomerate Targets》 , *The Southern, Journal of Business* (novembre 1971), pp. 1-16.

[11] EWERT, D.C., *Trade Credit Management: Selection of Accounts Receivable Using a Statistical Model*, Research Monograph, No. 79 (Atlanta : College of Business Administration, Georgia State University, 1980).

[12] BACKER, M. et M. L. GOSSMAN, *Financial Reporting and Business Liquidity* (New York: National Association of Accountants, 1978).

[13] CLARKSON, G.P.E., Portfolio Selection: A *Simulation of Trust Investment* (Englewood Cliffs, NJ.: Prentice Hall Inc., 1962).

[14] COHEN, K.J., GILMORE, T.C. et F.A. SINGER, 《Bank Procedures for Analyzing Business Loan Applications 》 , *Analytic Methods in Banking*, ED, Cohen, K.J., and F.S. HAMMER (Homewood, Ill.: R.D. Irwin Inc., 1966).

[15] ORGLER, Y.E., 《A Credit Scoring Model for Commercial Loans》 , *Journal of Money Credit and Banking,* Vol. 2 (novembre 1970), pp. 435-445.

[16] DIETRICH, J.R. et R.S. KAPLAN, 《Empirical Analysis of the Commercial Loan Classification Decision》 , *The Accounting Review* (janvier 1982), pp. 18-38.

[17] SINKEY, FJ.Jr., 《A Multivariate Statistical Analysis of the Characteristic of Problem Banks》 , *The Journal of Finance* (mars 1975), pp. 21-36.

5.3. LA PRÉDICTION DE LA RÉACTION DES MARCHÉS DES CAPITAUX

5.3.1. Les marchés des capitaux et la comptabilité externe

La discussion précédente avait trait au pouvoir de prédiction d'événements économiques par les données comptables. Le même raisonnement s'applique dans le cas du comportement du marché des capitaux. Ainsi, il est établi que l'observation de la réaction du marché des capitaux peut servir de base à l'évaluation des informations contenues dans les données comptables fournies par différentes techniques[19.]

Les rôles du marché des capitaux et de l'information justifient l'utilisation du pouvoir de prédiction du marché pour la formulation d'une théorie comptable. Ainsi, le rôle du marché des capitaux est de fournir un marché ordonné où les investisseurs peuvent échanger des ressources d'une façon continue. Par ailleurs, le rôle de l'information est double:

1) établir un système de prix des actions de façon à faciliter une répartition optimale des actions parmi les investisseurs,

2) aider l'investisseur confronté avec un ensemble de prix à choisir le portefeuille optimal des actions[20]. Pour cette raison, la pertinence de l'information comptable et du choix des alternatives comptables peut être évaluée d'après la réaction du marché des capitaux. L'approche prédictive s'appuie sur la théorie et l'évidence pour ce qui est du modèle du marché efficient des capitaux.

5.3.2. Le modèle du marché《efficient》

Avant de présenter le concept de marché《efficient》des capitaux, rappelons les quatre conditions de marché en concurrence parfaite telles qu'énoncées en micro-économie:

1. Il doit exister un nombre adéquat de vendeurs et d'acheteurs dans le marché.

2. Aucune personne, vendeuse ou acheteuse, ne doit pouvoir influencer le prix existant dans le marché.

3. Les coûts transactionnels doivent être nuls.

---

[18] PETTWAY, R.H. et J.F. SINKEY, Jr., 《Establishing on Site Bank Examination Priorities: An Early Warning System Using Accounting and Market Information》, *The Journal of Finance* (mars 1980), pp. 137-150.

[19] GONEDES, Nicholas J., 《Efficient Markets and External Accounting》, *Accounting Review* (Janvier 1972), p. 12.

[20] BEAVER, W.H., 《The Behavior of the Security Prices and its Implications for Accounting Research (Methods》, *The Accounting Review* (avril 1972), p. 408.

4. La divulgation de l'information doit être totale, parfaite et gratuite pour tous les participants du marché.

Bien que certaines imperfections existent dans le marché des capitaux, la plupart des recherches empiriques montrent l'existence d'un marché 《 efficient 》 des capitaux, dans le sens que:

1) les prix des actions sur le marché reflètent complètement toutes les informations publiques et disponibles et, par conséquent;

2) les prix des actions réagissent instantanément et sans biais aux nouvelles informations.

Ces deux propositions inclues dans la définition du modèle du marché 《 efficient 》 impliquent que la connaissance d'une information publique $\emptyset_t$ ne permette pas d'obtenir un profit supérieur. La formulation mathématique du modèle tel que suggéré par Fama est:[21]

$$Z_{i,t+1} = r_{i,t+1} - E\,[r_{i,t+1}/\emptyset_t] \tag{1}$$

et

$$E\,[Z_{i,c+1}/\,\emptyset_t = 0 \tag{2}$$

avec $Z_{i,t+1}$ égal au surplus de rentabilité engendré par l'action i pendant la période t+1. Ce surplus est égal à la différence entre le taux de rentabilité actuelle pendant la même période et le taux de rentabilité espérée dans le cas où on dispose d'une bonne connaissance de l'information $\emptyset_t$. En d'autres termes, la série des taux de rentabilité ($r_{i,t+1}$) est un jeu équitable (fair game) par rapport aux séries d'information ($\emptyset_t$).

5.3.3. L'approche moyenne-variance et le modèle du marché

Ce modèle, tel qu'exprimé par les équations (1) et (2), nécessite une théorie spécifiant correctement les relations entre les taux de rendement espérés des actions individuelles. L'approche moyenne-variance de la théorie des marchés financiers permet d'établir de telles relations[22, 23, 24]. Cette approche est générale- ment exprimée comme suit:

$$E\,(r_{it}) = r_{it} + [E\,(r_{mt} - r_{jt})\,]\frac{6\,(r_{it}, r_{mt})}{6^2\,(r_{mt)}} \tag{3}$$

où

[21] FAMA, Eugene, 《Efficient Capital Markets: A Review of Theory and Empirical Work》 ,*Journal of Finance* (mai 1970), pp. 383-447.

[22] SHARPE, W.F., 《 Capital Asset Prices : A Theory of Market Equilibrium Under Conditions of Risk》 , *Journal of Finance* (septembre 1964), pp. 425-442.

[23] LINTNER, John, 《 The Valuation of Risky Assets and the Selection of Risky Investments in Stock Portfolios and Capital Budgets》 , *Review of Economics and Statistics* (février 1965),

[24] MOSSIN, Jan, 《Equilibrium in a Capital Asset Market》 , *Econometrica* (octobre 1966), pp. 768-783.

E (r_{it})   = taux espéré de rendement de l'actif financier i dans la période t.

r_{jt} = taux de rendement d'un actif financier non risqué

E (r_{mt}) = taux espéré de rendement d'un marché pour la période t.

6 (r_{it},r_{mt}) = covariance entre r_{it} et r_{jt}

6^2 (r_{mt})   = variance du taux de rendement du marché

Cette approche moyenne-variance permet d'affirmer que:

1. La seule variable déterminant les différences dans le rendement espéré est un coefficient de risque calculé comme suit:

$$\lambda_i = \frac{6\ (r_{it},r_{mt})}{6^2(r_{mt})}$$

2. La relation entre le coefficient de risque et le taux de rendement est linéaire.

L'équation (3) ne se prête pas facilement aux tests empiriques nécessaires pour vérifier la théorie du marché 《 efficient 》 des capitaux. C'est pourquoi on utilise généralement le modèle du marché de Markovitz[25] et Sharpe[1326]. Ce modèle prévoit que les rendements de l'actif financier seront reliés linéairement au taux de rendement du marché de la façon suivante:

$r_{it} = \alpha_i + \beta_i R_{mt} + \mu_{it}$

où

E (μ_{it}) = 0

(R_{mt}, μ_{it}) = 0

(μ_{it},μ_{jt}) = 0

r_{it} = taux de rendement de la valeur i pour la période t.

R_{mt} = facteur général du marché pour la période t.

μ_{it} = résidu indépendant de R_{mt}

α_i , β_i = paramètres de la relation linéaire.

Ce modèle du marché montre que le côté stochastique du rendement individuel d'un actif financier se compose d'une partie systématique, représentée par $\beta_i R_{mt}$, et d'une partie non systématique ou particulière à la firme, représentée par μ_{it}. On retrouve donc d'une part l'effet du marché avec le coefficient β, ou risque systématique, reflétant la réponse de l'actif aux forces du marché, et d'autre part l'effet des événements particuliers à la firme reflété par le résidu μ_{it}. Ce dernier indique la portion des changements dans le rendement attribuables uniquement aux conditions particulières affectant l'entreprise. Dans la plupart

[25] MARKOWITZ, Harry, 《 Portfolio Selection》 , *Journal of Finance* (mars 1952), pp. 77-91.

[26] SHARPE, W.F., 《 A Simplified Model for Portfolio Analysis》 , *Management Science* (janvier 1963), pp. 277-293.

des recherches empiriques, la série temporelle (μ_{it}) sert de donnée de base pour l'évaluation de l'impact de l'information comptable sur le marché des capitaux.

5.3.4. L'hypothèse du marché 《efficient》

À partir de ces modèles, trois genres de travaux ont essayé de tester l'efficience du marché des capitaux, chacun s'attaquant à un degré différent d'efficience :

1. Le premier genre d'études considère que le comportement des cours sur les marchés boursiers, en particulier à la Bourse de New York, est complètement *aléatoire*. L'approche est connue sous le nom de 《*The Random, Walk Hypothesis*》, ou hypothèse de la marche aléatoire. Cette première version de la théorie du marché 《efficient》 des capitaux, nommée 《*l'hypothèse faible*》 (weak form), prétend qu'une connaissance de la tendance historique des cours ne permet pas de prévoir d'une façon correcte les cours du marché. Les résultats empiriques tirés de cette hypothèse n'ont pas été beaucoup appréciés par les courtiers en valeurs mobilières. Ces spécialistes, connus sous le nom de <<Chartists>>, ont une opinion opposée concernant le comportement des cours.

2. Le deuxième genre d'études affirme que la connaissance des informations divulguées ne permet pas à un investisseur d'obtenir un profit supérieur à celui qu'il pourrait obtenir en utilisant une stratégie simpliste consistant à acheter et garder un titre sans le transiger par la suite. Cette deuxième version, nommée 《*l'hypothèse semi-forte*》 (semi-strong), est idéale pour vérifier la pertinence de l'information comptable. C'est ainsi qu'on a découvert que l'effet qu'un événement devrai avoir sur le prix d'une action était déjà prévu avant même la parution officielle des rapports annuels[27]. En d'autres termes, l'information contenue dans les rapports annuels est déjà connue du marché avant d'être communiquée officiellement. Cette étude permet de conclure que les données comptables contiennent des informations entraînant une réaction du marché des capitaux. D'autres études ont aussi essayé d'évaluer le lien existant entre les données comptables produites par différentes techniques et le comportement des actifs financiers, permettant ainsi de juger des mérites de certaines techniques comptables [28].

3. Finalement, le troisième genre d'études appuie l'hypothèse dite 《 *forte* 》 de la théorie du marché 《efficient》 des capitaux (strong hypothesis). Selon cette version, non seulement l'information disponible mais toute l'information, même celle non divulguée, est anticipée par le marché.

---

[27] BALL, Ray et BROWN, Philip, 《 An Empirical Evaluation of Accounting Income Numbers》, *Journal of Accounting Research* (automne 1968), pp. 159-178.

[28] BEAVER, William et DUKES, Roland E., 《 Tax Allocation and Stock Depreciation Methods 》, *Accounting Review* (juillet 1973), pp. 549-559.

5.3.5. Le contenu informationnel des chiffres comptables

Utilisant la théorie et l'évidence pour ce qui est du modèle du marché 《 efficient 》 de même que les méthodologies fournies par l'approche moyenne-variance et le modèle du marché, l'approche prédictive a entamé l'évaluation des chiffres et techniques comptables en rapport avec la réaction des marchés des capitaux. Différents résultats ont été obtenus comme suit:

1. Différentes études ont fourni des résultats conformes à l'hypothèse voulant que l'information comptable et notamment le profit comptable transmettent des informations qui conduisent à des changements dans les prix des actions. En fait, trois résultats principaux peuvent être identifiés :

   a) Les prix des actions réagissent dès l'annonce des résultats comptables.

   b) Au moment de l'annonce, les changements inattendus des résultats comptables et ceux des prix des actions se comportent de la même façon et avec la même ampleur.

   c) Il semble qu'il y ait une relation significative entre les changements inattendus des prix et l'ampleur des résultats comptables attendus.

2. Les résultats du contenu informationnel du rapport annuel et d'autres chiffres comptables ne sont pas concluants.

3. Différentes études ont produit des résultats conformes à l'hypothèse voulant que l'information fournie par les chiffres comptables peut être utilisée pour prédire le risque systématique des actions.

4. Il ne semble pas y avoir d'évidence flagrante de changements dans la profitabilité ou risque des actions suivant la divulgation d'informations pertinentes aux changements de prix et à l'inflation, dans la responsabilité sociale et dans la nature du rapport du vérificateur.

5. Différentes études ont présenté des résultats conformes dans la plupart des cas à l'hypothèse voulant que les changements comptables n'ont aucun effet sur les prix des actions parce que les investisseurs sont capables de comprendre que le changement des résultats comptables est seulement dû aux variations de techniques comptables plutôt qu'à une transformation de la réalité économique. En d'autres termes, le marché est assez 《sophistiqué》 pour ne pas être 《dupé》 par les changements cosmétiques dus aux changements comptables.

5.3.6. L'évaluation de la méthode de prédication de la réaction des marchés des capitaux

Toutes ces études ont démontré l'utilité de l'information comptable pour le marché des capitaux. On peut donc avancer que la formulation d'une théorie comptable et le choix d'une technique pourraient être liés à l'impact produit sur le marché des capitaux. La comptabilité devra donc essayer de fournir des données ayant un《contenu d'information》 et provoquant une réaction positive dans le marché.

La responsabilité fondamentale des comptables pourrait être définie en ces termes :

<<Il apparaît donc que les comptables agréés ont devant eux l'importante responsabilité de générer une information complète, en particulier dans le cas de la petite et moyenne entreprise, et que l'efficience du marché financier canadien dépend dans une certaine mesure de la façon dont ils s'acquittent de leur rôle >>[29].

Naturellement, l'existence d'un lien entre l'efficience du marché des capitaux et l'impact de l'information financière a été à maintes reprises remise en question. Une première critique émet l'hypothèse que l'utilisation de la réaction du marché dans l'évaluation des données comptables n'est pas nécessairement utile si les techniques servant à fournir ces données ont pu créer des manques d'efficience dans le marché des capitaux. Une deuxième critique veut que les réactions du marché des capitaux, en tant que moyen d'évaluation du contenu d'information des données comptables, résultent d'un *conditionnement* des investisseurs à réagir d'une manière particulière à cette information. *De plus, les investisseurs peuvent avoir réagi à des données auxquelles a) ils n'auraient pas dû réagir ou b) ils n'auraient pas dû réagir comme ils l'ont fait.* Troisièmement, l'hypothèse du marché 《efficient 》 a été contestée par Gonedes et Dopuch parce qu'ils estiment que les associations avec les prix des actions ne sont pas suffisantes pour permettre l'évaluation des alternatives comptables et que des critères de bien-être social sont nécessaires[30]. En fait, Gonedes et Dopuch ont identifié 2 thèses utilisées dans l'approche prédictive à l'évaluation des alternatives comptables.

Thèse 1 : L'efficience du marché des capitaux permet et justifie l'utilisation du prix des actions pour évaluer la *désirabilité* des différentes alternatives et réglementations comptables.

Thèse 2: L'efficience du marché des capitaux permet et justifie l'utilisation du prix des actions pour évaluer *les effets* des différentes alternatives et réglementations comptables.

Gonedes et Dopuch présentent l'argument que l'environnement institutionnel est favorable à certains《profiteurs》 (free riders), ce qui entraîne la thèse 1 concernant la désirabilité à être logiquement invalide bien que la thèse 2 concernant les effets soit valide.

5.4.   L'APPROCHE POSITIVISTE

5.4.1. La nature de l'approche positiviste

[29] BÉLANGER, Michel, 《L'efficience des marchés des capitaux et l'information financière》 , *Commerce* (mai 1975), p. 30.
[30] GONEDES, N. et N. DOPUCH, 《Capital Market Equilibrium Information Production and Selecting Accounting Techniques : Theoretical Framework and Review of Empirical Work 》 ,*Studies on Financial Accounting Objectives: 1974*, Supplement to Vol. 12, Journal of Accounting Research, pp. 48-129.

L'approche positiviste prend ses origines de la suggestion faite par Friedman de distinguer entre la recherche économique positiviste et la recherche économique normative[31]. *Le Grand Larousse de la Langue Française* donne la définition suivante du positivisme: 《Qui est fourni par l'expérience, qui a le caractère d'une donnée de l'expérience... se dit de ce qui repose sur les faits.》 C'est en ce sens qu'il faut interpréter le positivisme. Les positivistes dans la recherche comptable étaient alarmés par l'approche normative (préoccupée par ce qui devrait être) de la théorie traditionnelle. Ils proposeront plutôt le développement d'une théorie positiviste de comptabilité qui explique pourquoi la comptabilité est telle qu'elle est, pourquoi les comptables font ce qu'ils font, et quels effets ces phénomènes ont sur les individus et la répartition des ressources[32]. Le message principal des positivistes est qu'au lieu de se demander comment il faudrait établir les normes comptables, de renverser la question et se demander qu'est-ce qui influe sur la façon d'établir les normes. La théorie positiviste en comptabilité part de la prémisse que toute personne est foncièrement ingénieuse, créative et rationnelle, qu'elle possède des préférences personnelles et qu'elle a à cœur son meilleur intérêt. Ces personnes forment divers groupes d'intérêt que sont les vérificateurs, les dirigeants d'entreprise, les analystes financiers, les politiciens et autres usagers de l'information financière qui ont tous des intérêts divergents et parfois même opposés. Par conséquent, le choix d'une norme comptable par un de ces groupes repose sur une analyse des coûts et avantages que la présentation de certaines informations financières peut entraîner pour diverses personnes et pour la répartition des ressources économiques au sein de la société. Ainsi, selon l'école positiviste, les dirigeants d'entreprise sont influencés dans leur choix des normes comptables par les effets de la norme comptable sur les impôts, les frais d'enregistrement des données, les coûts politiques, la réglementation, et le système de rémunération des dirigeants. Des hypothèses semblables sont avancées pour les autres groupes d'intérêt. En fait, l'approche positiviste consiste à émettre des hypothèses sur tous les facteurs possibles qui influencent le choix des normes comptables puis à vérifier empiriquement ces hypothèses.

5.4.2. Les résultats de l'approche positiviste en comptabilité

Les résultats de l'approche positiviste en comptabilité consistent en des résultats sur l'hypothèse de la normalisation comptable et en des résultats sur les théories positivistes en comptabilité, à cause des différentes hypothèses utilisées par chaque type de recherche.

5.4.2.1. *L'hypothèse de la normalisation comptable*

---

[31] FRIEDMAN, M., 《The Methodology of Positive Economics》 , *in Essays in Positive Economics* (University of Chicago Press, 1953), pp. 6-7.
[32] JENSEN, M.C., 《Reflections on the State of Accounting Research and the Regulation of Accounting》 , *Stanford Lectures in Accounting 1976* (Graduate School of Business, Stanford University, 1976), p. 11.

Gordon fut le premier à sérieusement analyser les motifs économiques que les gestionnaires peuvent employer pour le choix des normes comptables avec la conclusion que le choix était motivé essentiellement par la normalisation du profit comptable[33]. En fait, la normalisation comptable peut être définie comme l'ajustement délibéré ou intentionnel des fluctuations de façon à se rapprocher d'un niveau de profit considéré normal pour l'entreprise. Les nombreuses études empiriques ont considéré plusieurs objets de normalisation tels que le profit ordinaire ou opérationnel, les divers instruments de normalisation tels que les coûts opérationnels ou ordinaires et les items extraordinaires, et différentes dimensions de normalisation, soit la normalisation comptable ou la normalisation réelle. La normalisation comptable affecte le profit à travers des dimensions comptables comme la normalisation à travers la répartition dans le temps et la normalisation à travers la classification. La normalisation réelle affecte le profit à travers le changement intentionnel ou délibère sur les décisions opérationnelles et leurs moments d'exécution.

En général, les deux motivations principales pour la normalisation sont supposées être les suivantes:

1) Améliorer la fiabilité de la prédiction des séries comptables telles que normalisées lors d'une tendance considérée normale ou meilleure par les dirigeants.

2) Réduire l'incertitude résultant de la fluctuation des séries comptables en général et du risque systématique en particulier par une réduction de la covariance entre la profitabilité de la firme et celle du marché.

Les deux motivations résultent du besoin des gestionnaires à neutraliser l'incertitude environnementale et à réduire les fluctuations de profit causées par les cycles économiques.

5.4.2.2. *Les théories positivistes du choix des normes comptables*

Différemment de l'hypothèse de la normalisation comptable, les théories positivistes en comptabilité supposent que la valeur marchande d'une entreprise dépend davantage des mouvements de trésorerie (cash flow) que du profit comptable. De plus, étant donné un marché des capitaux «efficient» , deux entreprises avec des distributions identiques de mouvements de trésorerie auraient la même valeur malgré l'utilisation de normes comptables différentes. Le problème central dans la théorie positiviste est de déterminer comment les normes comptables affectent les mouvements de trésorerie et, ainsi, la fonction d'utilité du dirigeant en vue d'avoir une meilleure idée des facteurs qui influencent le choix des normes comptables. La résolution du problème est guidée par les suppositions théoriques suivantes:

a) La théorie de la responsabilité de reddition,: La théorie de la responsabilité de reddition s'appuie sur les contrats volontaires entre différentes parties de

---

[33] GORDON, M.J., « Postulates, Principles and Research in Accounting» , *The Accounting Review* (avril 1964), pp. 251-263,

l'organisation comme la meilleure solution aux conflits d'intérêts. Puis elle évolue pour percevoir la firme comme un 《 ensemble de contrats 》 entre mandants et mandataires[34].

b) *La théorie des couts des contrats* : Étant donné l'idée d'un 《 ensemble de contrats 》 , le rôle de l'information comptable est de surveiller et d'appliquer les règles et conditions de ces contrats de façon à réduire les coûts de certains conflits. Un des conflits possibles est celui du conflit d'intérêt entre les actionnaires et obligataires quand des décisions favorables aux actionnaires ne sont pas nécessairement dans l'intérêt des obligataires. Cela peut entraîner le besoin de définir les relations entre obligations et entreprise en termes de restrictions comptables, Ainsi:

> 《 Définir la comptabilité en se référant à la responsabilité redditionnelle, cela équivaut à présenter sous une forme théorique la notion de responsabilité dans la gestion du patrimoine. Bien avant que ne soient constitués des commissions de valeurs mobilières ou des conseils de normalisation, le vérificateur a dû assumer un rôle de 《 contrôleur》 , C'était une réaction spontanée du marché face à la nécessité d'imposer aux dirigeants d'entreprise une certaine forme de contrôle lorsqu'il deviendrait trop tentant pour eux de se dérober à la part de risque qui leur était dévolue. 》 [35]

Différents types d'ententes peuvent être mis en vigueur pour réduire les coûts de conflits entre mandants et mandataires tels que:

- 《 octroi de primes aux dirigeants en fonction du bénéfice net de l'entreprise ou selon certaines données statistiques sur le rendement ;
- conventions collectives fondées sur les données des états financiers;
- clauses restrictives établies en fonction de divers ratios illustrant les résultats ;
- distribution des dividendes selon un pourcentage du profit net;
- réglementation gouvernementale et calcul de l'impôt à partir d'un rajustement des données comptables.》 [36]

Ainsi, la théorie des couts des contrats (Contracting Cost theory) suppose que les normes comptables sont choisies dans le but de maximiser la richesse des actionnaires.

---

[34] JENSEN, M.C. et W.H. MECKLING, 《Theory of the Firm: Managerial Behavior, Agency Costs and Ownership Structure》 , Journal of Financial Economics (octobre 1978), p. 31.

[35] ROBB, Clayton et Chris ROBINSON, 《 Les objectifs de la normalisation - Choisissons la simplicité》 , *Le CA Magazine* (Avril 1983), p. 32.

[36] *Ibid.*, p. 34.

Les deux suppositions théoriques, la théorie de la responsabilité redditionnelle et la théorie des couts des contrats, indiquent que les dirigeants ont l'intention de choisir la norme comptable la plus optimale pour un objectif ou but donné. Le problème principal de l'approche positiviste repose sur la détermination des facteurs qui risquent d'affecter ce choix optimal tout en s'appuyant sur les suppositions de la théorie de la responsabilité redditionnelle et la théorie des coûts des contrats.

Les résultats empiriques de l'approche positiviste à la comptabilité peuvent être présentés en termes du choix des normes comptables soit par les dirigeants, les vérificateurs ou les politiciens.

a) En ce qui concerne les résultats sur le choix des normes comptables par les dirigeants, différents facteurs commencent à apparaître. Watts et Zimmerman ont présenté l'argument voulant que les facteurs suivants peuvent augmenter la richesse des dirigeants: 1) une baisse des impôts, 2) une réglementation gouvernementale favorable, 3) une baisse des coûts politiques, 4) une baisse des coûts de production de l'information et 5) une augmentation de la mesure du profit utilisé dans le calcul de la rémunération des dirigeants[37]. Ils examinèrent les commentaires suscités par l'exposé-sondage 《 Reporting the Effects of General Price level Changes in Financial Statements (1974)》, publié par le Financial Accounting Standards Board et constatèrent que la taille de l'entreprise était le facteur déterminant de la décision de la direction d'appuyer ou non la comptabilité indexée sur le niveau général des prix.

Cet effort fut poursuivi par Hagerman [38] et Zmijewski [39] qui examinèrent les

répercussions qu'avaient la taille de l'entreprise, le niveau de risque, l'importance de l'apport en capitaux, la concurrence, les leviers financiers et les régimes de rémunération sur le choix de la direction quant aux pratiques comptables régissant le traitement des stocks, les périodes d'amortissement pour les coûts des régimes de retraite ainsi que les crédits d'impôt sur les investissements. Les résultats appuient fortement la théorie des chercheurs selon laquelle une entreprise adopte une approche axée sur la 《 stratégie de bénéfice 》 lorsqu'elle doit choisir entre plusieurs principes comptables concurrents.

b) En ce qui concerne les résultats sur le choix des normes comptables par les groupes de normalisation, différents facteurs commencent aussi à apparaître.

---

[37] WATTS, R.L. et J.L. ZIMMERMAN, 《Toward a Positive Theory of the Determination of Accounting Standards》, *The Accounting Review* (janvier 1978), pp. 112-134.
[38] HAGERMAIV, R.L. et ZMUEWSKI, M.E., 《Some Economic Determinants of Accounting Policy Choice》 *Journal of Accounting and Economics* (août 1975), pp. 141-161.
[39] ZMIJEWSKI, M.E. et R.L. HAGERMAN, 《 An Income Strategy Approach to the Positive Theory of Accounting Standard Setting/Choice》, *Journal of Accounting and Economics* (août 1981),pp. 129-150.

Ainsi, Haring a examiné les conclusions du Rapport Metcalf, produit par un comité du Sénat Américain, selon lequel le F.A.S.B. était sous la domination de l' 《 American Institute of Certified Public Accountants 》 (A.I.C.P.A.) et des grands cabinets d'experts-comptables, ces derniers étant eux-mêmes sous l'emprise des grandes sociétés clientes[40]. 11 a pu établir qu'il n'y avait pas de corrélation étroite entre la position adoptée par un cabinet et les préférences de la 《 majorité 》 de ses clients. 11 a aussi trouvé que le F.A.S.B. tend à se ranger de l'avis de ses organismes de parrainage et de celui des grands cabinets.

c) En ce qui concerne les résultats sur les facteurs influençant l'avancement de la théorie comptable, les positivistes suggèrent que la théorie comptable soit un bien économique dont l'offre et la demande sont déterminées par les forces du marché[41].

Ils présentent l'argument voulant que la demande de théorie comptable est en réalité une demande d' 《 excuses 》 qui permettront à certains groupes d'intérêt d'obtenir des privilèges quand ces théories sont favorables à l'adoption de normes comptables qui encouragent le transfert des richesses en faveur de ces groupes d'intérêt.

5.5. CONCLUSION

Il semble donc exister une certaine confusion en ce qui concerne le choix d'une approche visant à la formulation et à la vérification d'une théorie comptable, et la prolifération des approches semblerait en être la cause. En effet, aux approches conventionnelles, béhaviorales, de l'événement et réglementaires, s'ajoutent les approches prédictives et positives. En fait, il n'y a pas vraiment une confusion ni nécessairement une multiplication d'approches. Pour comprendre ce qui se passe exactement, il faut regarder comment évolue une science sociale. La comptabilité, comme toute science sociale, n'évolue pas suivant un processus quelconque d'accumulation, mais plutôt au moyen d'une série de révolutions qui entrainent le remplacement d'une th60rie par une autre[42]. Cette notion de révolutions en comptabilité s'inspire des idées et des controverses

---

[40] HARINC, Jr.J.R., 《Accounting Rules and 'The Accounting Establishment' 》 , *Journal of Business* (1979), Vol. 2, N⁰ 4, pp. 507-119.

[41] WATTS, R.L. et J.L. ZIMMERMAN, 《 The Demand For and Supply of Accounting Theories: The Market for Excuse》 , *The Accounting Review* (avril 1979), pp. 273-305.

[42] WELLS, R.C., 《 A Revolution in Accounting Thought》 , *The Accounting Review* (juillet 1976), pp. 471-482.

soulevées en philosophie des sciences par l'ouvrage de Kuhn[43]. Selon cet auteur, toute science a une vie cyclique, en ce sens que la suprématie d'une théorie se trouve détruite par la naissance et l'établissement d'une théorie meilleure. Ces cycles ou révolutions comportent les étapes suivantes :

1) prise de conscience et découverte d'anomalies;

2) période d'indécision et d'insécurité;

3) apparition de nouvelles idées ou théories;

4) transformation des idées ou théories en écoles de pensées;

5) dominations de nouvelles théories.

On peut affirmer que la comptabilité traverse à l'heure actuelle les crises décrites dans les quatre premières étapes. Le problème réside dans la difficulté que rencontrent les théories à dominer la discipline. En fait, un examen de la situation présente en recherche comptable laisse à penser que la 《 méthode de prédiction 》 domine actuellement, sil'on se fie à la portée et à la contribution des études empiriques utilisant cette méthode. Le test principal réside cependant dans l'acceptation de cette théorie par la profession comptable.

En conclusion, on peut dire que les différentes approches à la formulation d'une théorie comptable nécessitent avant tout d'être comprises et acceptées par le monde comptable. Ceci devrait ensuite conduire à la domination d'une d'entre elles, qui serait enfin remplacée par de meilleures approches. Un tel cycle donnerait un aspect dynamique et souple à la formulation d'une théorie comptable.

Lectures

I. LES APPROCHES PRÉDICTIVES

ASHTON, R.H., 《The Predicrive Ability Criterion and user-Prediction Models》 , *The Accounting Review* (octobre 1974), pp. 719-732.

BEAVER, W.H., KENNELLY, J.W. et Voss, W.M., 《 Predictive Ability as a Criterion for the Evaluation of Accounting Data》 , *The Accounting Review*, (octobre 1968), pp. 675-683.

---

[43] KUHN, T.S.,*The Structure of Scientific Revolutions*, International Encyclopedia of Unified Science, 2nd Enlarged Edition, University of Chicago Press, 1970.

BEAVER, W.H., 《The Behavior of Security Prices and Its Implications for Accounting Research (Methods)》 , American Accounting Association, 《Report of the Committee on Research Methodology in Accounting》 , *The Accounting Review*, Supplement du Vol. 47 (1972), pp. 407-437.

BUCK, R.C., 《Reflexive Predictions》 , *Philosophy of Science* (octobre 1963), pp. 359-369.

GREENBALL, M.N., 《The Predictive Ability Criterion: Its Relevance in Evaluating Accounting Data》 , *Abacus* (juin 1971), pp. 1-7.

WILLIAMS, P.F., 《 The Predictive Ability Paradox in Behavioral Accounting Research 》 , *Accounting, Organizations and Society* (décembre 1982), pp. 405-410.

II. LES PROPRIÉTÉS DES SÉRIES TEMPORELLES DES PROFITS PUBLÉS

BALL, R. et WATTS, R., 《Some Time Series Properties of Accounting Income Numbers 》 , Journal of Finance (juin 1972), pp. 663-681.

BEAVER, W.H., 《The Time Series Properties of Earnings》 , *Empirical Research in Accounting*: *Selected Studies*, Supplément du *Journal of Accounting Research* (automne 1970),pp. 67-99.

BROOKS, L.D. et BUCKMASTER, D.A., 《 Further Evidence on the Time Series Properties of Accounting Income》 , *Journal of Finance* (décembre 1976), pp. 1359-1372.

BROWN, L.D. et ROZEFF, M.S., 《 Univariate Time Series Models of Quarterly Earnings Per Share: A Proposed Model》 *,Journal of Accounting Research* (printemps 1979), pp. 179-189.

COGCEN, K., 《A Time-Series Analytic Approach to Aggregation Issues in Accounting Data》 , *Journal of Accounting Research* (automne 1981), pp. 285-298.

DHARAN, B.C., 《Identification and Estimation Issues for a Causal Earnings Model》 , *Journal of Accounting Research* (1983), à venir.

DOPUCH, N. et WATTS, R., 《 Using Time-Series Models to Asses the Significance of Accounting Changes 》 , *Journal of Accounting Research* (printemps 1972), pp. 180-194.

FOSTER, G., 《 Quarterly Accouming Data : Time-Series Properties and Predictive Ability Results》 , *The Accounting Review* (janvier 1977), pp. 1-21.

GRIFFIN, P.A., 《The Time-Series Behavior of Quarterly Earnings: Preliminary Evidence 》 *,Journal of Accounting Research* (printemps 1977), pp. 71-83.

LOOKABILL, L.L., 《Some Additional Evidence on the Time Series Properties of Accounting Earnings 》 ,*The Accounting Review* (octobre 1976), pp. 724-738.

ALBRECHT, W.S., LOOKABILI. L.L. et McKEOWN, J.C., 《The Time Series Properties of Annual Earnings》 , *Journal of Accounting Research* (automne 1977), pp. 226-244.

BALL, R. et WATTS, R., 《 Some Time Series Properties of Annual Earnings》 , *Journal of Finance* (juin 1972), pp. 663-681.

BROWN, L.D. et ROZEFF, M.S., 《 Univariate Time-Series Models of Quarterly Earnings Per Share: A Proposed Model》 ,*Journal of Accounting Research* (printemps 1979), pp. 179-189.

COLLINS, D.W., 《Predicting Earnings with Sub-Entity Data: Some Further Evidence》 , *Journal of Accounting Research (*printemps 1976), pp, 163-177.

COLLINS, W.A. et HOPWOOD, W.S., 《 A Multivariate Analysis of Annual Earnings Forecasts Generated from Quarterly Forecasts of Financial Analysts and Univariate Time-Series Models 》 ,*Journal of Accounting Research* (automne 1980), pp. 390-406.

KINNEY, W.R., Jr., 《 Prediction Earnings : Entity Versus Sub-Entity Data 》 , *Journal of Accounting Research* (printemps 1971), pp. 127-136.

LOREK, K.S., 《Predicting Annual Net Earnings with Quarterly Earnings Time-Series Models》 , *Journal of Accounting Research* (printemps 1979), pp. 190-204.

MANEGOLD ,J.G., 《Time-Series Properties of Earnings: A Comparison of Extrapolative and Component Models》 ,*Journal of Accounting Research* (mai 1973), pp. 389-396.

SALAMON, G.L. et SMITH, E.D., 《Additional Evidence on the Time-Series Properties of Reported Earnings Per Share: Comment》 , *The Journal of Finance* (décembre 1977), pp. 1795-1801.

WATTS, R.L. et LEFIWICH, R.W., 《 The Time Series of Annual Accounting Earnings 》 , *Journal of Accounting Research* (automne 1977), pp. 253-271.

III. LA PRÉDICTION DE LA FAILLITE DES ENTREPRISES

ALTMAN, E.I., 《Financial Ratios, Discriminant Analysis and the Prediction of Corporate Bankruptcy》 , *The Journal of Finance* (septembre 1968), pp. 585-609.

ALTMAN, E.I., HALDEMAN, R.G. et NARAYANAN, P., 《Zeta Analysis: A New Model to Identify Bankruptcy Risk of Corporations》 , *Journal of Banking and Finance* (juin 1977), pp. 29-54.

BEAVER, W.H., 《Alternative Accounting Measures as Predictors of Failure》 , *The Accounting Review* (janvier 1968), pp. 113-l54.

BEAVER, W.H., 《 Financial Ratios and Predictors of Failure 》 , *The Journal of Accounting Research* ;Supplement, *Empirical Research in Accounting: Selected Studies*, 1966, pp. 71-111.

BEAVER, W.H., 《Market Prices, Financial Ratios, and the Prediction of Failure》 *„Journal of Accounting Research* (automne 1968), pp. 179-192.

BLUM, Marc, 《Failing Company Discriminant Analysis》 , *Journal of Accounting Research* (printemps 1974), pp. 1-25.

DEAKIN, E.B., 《 A Discriminant Analysis of Predictors of Business Failure 》 , *Journal of Accounting Research (*printemps 1972), pp. 167-179.

ELAM, R., 《 The Effect of Lease Data on the Predictive Ability of Financial Ratios 》 , *The Accounting Review* (janvier 1975), pp. 25-43.

KETZ, J.E., 《 The Effect of General Price-Level Adjustments on the Predictive Ability of Financial Ratios》 , *Journal of Accounting Research, Supplement* 1978, *Studies in Accounting for Changes in General and Specific Prices*: *Empirical Research and Public Policy Issues,* pp. 273-284.

NORTON, C.L. et SMITH, R.E. 《 A Comparison of General Price Level and Historical Cost Financial Statements in the Prediction of Bankruptcy》 , *The Accounting Review* (janvier 1979),pp. 72-87.

OHLSON, J.A., 《Financial Ratios and the Probabilistic Prediction of Bankruptcy》 , *Journal of Accounting Research* (printemps 1980), pp. 109-131.

WILCOX, Jarrod W., 《A Prediction of Business Failure Using Accounting Data》 , *Journal of Accounting Research*, Supplément, *Empirical Research in Accounting: Selected Studies*, 1973, pp. 163-179.

WILCOX, Jarrod W., 《 A Simple Theory of Financial Ratios as Predictors of Failure》 , *Journal of Accounting Research* (automne 1971), pp. 385-395.

IV. LA PERTINENCE DES RÉSULTATS PRÉVISIONNELS

ABDEL-KHALIK, A.R. et THOMPSON, R.B., 《 Research on Earnings Forecasts : The State of the Art 》 ,The Accounting Journal (hiver 1977-1978), pp. 180-209.

ABDEL-KHALIK, A.R. et ESPEJO, J., 《Expectations Data and the Predictive Value of Interim Reporting》 , *Journal of Accounting Research* (automne 1977), pp. 226-244.

BASI, B.A., CAREY, KJ. et TWARK, R.D., 《 A Comparison of the Accuracy of Corporate and Security Analysts' Forecasts of Earnings》 , The Accounting Review (avril 1976), pp. 244-254.

BROWN, L.D., HUGHES,J.S., ROZEFF, M.S. et VANDERWEIDE,J.H., 《Expectations Data and the Predictive Value of Interim Reporting》 ,*Journal of Accounting Research* (printemps 1980),pp.278-288,

CRAGG,J.G. et MALKIEL, B.G., 《The Consensus and Accuracy of Some Predictions of the Growth of Corporate Earnings》 , *The Journal of Finance* (mars 1968), pp. 67-84.

CRICHFIELD, T., DYCKMAN, T. et LAKONISHOLE,J., 《 An Evaluation of Security Analysts' Forecast》 , *The Accounting Review* (juillet 1978), pp. 651-668.

COPEJAND, R.M. et MARIONI, R.J., 《 Executives' Forecasts of Earnings Per Share Versus Forecasts of Naive Models》 , *The Journal of Business* (octobre 1972), pp. 497-512.

ELTON, E.J. et GRUBER, M.J., 《 Earnings Estimate and The Accuracy of Exceptional Data 》 ,Management Science (avril 1972), pp. 8409-8424.

GRAY, W.S., 《 The Role of Forecast Information in Investment Decisions 》 ,*In Public Reporting of Corporate Financial Forecasts*, édité par Prem Prekash et Alfred Rappaport, pp. 47-49. (Chicago: Commerce Clearing House, 1974).

IMHOFF, E.A.,Jr., 《 The Representativeness of Management Earnings Forecasts 》 , *The Accounting Review* (octobre 1978), pp. 836-850. (janvier 1980), pp. 96-10i.

LOREK, K.S., MCDONALD, C.L. et PATZ, D.H., 《A Comparative Examination of Management Forecasts and Box Jenkins Forecasts of Earnings》 , *The Accounting Review* (avril 1976), pp. 321-330.

RULAND, W., 《 The Accuracy of Forecasts by Management and Financial Analysts 》 , *The Accounting Review* (avril 1978), pp. 439-447.

V. LA PRÉDICTION DU CLASSEMENT DES OBLIGATIONS

ALTMAN, E.I. et KATZ, S., 《 Statistical Bond Rating Classification Using Financial and Accounting Data》 , Michael Schiff et George Sorter (éd.), Proceedings of the Conference on Tropical Research in Accounting (New York: New York University).

ALTMAN, Edward I., 《Financial Ratios, Discriminant Analysis and the Prediction of Corporate Bankruptcy》, *The Journal of Finance* (septembre 1968), pp. 589-609.

ANG,James S. et PATEL, Kiritkumar A., 《 Bond Rating Methods : Comparison and Validation 》, *The Journal of Finance* (mai 1978), pp. 631-640.

ATKJNSON, Thomas A. et SIMPSON, Elizabeth T., *Trends in Corporate Bond Quality* (New York: National Bureau of Economic Research, 1967).

BELKAOUI, A., 《Industrial Bond Ratings: A New Look》, Financial Management (automne 1980), pp. 44-51.

BELKAOUI, A.,*Industrial Bond Ratings and the Rating Process* (Westport, Conn.: Greenwood Press 1984).

FISHER, Lawrence, 《Determinants of Risk Premium on Corporate Bonds》 *Journal of Political Economy* (juin 1959), pp. 217-237.

FRANK, R.E., MASSEY, W.F. et MORRISON, G.D., 《 Bias in Multiple Discriminant Analysis 》, *Journal of Marketing Research* (août 196i), pp. 250-258.

HAROLD, *Gilbert, Bond Ratings as Investment Guide* (New York: Ronald Press, 1938).

HICKMAN, W. BRADDOCK, *Corporate Bonds, Quality and Investment Performance* (Princeton, Princeton University Press, 1958).

HORRJGAN, James O., 《 The Determination of Long-Term Credit Standing with Financial Ratios 》,*Empirical Research in Accounting, Selected Studies* 1966. Supplément du Vol. 4, *Journal of Accounting Research,* pp. 44-62.

JOY, Maurice O. et TOFFELSON, John O., 《 On the Financial Application of Discriminant Analysis 》,*Journal of Financial and Quantitative Analysis* (décembre 1975), pp. 723-738.

KAPLAN, Robert S. et URWITZ, Gabriel, 《Statistical Models of Bond Ratings: A Methodological Inquiry》, *The Journal of Business*, Vol. 52, n° 2 (1979), pp. 231-261.

MCKELVEY, R. et ZOVOINA, W., 《 A Statistical Model for the Analysis of Ordinal Level Dependent Variables》, Journal of Mathematical Sociology, 4 (été 1975), pp. 103-120.

PINCHES, George E. et MINGO, Kent A., 《 A Multivariate Analysis of Industrial Bond Ratings》, *The Journal of Finance* (mars 1973), pp. 1-18.

PINCHES, George E. et MINGO, Kent A., 《 The Role of Subordination and Industrial Bond Ratings 》,*The Journal of Finance* (mars 1975), pp. 201-206.

POGUE, Thomas F. et SOLDOVSKY, Robert M., 《 What is in a Bond Rating ? 》 *Journal of Financial and Quantitative Analysis* (juin 1969), pp. 201-228.

WEST, Richard R., 《 An Alternative Approach to Predicting Corporate Bond Ratings》 , *Journal of Accounting Research* (printemps 1970), pp. 118-127.

VI. LA PRÉDICTION DE LA FUSION DES ENTREPRISES

BELKAOUI, A., 《 Financial Ratios as Predictors of Canadian Takeovers 》 ,Journal o f Business Finance and Accounting (printemps 1978), pp. 93-107.

BELKAOUI, A., 《The Entropy Law Information Decomposition Measures and Corporate Takeover 》 *Journal of Business Finance and Accounting* (automne 1976), pp. 41-52.

LEV, B., *Accounting and Information Theory*, Accounting Research Study No. 2 (Evanston, Il.: A,A.A., 1969).

STEVENS, D.L., 《 Financial Characteristics of Merged Firms : A Multivariate Analysis 》 , *Journal of Financial and Quantitative Analysis* (mars 1973), pp. 149-158.

SIMKOVITZ, M. et MONROE, R.J., 《 A Discriminant Analysis Function for Conglomerate Targets》 ,*The Southern Journal of Business* (novembre 1971), pp. 1-16.

TAUSSIG, R.A. et HAYES, S.L., III, 《Cash Takeovers and Accounting Valuation》 , *The Accounting Review* (janvier 1968), pp. 68-72.

THEIL, H., Information Theory and Statistics, (New York: John Wiley & Sons, 1919).

THEIL, H., 《 On Using Information Theory Concepts in the Analysis of Financial Statements》 , *Management Science* (mai 1969), pp. 459-480.

TZOANNOS,J. et SAMUELS, J.M., 《 Mergers and Takeovers: The Financial Characteristics of Companies Involved》 , *Journal of Business Finance and Accounting* (printemps 1972), pp.5 —16.

VII. LES DÉCISIONS D'OCTROI DE CRÉDIT

BAKER, Morton et GOSSMAN, M.L., *Financial Reporting and Business Liquidity* (New York : National Association of Accountants, 1978).

CLARKSON, G.P.E., *Portfolio Selection: A Simulation. of Trust Investment,* (Englewood Cliffs, N.J. :Prentice Hall Inc., 1962).

COHEN, K.J., GILMORE,T.C. et SINGER, F.A., 《 Bank Procedures for Analyzing Business Loan Applications 》, *Analytical Methods in Banking* (éd.), KJ. Cohen et F.S, Hammer (Homewood, Il. :R.D. Irwin Inc., 1966).

DIETRICH, J.R. et KAPLAN, R.S., 《 Empirical Analysis of the Commercial Loan Classification Decision》, *The Accounting Review* (janvier 1982), pp. 18-38.

EWERT, D.C., Trade Credit Management: Selection of Accounts Receivable Using a Statistical Model, Research Monograph, No. 79 (Atlanta: College of Business Administration, Georgia State University, 1980).

ORCLER, Y,E., 《A Credit Scoring Model for Commercial Loans》, Journal of Money, Credit and Banking, Vol, 2 (novembre 1970), pp, 431-445.

PETTWAY, R.H. et SINKEY, J.F., Jr., 《 Establishing on Site Bank Examination Priorities: An Early Warning System Using Accounting and Market Information》, *The Journal of Finance* (mars 1980), pp. 137-150.

SINKEYJ.F., Jr., 《A Multivariate Statistical Analysis of the Characteristics of Problem Banks》, *The Journal of Finance* (mars 1975), pp. 21-36.

VIII L'HYPOTHÈSE DE LA NORMALISATION COMPTABLE

BAREFIELD, R.M. et COMISKEY, E.E., 《The Smoothing Hypothesis: An Alternative Test》, T*he Accounting Review* (avril 1972), pp. 291-298.

BARNEA, A.,RONEN,J. et SADAN,S., 《Classificatory Smoothing of Income with Extraordinary Items 》, *The Accounting Review* (janvier 1976), pp. 110-122.

BEIDLEMAN, C.R., 《Income Smoothing: The Role .of Management》, *The Accounting Review*(octobre 1973), pp. 653-667.

COPELAND, R.M., 《 Income Smoothing 》, Empirical Research in Accounting : Selected Studies, 1968.Supplément du Vol. VI of Journal *of Accounting Research* (1968), pp, 101-11

_____et LICASTRO, R.D., 《A Note on Income Smoothing》, The Accounting Review (juillet1968), pp. 540-546.

CUSHINC, B.E., 《An Empirical Study of Changes in Accounting Policy》 Journal of Accounting Research (automne 1969).

DASHER, B.E. et MALCOUU, R.E., 《 A Note on Income Smoothing in the Chemical Industry 》, *Journal of Accounting Research* (automne 1970), pp. 253-259.

HEPWORIY, S.R., 《Smoothing Periodic Income》 , *The Accounting Review* (janvier 1913), pp. 32-39.

GORDON, MJ., 《Postulates, Principles and Research in Accounting》 , *The Accounting Review* (avril i964), pp. 25l-263,

_____,HORWITZ, B.N. et MEYERS, E.T., 《Accounting Measurements and Normal Growth of the Firm》 , *Research and Accounting Measurement* (eds.) Jaedicke, Ijiri et Nielson (American Accounting Association, 1966), pp. 221-231.

KAMIN, J.Y. et RONEN, J., 《The Smoothing of Income Numbers: Some Empirical Evidence on Systematic Differences Among Management-Controlled and Owner-Controlled Firms》 , *Accounting, Organizations and Society,* Vol. 3, n^0 2, 1978, pp. 141-153.

LEV. B, et KUNITZKY, S., 《On the Association Between Smoothing Reasons and the Risk of Common Stock》 , *The Accounting Review* (avril 1974), pp. 259-270

RONEN, J.et SADAZV, S., *Smoothing Income Numbers: Objectives, Reasons and Implications* (Addison Wesley, 1981).

SCHIFF, M. et LEWIN, A.Y., 《 Where Traditional Budgeting Fails》 , *Financial Executive* (mai 1968),pp. 57-62.

WHITE, C.E., 《Discretionary Accounting Decisions and Income Normalization》 , *Journal of Accounting Research* (automne 1970), pp. 260-273.

IX. LES PRÉDICTIONS DE LA RÉACTION DU MARCHÉ

ABDEL-KHALIK, A. RASHAD et AJINKYA, Bipin B., 《 Accounting Information and Efficient Markets 》 ,Handbook of Accounting and Auditing, édité par John C. Burton, Russell E. Palmer et Robert S. Kay, chap. 47, Boston, Warren, Gorham & Lamont Inc., 1981.

ABDEL_KHALIK, A. RASHAD et MC KEOWN, James C., 《Understanding Accounting Changes in an Efficient Market: Evidence of Differential Reaction》 , *The Accounting Review* (octobre 1978), pp. 851- 868. (1978a)

_____, 《Disclosure of Estimates of Holding Gains and the Assessment of Systematic Risk》 , Journal of Accounting Research, Supplément 1978, *Studies on Accounting Changes in General and Specific Prices: Empirical Research and Public Policy Issues*, pp. 46-77. (1978b)

AHARONY, Joseph et SWARY, Itzhak, 《Quarterly Dividend and Earnings Announcements and Stockholders' Returns : An Empirical Analysis》, *The Journal of Finance* (mars 1980), pp. 1-12.

AJINKYA, Bipin B., 《 An Empirical Evaluation of Line-of-Business Reporting 》, *Journal of Accounting Research* (automne 1980), pp. 343-361.

ANDERSON, John C. et FRANKLE, Alan W., 《Voluntary Social Reporting: An Iso-Beta Portfolio Analysis》, *The Accounting Review* (juillet 1980), pp. 467-479.

ARBEL, Avner et JAGCI, Bikki, 《Impact of Replacement Cost Disclosures on Investors' Decisions in the United States》, *International Journal of Accounting Education and Research* (automne 1978), pp. 71-82.

ARCHIBALD, T. Ross, 《The Return to Staight-Line Depreciatiori: An Analysis of a Change in Accounting Methods》, *Journal of Accounting Research. Supplément, Empirical Research In Accounting: Selected Studies,* 1967, pp. 164-180.

_____, 《Stock Market Reaction to the Depreciation Switch-Back》, *The Accounting Review* (janvier 1972), Pp. 22-30.

ASHLEY, John W., 《 Stock Prices and Changes in Earnings and Dividends : Some Empirical Results》.*The Journal of Political Economy* (février 1962), pp. 82-85.

BALL, Ray et BROWN, Philip, 《An Empirical Evaluation of Accounting Income Numbers》, *Journal of Accounting Research* (automne 1968), pp. 159-178.

_____, 《 Portfolio Theory and Accounting》, *Journal of Accounting Research* (automne 1969), pp. 300-323.

BALI. Ray, WALKER, R.G. et WHITTRED, G.P., 《 Audit Qualifications and Share Prices 》, *Abacus* (juin1979), pp. 23-34.

BASKIN, Elba F., 《 The Communicative Effectiveness of Consistency Exceptions 》, *The Accounting Review* (janvier 1972), pp. 38-51.

BASU, S., 《 Market Reactions to Accounting Policy Deliberations: The Inflation Accounting Case Revisited》, *The Accounting Review* (octobre 1981), pp. 942-954.

BEAVER, William H., 《 The Information Content of Annual Earnings Announcements》,*Journal of Accounting Research Supplément, Empirical Research in Accounting: Selected Studies,*1968, pp. 67-92.

_____, Financial Reporting: An Accounting Revolution (Prentice Hall Contemporary Topics in Accounting Series. Englewood Cliffs, N.J.: Prentice Hall Inc., 1981).

BEAVER, William H., CHRISTIE, Andrew A. et GRIFFIN, Paul A., 《 The Information Content of SEC Accounting Series Release No. 190》 , Journal of Accounting & Economics (août 1980), pp. 127-l57.

BEAVER, William H., CLARKE, Roger et WRIGHT, William F., 《The Association between Unsystematic Security Returns and the Magnitude of the Earnings Forecast Errors 》 , *Journal of Accounting Research* (automne 1979), pp. 316-340.

BEAVER, William H. et DUKES, Roland E., 《Interperiod Tax Allocation, Earnings Expectations, and the Behavior of Security Prices》 , *The Accounting Review* (avril 1972), pp. 320-332.

_____, 《Interperiod Tax Allocation and Depreciation Methods: Some Empirical Results》 , *The Accounting Review* (juillet 1973), pp. 549-559.

BEAVER, William H., KETTLER, Paul et SCHOLES, Myron, 《The Association between Market Determined and Accounting Determined Risk Measures》 ,*The Accounting Review* (octobre1970), pp. 654-682.

BEAVER, William H., LAMBERT, R. et MORSE, D., 《The Information Content of Security Prices》 ,*Journal of Accounting and Economics* (mars 1980).

BELKAOUI, A., 《The Impact of the Disclosure of the Environmental Effects of Organizational Behavior on the Market》 , *Financial Management* (hiver 1976), pp. 26-31.

BILDERSEE, John S., 《The Association between a Market-Determined Measure of Risk and Alternative Measures of Risk》 , *The Accounting Review* (janvier 1975), pp. 81-98.

BLUME, Marshall E., 《 Betas and Their Regression Tendencies 》 , *The Journal of Finance* (juin 1975),pp. 785-795.

_____, 《Betas and Their Regression Tendencies: Some Further Evidence》 ,*The Journal of Finance* (mars 1979), pp. 265-267.

BOWEN, Robert M., 《 Valuation of Earnings Components in the Electric Utility Industry》 ,T*he Accounting Review* (janvier 1981), pp. 1-22.

BOWMAN, Robert G., 《The Debt Equivalence of Leases: An Empirical Investigation》 , *The Accounting Review* (avril 1980), pp. 237-253.

BROWN, Philip, 《The Impact of the Annual Net Profit Report on the Stock Market》 , *The Australian Accountant* (juillet 1970), pp. 277-283.

BROWN, Philip et KENNELLY, John W., 《The Informational Content of Quarterly Earnings: An Extension and Some Further Evidence 》, *The Journal of Business* (juillet 1972),pp.403-415.

BROWN, Robert Moren, 《Short-Range Market Reaction to Changes to LIFO Accounting Using Preliminary Earnings Announcements Datas》, *Journal of Accounting Research* (printemps1980), pp. 38-63.

BROWN, Stewart L., 《Earnings Changes, Stock Prices, and Market Efficiency》 ,*The Journal of Finance* (mars 1978), pp. 17-28.

CASSIDY, David B., 《Investor Evaluation of Accounting Information: Some Additional Empirical Evidence》 , *Journal of Accounting Research* (automne 1976), pp. 212-229.

COLLINS, Daniel W., 《 SEC Product-Line Reporting and Market Efficiency 》 , *Journal of Financial Economics* (juin 1975), pp. 125-164.

COLLINS, Daniel W. et DENT, Warren T., 《 The Proposed Elimination of Full Cost Accounting in the Extractive Petroleum Industry : An Empirical Assessment of the Market Consequences 》 ,*Journal of Accounting & Economics* (mars 1979), pp. 3-44.

COLLINS, Daniel W. et O'CONNOR, Melvin C., 《An Examination of the Association between Accounting and Share Price Data in the Extractive Petroleum Industry: A Comment and Extension》 , *The Accounting Review* (janvier 1978), pp. 228-239.

COLLINS, Daniel W. et SIMONDS, Richard R., 《SEC Line-of-Business Disclosure and Market Risk Adjustments》 , *Journal of Accounting Research* (automne 1979), pp. 352-383.

DAVIS, Darrel W., BOATSMAN, James R. et BASKIN, Elba F., 《 On Generalizing Stock Market Research to a Broader Class of Markets 》 , *The Accounting Review* (janvier 1978), pp. 1-10.

DEAKIN, Edward B., NORWOOD, Gyles R. et SMITH, Charles H., 《 The Effect of Published Earnings Information on Tokyo Stock Exchange Trading》 , *The International Journal of Accounting Education and Research* (automne 1974), pp. 124-136.

DERSTINE, Robert P. et HUEFNER, Ronald J., 《LIFO-FIFO, Accounting Ratios and Market Risk》 ,*Journal of Accounting Research* (automne 1974), pp. 216-234.

DUKES, Roland E., 《An Investigation of the Effects of Expensing Research and Development Costs on Security Prices 》 ,*Proceedings of the Conference on Topical Research in Accounting*, édité par Michael Schiff et George Sorter, pp. 147-193. (New York: Ross Institute Accounting Research, New York University, 1976).

_____, F.A.S.B. Research Report, *An Empirical Investigation, of the Effects of Statement of*

Financial Accounting Standards No. 8 on Security Return Behavior, (Stanford, Conn.: F.A.S.B., 1978).

DYCKMAN, Thomas R., DOWNES, David H. et MAGEE, Robert P., *Efficient Capital Markets and Accounting: A Critical Analysis.* (Prentice Hall Contemporary Topics in Accounting Series. Englewood Cliffs, N.J.: Prentice Hall Inc., 1975).

EASMAN, Williaffi S., FALKENSTEIN, Angela et WEIL, Roman, 《 The Correlation between Sustainable Income and Stock Returns : Change in Sustainable Income...》 , *Financial Analysis Journal,*(septembre/octobre 1979), pp. 44-48.

ELGERS, Pieter T., 《Accounting-Based Risk Predictions: A Re-examination》 , *The Accounting Review* (juillet 1980), pp. 389-408.

ELGERS, Pieter T., HALTNER,James R. et HAWTHORNE, William H., Beta Regression Tendencies :Statistical and Real Causes》 , *The Journal of Finance* (mars 1979), pp. 261-263.

ESKEW, Robert K., 《An Examination of the Association between Accounting and Share Price Data in the Extractive Petroleum Industry》 , *The Accounting Review* (avril 1975), pp. 316-324.

_____, 《The Forecasting Ability of Accounting Risk Measures: Some Additional Evidence》 ,*The Accounting Review* (janvier 1979), pp. 107-118.

ESKEW, Robert K. et WRIGHT, William F., 《 An Empirical Analysis of Differential Capital Market Reactions to Extraordinary Accounting Items》 , *The Journal of Finance* (mai 1976),pp. 651-674.

FABOZZI, Frank J, 《 Quality of Earnings: A Test of Market Efficiency》 , *The Journal of Portfolio Management* (automne 1978), pp. 53—56.

FIRTH, Michael, 《 The Impact of Earnings Announcements on the Share Price Behavior of Similar Type Firms》 , *The Economic Journal* (juin 1976), pp. 296-306.

_____, 《 Qualified Audit Reports: Their Impact on Investment Decision 》 , *The Accounting Review* (juillet 1978), pp. 642-650.

FOSTER, George, 《 Accounting Earnings and Stock Prices of Insurance Companies 》 , *The Accounting Review* (octobre 1975), pp. 686-698. (1975a)

_____, 《Security Price Revaluation Implications of Sub-Earnings Disclosure》 , *Journal of Accounting Research* (automne 1975), pp. 283-292.

_____, 《 Quarterly Accounting Data: Time-Series Properties and Predictive-Ability Results》 , *The Accounting Review* (janvier 1977), pp. 1-21. (1977a)

_____, 《Valuation Parameters of Property-Liability Compagnies》, *The Journal of Finance* (juin 1977), pp. 823-835. (1977b).

_____, *Financial Statement Analysis.* (Englewood Cliffs, N.J.: Prentice Hall Inc., 1978).

_____, 《 Accounting Policy Decisions and Capital Market Research 》 *„Journal of Accounting and Economics* (mars 1980), pp. 29-62.

_____, 《Intra-Industry Information Transfers Associated with Earnings Releases》, *Journal of Accounting and Economics,* sous presse.

FOSTER, Taylor W., III, et VICKREY, Don, 《 The Incremental Information Content of the 10-K》 *,The Accounting Review* (octobre 1978), pp. 921-934.

GHEYARA, Kelly, et BOATSMAN, James, 《Market Reaction to the 1976 Replacement Cost Disclosures》, *Journal of Accounting & Economics* (août 1980), pp. 107-125.

GONEDES, Nicholas J., 《 Evidence on the Information Content of Accounting Numbers : Accounting-Based and Market-Based Estimates of Systematic Risk》, *Journal of Financial and Quantitative Analysis* (juin 1973), pp. 407-443.

_____, 《 Capital Market Equilibrium and Annual Accounting Numbers: Empirical Evidence 》 *„Journal of Accounting Research* (printemps 1974), pp. 26-62.

————, 《 Risk, Information, and the Effects of Special Accounting Items on Capital Market Equilibrium》, *Journal of Accounting Research* (automne 1975), pp. 220-256,

————, 《 Corporate Signaling, External Accounting, and Capital Market Equilibrium: Evidence on Dividends, Income, and Extraordinary Items, *Journal of Accounting Research* (printemps 1978), pp. 26-79.

GONEDES, Nicholas et DOPUCH, Nicholas, 《Capital Market Equilibrium, Information Production, and Selecting Accounting Techniques: Theoretical Framework and Review of Empirical Work》, *Journal of Accounting Research, Supplément, Studies on Financial Accounting Objectives,* 1974, pp. 48-129.

GOOD, Walter R. et MEYER,Jack R., 《 Adjusting the Price-Earnings Ratio Gap 》, *Financial Analysts Journal* (novembre/ décembre 1973), p. 42.

GRIFFIN, Paul A., 《 Competitive Information in the Stock Market: An Empirical Study of Earnings, Dividends and Analysts' Forecasts 》, *The Journal of Finance* (mai 1976), pp. 631-650. (1976a)

_____, 《The Association between Relative Risk and Risk Estimates Derived from Quarterly Earnings and Dividends》, *The Accounting Review* (juillet 1976), pp, 499-515. (1976b)

HAGERMAN, Robert L., 《 The Efficiency of the Market for Bank Stocks : An Empirical Test 》 *Journal of Money, Credit and Banking* (août 1973), pp. 846-855.

HARRISON, Tom, 《 Different Market Reactions to Discretionary and Nondiscretionary Accounting Changes》 , *Journal of Accounting Research* (printemps 1977), pp. 84-107.

HONG, Hai, KAPLAN, Robert S. et MANDELKER, Gershon, 《Poolitig vs. Purchase: The Effects of Accounting for Mergers on Stock Prices 》 , *The Accounting Review* (janvier 1978),pp. 31-47,

HORWITZ, Bertrand et KOLODNY, Richard, 《 Line of Business Reporting and Security Prices: An Analysis of a SEC Disclosure Rule, *The Bell Journal of Economics* (printemps 1977), pp.234-249.

_____, 《 The Economic Effects of Involuntary Uniformity in the Financial Reporting of R & D Expenditures 》 , *Journal of Accounting Research,* (Supplément 1980), pp. 38-74.

INGRAM, Robert W., 《 An Investigation of the Information Content of (Certain) Social Responsibility Disclosures》 *Journal of Accounting Research* (automne 1978), pp. 270-285.

JORDAN, Ronald J., 《 An Empirical Investigation of the Adjustment of Stock Prices to New Quarterly Earnings Information》 , *Journal of Financial and Quantitative Analysis* (septembre 1973),pp. 609-620.

JOY, O. Maurice, LITZENBERGER, Robert H. et McENALLY, Richard W., 《The Adjustment of Stock Prices to Announcements of Unanticipated Changes in Quarterly Earnings》 , *Journal of Accounting Research* (automne 1977), pp. 207-225.

KAPLAN, Robert S., 《 The Information Content of Financial Accounting Numbers: A Survey of Empirical Evidence 》 , *The Impact of Accounting Research on Practice and Disclosure,* édité par A. Rashad Abdel-Khalik et Thomas F. Keller, pp. 134-173. (Durham, N.C.: Duke University Press, 1978).

KAPLAN, Robert S. et ROLL, Richard, 《Investor Evaluation of Accounting Information: Some Empirical Evidence》 , *The Journal of Business* (avril 1972), pp. 225-257.

KOCHANEK, Richard Frank, 《Segmental Financial Disclosure by Diversified Firms and Security Prices》 , *The Accounting Review* (avril 1974), pp. 245-258.

LAUB, P. Michael, 《 On the Informational Content of Dividends 》 , *The Journal of Business* (j anvier1976), pp. 73-80.

LEV, Baruch, *Financial Statement Analysis; A New Approach,* Prentice Hall Contemporary Topics in Accounting Series. Englewood Cliffs, N.J.: Prentice Hall Inc., 1974).

_____, 《The Impact of Accounting Regulation on the Stock Market: The Case of Oil and Gas Companies》 , *The Accounting Review* (juillet 1979), pp. 485-503.

MANEGOLD, James G., 《 Time-Series Properties of Earnings: A Comparison of Extrapolative and Component Models》 *Journal of Accounting Research* (automne 1981), pp. 360-373.

MAY, Robert G., 《 The Influence of Quarterly Earnings Announcements of Investor Decisions as Reflected in Common Stock Price Changes》 *Journal of Accounting Research.* Supplément, *Empirical Research in Accounting: Selected Studies,* 1971, pp. 119-169.

MORSE, Dale, 《Price and Trading Volume Reaction Surrounding Announcements: A Closer Examination》 , Journal of Accounting Research (automne 1981), pp. 374-383.

NOREEN, Eric et SEPE, James, 《 Market Reactions to Accounting Policy Deliberations : The Inflation Accounting Case》 , *The Accounting Review* (avril 1981), pp. 253-269. (1981a)

_____, 《 Market Reactions to Accounting Policy Deliberations: The Inflation Accounting

Case Revisited - A Reply》 , *The Accounting Review* (octobre 1981), pp. 955-958. (1981b)

PALMON, Dan et SEIDLER, Lee J., 《 Current Value Reporting of Real Estate Companies and a Possible Example of Market Inefficiency》 , *The Accounting Review* (juillet 1978), pp. 776-790.

PASTENA, Victor, 《 Some Evidence on the SECS System of Continuous Disclosure 》 , *The Accounting Review* (octobre 1979), pp. 776-783.

PATELL, James M., et WOLFSON, Mark A., 《Anticipated Information Releases Reflected in Call Option Prices》 , *Journal of Accounting & Economics* (août 1979), pp. 117-140. (1979a)

_____, 《 The Ex Ante and Ex Post Price Effects of Quarterly Earnings Announcements Reflected in Option and Stock Prices》 *Journal of Accounting Research* (automne 1981), pp. 434-458.

PATZ, Dennis H. et BOATSMAN, James R., 《Accounting Principle Formulation in an Efficient Markets Environment》 *Journal of Accounting Research* (automne 1972), pp. 392-403.

PETIT, R. Richardson, 《Dividend Announcements, Security Performance, and Capital Market Efficiency》 , *The Journal of Finance* (décembre 1972), pp. 993-1007.

_____, 《The Impact of Dividend and Earnings Announcements: A Reconciliation》 , *The Journal of Business* (janvier 1976), pp. 86-96.

Ro, Byung T., 《 The Disclosure of Capitalized Lease Information and Stock Prices》 , *Journal of Accounting Research* (automne 1978), pp. 315-340.

115

        , 《The Adjustment of Security Returns to the Disclosure of Replacement Coast Accounting Information》 , *Journal of Accounting & Economics* (août 1980), pp. 159-189.

ROLL, Richard, 《A Critique of the Asset Pricing Theory's Tests - Part I: On Past and Potential Testability of the Theory》 , *Journal of Financial Economics* (mars 1977), pp. 129-176.

ROSENBERG, Barr, et McKIBBEN, Walt, 《 The Prediction of Systematic and Specific Risk in Common Stocks》 *„Journal of Financial and Quantitative Analysis* (mars 1973), pp. 317-333.

SCHOLES, Myron et WILLAMS, Joseph, 《 Estimating Betas from Non-Synchronous Data 》 *„Journal of Financial Economics* (décembre 1977), pp. 309-327.

SHANK, John K., DILLARD, Jesse F. et MURDOCK, Richard J., *Assessing the Economic Impact of F.A.S,B. 8,* Research study. (New York: Financial Executives Research Foundation, 1979).

SHARPE,I.G. et WALKER, R.G., 《 Asset Revaluations and Stock Market Prices 》 *„Journal of Accounting Research* (automne 1975), pp. 293-310.

SUNDER, Shyam, 《Relationship between Accounting Changes and Stock Prices: Problems of Measurement and Some Empirical Evidence 》 *„Journal of Accounting Research. Supplément, Empirical Research in Accounting: Selected Studies*, 1973, pp. 1-45.

        , 《Stock Price and Risk Related to Accounting Changes in Inventory Valuation》 , *The Accounting Review* (avril 1975), pp. 305-315.

THAKKAR, Rashmi B., 《The Association between Market-Determined and Accounting-Determined Risk Measures : A Note》 *„Journal of Accounting Research* (printemps 1978), pp. 215-223.

THOMPSON, Donald J.,II, 《 Sources of Systematic Risk in Common Stocks 》 , *The Journal of Business* (avril 1976), pp. 173-188.

VIGELAND, Robert L., 《The Marker Reaction to Statement of Financial Accounting Standards No. 2 》 , *The Accounting Review* (avril 1981), pp. 309-325.

WATTS, Ross, 《 The Information Content of Dividends 》 , *The Journal of Business* (avril 1973), pp.191- 211.

        , Comments on 'On the Informational Content of Dividends'》 , *The Journal of Business* (janvier 1976), pp. 81-85. (1976a)

        , 《Comments on 'The Impact of Dividend and Earnings Announcements: A Reconciliation'》 , *The Journal of Business* (janvier 1976), pp. 97-106. (1977b)

_____, 《Systematic 'Abnormal' Returns after Quarterly Earnings Announcements》, *Journal of Financial Economics* (juin/ septembre 1978), pp. 127-150.

WATTS, Ross L. et ZIMMERMAN, Jerold L., 《 On the Irrelevance of Replacement Cost Disclosures for Security Prices》, *Journal of Accounting & Economics* (août 1980), pp. 95-106.

X. L'APPROCHE POSITIVISTE À LA COMPTABILITÉ

BOWEN, R.M., NOREEN, E.W. et LACEY, J.M., 《 Determinants of the Corporate Decision to Capitalize Interest》 *Journal of Accounting and Economics* (août 1981), pp. 151-179.

CHRISTENSON, C., 《The Methodology of Positive Accounting》, *The Accounting Review* (janvier 1983), pp. 1-22.

COLLNS, D.W., ROZEFF, M.S. et DHALIWAL, D.S., 《 The Economic Determinants of the Market Reaction to Proposed Mandatory Accounting Changes in the Oil and Gas Industry: A Cross-Sectional Analysis 》, *Journal of Accounting and Economics* (mars 1981), pp. 37-72.

DHALIWAL, D., 《 The Effect of the Firm's Capital Structure on the Choice of Accounting Methods》, *The Accounting Review* (janvier 1980), pp. 141-143.

FELTON, Sandra, 《Positive Thinking in Accounting Research》, *The Chartered Accountant*

Magazine (mars 1982), pp. 60-64,

HAGERMAN, R. et SENBET, L., 《 A Test of Accounting Bias and Market Structure 》 *Journal of Business* (Vol. 49, 1976), pp. 509-514.

HAGERMAN, R.L. et ZMIJEWSKL M.E., 《 Some Economic Determinants of Accounting Policy Choice 》 ,*Journal of Accounting and Economics* (août 1979), pp. 141-143.

HARING, J.R., Jr., 《Accounting Rules and the Accounting Establishment》, Journal of Business (1979, Vol. 7, No. 4), pp. 507-519.

HOLTHAUSEN, R.W., 《 Evidence on the Effect of Bond Covenants and Management Compensation Contracts on the Choice of Accounting Techniques: The Case of the Depreciation Switch-Back》, *Journal of Accounting and Economics* (mars 1981), pp. 73-109.

JENSEN, M., 《 Reflections on the State of Accounting Research and the Regulation of Accounting》, *Stanford Lectures in Accounting* (Graduate School of Business, Stanford University, 1976).

LEFTWICH, R., 《Accounting Information in Private Markets: Evidence from Private Lending Agreements》, *The Accounting Review* (janvier 1983), pp. 23-42.

LEFTWICH, R., 《Evidence of the Impact of Mandatory Changes in Accounting Principles on Corporate Loan Agreements 》, Journal *of Accounting and Economics* (mars 1981), pp.3-37.

SMITH, C. et WARNER, J. , 《Financial Contracting: An Analysis of Bond Covenants》, *Journal of Financial Economics* (Vol. 7, 1979), pp. 117-162.

TINKER, A.M., MERINO, B.D. et NEIMARK, M.D., 《The Normative Origins of Positive Theories: Ideology and Accounting Thought》, *Accounting Organizations and Society* (mai 1982),pp. 167-170.

WATTS, R.L. et ZIMMERMAN, J.L., 《The Demand for and Supply of Accounting Theories: The Market for Excuses》, *The Accounting Review* (avril 1979), pp. 273-303.

WATTs, R.L., 《Corporate Financial Statements, a Product of the Market and Political Process》 *,Australian Journal of Management* (Vol. 2, 1977), pp. 53-75.

WATTs, R.L. et ZIMMERMAN, J.L., 《 Towards a Positive Theory of the Determination of Accounting Standards》, *The Accounting Review* (janvier 1978).

ZIMMERMAN, J.L., 《Positive Research in Accounting》, *Perspectives on. Research: 1980 Beyer Consortium*, édité par R.D. Nair et T.H. Williams (Graduate School of Business, University of Wisconsin-Madison, 1980), pp. 107-128.

CHAPITRE VI

La cadre théorique
de la comptabilité financière

Le cadre théorique
de la comptabilité financière

6.1. INTRODUCTION

Nous avons établi dans le premier chapitre que la théorie comptable constitue un cadre théorique sur lequel serait basé le développement des techniques comptables. Ce cadre théorique est basé essentiellement sur des concepts et principes comptables. Il est naturellement d'importance vitale que ces concepts et principes soient acceptés par tous les groupes d'intérêts. Pour qu'il soit accepté, le cadre théorique de la comptabilité devra être normatif et de nature essentiellement conceptuelle. Consciente de ces exigences, la profession comptable aux États-Unis, au Canada et au Royaume-Uni s'est déjà engagée dans un processus de formulation de ce cadre théorique pour servir de support aux normes comptables. Chacune de ces étapes du processus de formulation sera examinée dans ce chapitre. Avant de les présenter, nous étudierons d'abord la formulation des objectifs de la comptabilité, qui précède celle du cadre théorique. En effet, avant la formulation du cadre théorique, la recherche comptable s'est penchée sur la détermination des objectifs de la comptabilité ou du lien étroit qui existe entre les objectifs des états financiers et les principes comptables. Le développement qu'ont subi les objectifs de la comptabilité permet d'affirmer que les principes comptables sont 《vrais 》 non pas lorsqu'ils sont reconnus ou acceptés, mais bien quand ils sont conformes aux objectifs. En d'autres termes, les objectifs doivent être explicitement définis et acceptés si l'on veut justifier et valider une théorie comptable. Qu'il nous suffise, à cet effet, de citer le commentaire suivant:

> 《Une bonne partie de la faiblesse actuelle des principes comptables généralement reconnus provient d'objectifs non clairement établis ou parfois contradictoires pour les états financiers. À notre avis, aussi longtemps qu'un consensus plus grand n'aura pas été atteint concernant les objectifs des états financiers, nous serons condamnés à tourner en rond en ce qui regarde le développement des principes généralement reconnus. On a vu dans le passé des recommandations cohérentes et pratiques n'être pas retenues parce qu'elles présumaient des objectifs pour les états financiers qui n'étaient pas alors acceptés par la profession 》 [1].

Le but de ce chapitre est de présenter les divers objectifs définis pour la comptabilité dans la littérature.

6.2. INFORMATION COMPTABLE ET

CONFLITS D'INTERETS

La formulation des objectifs de la comptabilité serait une tâche assez facile si les besoins en information étaient bien définis. En fait, les relations complexes existant entre la firme, le lecteur et le comptable créent un conflit d'intérêts entre les trois groupes. Bien que les états financiers conventionnels soient censés satisfaire les critères de ces trois groupes, il s'avère qu'on est encore loin d'avoir atteint un consensus :

1. Les firmes constituent l'objet principal de l'analyse et de la mesure comptable. Cette situation fait de la firme la principale source d'information, et la direction des entreprises se trouve à avoir une voix très importante au chapitre de la détermination des coutumes comptables et des informations susceptibles d'être divulguées. Cette intervention massive de la direction des entreprises n'est pas

---

[1] LANDRY, Maurice, 《 Les principes comptables et leur mode de développement: une analyse critique》 , *The Chartered Accountant Magazine* (aout 197i), pp. 50-5l.

toujours considérée comme bénéfique à la discipline comptable. À cet égard, Moonitz affirme :

《 Le management n'a pas pour objectif premier le développement d'un ensemble de principes comptables sur lesquels il y aurait accord général. Le management voit "les principes comptables" comme un aspect de l'environnement dans lequel il doit opérer. En conséquence, les principes comptables sont considérés comme des contraintes (facteurs, forces) auxquelles il faut s'adapter. Si les forces de l'environnement ne peuvent être changées, le management s'adaptera à ces forces. Si ces forces ne peuvent être manipulées, le management les façonnera selon ses besoins. La profession comptable concède vraiment trop lorsqu'elle accepte de laisser la priorité dès le départ au management dans le domaine des principes 》 [2].

2. Les lecteurs ou 《 utilisateurs 》 de l'information comptable constituent le second groupe influençant par ses intérêts et ses besoins l'amélioration des données produites par le processus comptable. Bien qu'il soit difficile de tous les identifier, on sait que ces lecteurs comprennent notamment les actionnaires, les investisseurs, les analystes financiers, les ménages, le gouvernement et le public en général. Leurs besoins en information ne sont pas explicitement connus, mais on peut affirmer qu'il existe un écart entre les intérêts de la firme ou de la profession et ce à quoi s'attendent les utilisateurs des états financiers. Cet écart ne peut être comblé que par une intervention plus grande des lecteurs dans l'établissement des principes comptables. Jusqu'ici, cette intervention a été plutôt timide et l'indifférence générale du public risque d'obliger le gouvernement à prendre en main l'intérêt des lecteurs, ce qui est loin d'être une solution souhaitable ou idéale.

3. La profession comptable, qui forme le troisième groupe, est constituée de tous les individus dont les activités sont nécessaires à l'établissement des états financiers. IL s'agit soit des producteurs, soit des vérificateurs de l'information comptable. Ces derniers ont pour tâche d'examiner toutes les décisions de la direction concernant le choix et l'application des principes comptables, et de juger de leur pertinence dans les circonstances. Ils basent généralement leur jugement sur la conformité d'une situation avec les principes comptables reconnus, en fait, ils recherchent des états financiers 《 fidèles 》 , c'est-à-dire préparés avec honnêteté et de façon responsable. De nouveau, un écart existe entre les intérêts des vérificateurs et ceux des deux autres groupes. Pour trouver des solutions à ce problème, l' 《American Institute of Certified Public Accountants》 a mis sur pied une commission chargée

---

[2] MOONITZ, Maurice, 《 Why Is It Difficult to Agree Upon a Set of Accounting Principles ? 》 , *The Australian Accountant* (novembre 1968), P. 628.

d'étudier les responsabilités du vérificateur (《Commission on Auditors' Responsibilities 》, mieux connue sous le nom de Commission Cohen, d'après le nom de son président). Cette commission a proposé des changements importants au niveau du rôle du vérificateur, des rapports qu'il produit, de l'enseignement, de la formation et du perfectionnement dans cette profession, ainsi qu'une nouvelle vision de l'indépendance du vérificateur, du processus d'établissement des normes de vérification et finalement de la réglementation de la profession.

La nouvelle tâche du vérificateur peut être définie comme suit:

> 《La commission déclare qu'une vérification doit être destinée à fournir aux lecteurs d'états financiers un degré raisonnable d'assurance que ces derniers ne sont pas exposés à des malversations importantes et à leur fournir également un degré raisonnable d'assurance quant à la capacité de la direction de s'acquitter de sa responsabilité de gérer les biens de la compagnie. Le vérificateur se préoccupe de savoir si les contrôles et les mesures destinés à empêcher les malversations sont adéquats. Il a le devoir de rechercher les malversations et il devrait être en mesure de déceler les malversations qu'un travail accompli avec compétence et conscience devrait normalement mettre à jour》 [3].

Le conflit d'intérêts entre les trois groupes d'usagers peut être décrit par le schéma n° 1. Supposons que le cercle L représente les intérêts des lecteurs en termes d'information désirée, le cercle F l'ensemble des informations que la firme accepte de publier et finalement le cercle P l'ensemble des informations que la profession est à même de produire et de vérifier conformément à des principes généralement reconnus. Ces trois cercles permettent de distinguer sept zones d'information, chacune étant l'expression des informations acceptables pour un ou deux des trois groupes [4].

---

[3] JACKSON, Peter D., 《 Le Rapport Cohen 》, *CA Magazine* (juin 1967), p. 52.
[4] CYERT, Richard M. et IJIRI, Yuji, 《Problems of Implementing the Trueblood Objectives Report》, dans 《 Studies on Financial Objectives 》, supplement au volume 12 du *Journal of Accounting Research* (1974), pp. 29-49.

Schéma n° 1. Conflits d'intérêts entre les lecteurs, la firme et la profession.

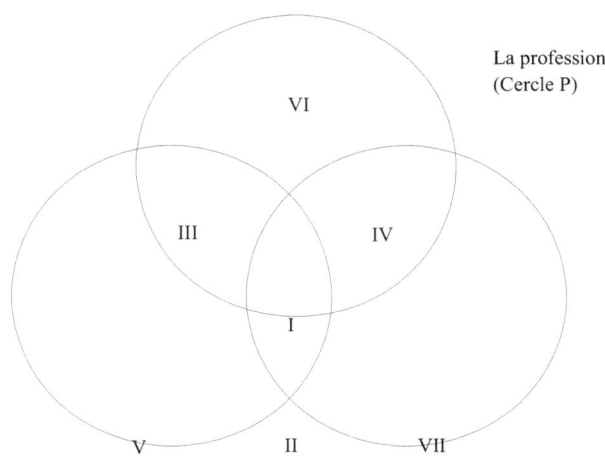

La zone I représente l'ensemble des informations jugées satisfaisantes et pertinentes par les trois groupes. La firme accepte de publier des informations que les comptables sont à même de mesurer et de vérifier, et qui sont perçues comme utiles par les lecteurs.

La zone II comprend les informations que la firme est prête à divulguer, que les Lecteurs jugent pertinentes et utiles, mais que la profession comptable n'est pas à même de mesurer et/ou vérifier étant donné l'absence de techniques adéquates et fiables. La publication des résultats prévisionnels et la comptabilisation de l'actif humain pourraient appartenir à la zone II.

Dans la zone III se trouvent les informations que la firme est prête à divulguer, qui sont mesurables et vérifiables par les comptables, mais qui, finalement, ne sont pas jugées tellement pertinentes pour la prise de décisions par les lecteurs. La petite caisse pourrait être un exemple d'information appartenant à la zone III.

La zone IV est constituée d'informations jugées utiles par les lecteurs et mesurables et vérifiables par les comptables, mais que la firme n'est pas disposée à divulguer. Les controverses portant sur la comptabilisation des baux à long terme et des régimes de retraite témoignent de l'existence de cette zone d'information.

La zone V représente l'ensemble des informations que la firme est prête à divulguer, mais qui sont jugées par la profession et les lecteurs comme absolument non pertinentes à la prise de décisions.

La zone VI comprend toutes les informations que la profession est prête à mesurer, mais qui ne présentent aucun intérêt pour la firme et les lecteurs.

Enfin, dans la zone VII, on retrouve l'ensemble des informations jugées pertinentes par les lecteurs, mais que la profession et la firme ne sont pas disposées à divulguer ou ne sont pas à même de divulguer. La comptabilité à la valeur actuelle pourrait être considérée comme appartenant à cette zone d'information. Une étude internationale portant sur la perception des analystes financiers indique qu'il existe un intérêt pour la divulgation des méthodes utilisées pour tenir compte de l'inflation[5].

Devant ce conflit d'intérêts, trois approches peuvent être envisagées pour l'élaboration des objectifs de la comptabilité. La première serait de considérer l'ensemble des informations que la firme est prête à divulguer et, de là, d'essayer de trouver les meilleurs moyens de les mesurer et vérifier. La deuxième approche serait de considérer les informations que la profession est à même de mesurer et vérifier et, de là, d'essayer d'accommoder les besoins en information des lecteurs et de la firme par une variété de données comptables. Ces deux approches ont été beaucoup utilisées dans la littérature et la pratique comptable avant la publication du 《 Trueblood Report 》. La troisième approche consisterait à considérer l'ensemble des informations jugées utiles par le lecteur et, de là, d'essayer d'élargir la portée des intérêts de la firme et de la profession de façon à inclure ceux des lecteurs. Cette approche correspond dans une certaine mesure à celle adoptée par le comité chargé de la rédaction du 《 Trueblood Report 》 ; elle est logiquement justifiée par le fait que le but de la comptabilité est, essentiellement, de satisfaire les demandes en information des lecteurs.

6.3. LES OBJECTIFS DE LA COMPTABILITÉ

---

[5] BELKAOUI, Ahmed, KAHL, Alfred et PEYRARD, Josette, 《 Les besoins d'information des analystes financiers: une comparaison internationale》 , *Analyse Financière* (3e trimestre, 1977), pp. 65-69.

AVANT LE 《TRUEBLOOD REPORT》

Les objectifs de la comptabilité formulés avant le 《 Trueblood Report 》 peuvent être divisés en objectifs descriptifs et objectifs normatifs[6].

1. Les objectifs descriptifs correspondent pour la plupart à ceux adoptés par les praticiens. D'après ces derniers, le but principal de la comptabilité est d'être un instrument au service des comptables pour communiquer des informations sur la répartition des ressources entre les parties intéressées, notamment les actionnaires et créditeurs. Trois études témoignent de cette orientation descriptive des objectifs de la comptabilité.

   Dans une étude complétée en 1937, Sanders, Hatfield et Moore ont procédé à une analyse des techniques comptables existantes afin d'en dériver des principes justificatifs[7]. Ces auteurs ont conclu que l'objectif de la comptabilité est de permettre à la direction d'une entreprise d'atteindre ses buts en ce qui concerne la création de profits et d'assurer une distribution de ces profits entre les investisseurs.

   Une seconde étude, complétée en 1965, est celle de Grady qui analysa les principes existants plutôtt que les techniques[8]. De nouveau, le but de la comptabilité s'avéra être celui de communiquer l'information comptable aux parties intéressées, l'objectif principal étant toujours de s satisfaire les lecteurs. Finalement, une troisième étude, complétée par Ijiri en 1967, esquissa une classification de la comptabilité en deux parties, une comptabilité dite 《opérationnelle》 (Operational Accounting) et une comptabilité dite de 《 propriété 》 (Equity Accounting)[9]. Selon cet auteur, l'objectif de la comptabilité opérationnelle est de communiquer les données utiles à la prise de décisions, alors que celui de la comptabilité de propriété est de produire des données utiles à la résolution des conflits d'intérêts. En d'autres termes, si les états financiers sont utilisés en vue de prendre une décision relativement à un investissement, ils sont produits par la comptabilité 《opérationnelle》 . S'ils sont utilisés pour résoudre des conflits d'intérêts, ils appartiennent à la comptabilité de propriété.

---

[6] McDONALD, Daniel L., *Comparative Accounting Theory,* Addison-Wesley Publishing Company, 1972.

[7] SANDERS, T.H., HATFIELD, H.R. et MOORE, V., *A Statement of Accounting Principles,* American Institute of Certified Public Accountants, New York, 1939.

[8] GRADY, Paul, *Inventory of Generally Accepted Accounting Principles of Business Enterprises,* Accounting Research Study No. 7, American Institute of Certified Public Accountants, 1965.

[9] IJIRI, Y., *The Foundations of Accounting Measurement, A Mathematical, Economic and Behavioral Inquiry,* Englewood Cliffs, N.J., Prentice Hall, 1967.

2. Les buts normatifs, à l'encontre des buts descriptifs, tentent de décrire la situation idéale de la comptabilité plutôt que sa situation existante. Ce sont des objectifs 《 qui devraient exister 》 plutôt que des objectifs 《 qui existent》 . Trois études peuvent servir d'exemples d'approches normatives.

Dans une étude complétée en 1939 er intitulée 《 Truth in Accounting 》 (Vérité en comptabilité), MacNeal présente une critique de la situation existant en comptabilité, notamment de l'utilisation de la valeur d'origine pour la mise en valeur des actifs[10]. Il affirme que le but de la comptabilité est plutôt de présenter les 《 vérités 》 économiques sous-jacentes aux événements.

La deuxième étude intitulée <<A Statement of Basic Accounting Theory>> fut préparée par un comité de l'American Accounting Association[11]. Dans cet ouvrage, l'objectif de la comptabilité est décrit comme étant de communiquer toutes les informations jugées pertinentes quant au processus de décision chez un groupe important de lecteurs. L'argument principal concerne la nécessité d'orienter la production de l'information comptable sur les besoins des lecteurs. Finalement, une étude de Chambers essaya de développer une théorie de la comptabilité basée sur la méthode de mise en valeur des actifs, méthode dite de 《*l'équivalent en caisse* 》 (Current Cash Equivalent)[12].L'objectif de la comptabilité est ici d'aider les investisseurs à choisir entre differentes valeurs d'une même compagnie ou entre des valeurs de compagnies différentes et, aussi, de fournir des informations aux investisseurs futurs. Chambers a principalement défini l'objectif comme suit :

> 《 C'est une méthode de calcul monétaire contemporaine et future, dont le but est de fournir une source continue d'information financière pour servir de guide aux actions futures dans le marché 》 [13].

On peut dire en conclusion que les objectifs de la comptabilité tels que définis avant le 《 Trueblood Report》 , qu'ils soient déterminés par la méthode normative ou descriptive, émanent d'initiatives individuelles. Par conséquent, chacune des propositions reflète une école de particulière, rendant ainsi assez difficile la création d'un consensus. De plus, les objectifs proposés sont trop vagues pour pouvoir servir de base logique à la formulation d'une théorie comptable. C'est pour remédier à cette situation que l'A.I.C.P.A. forma un comité chargé de la rédaction d'un rapport sur les objectifs de la comptabilité. Ce rapport est connu comme le 《 Trueblood Report 》 (d'après le nom du président du comité).

---

[10] MACNEAL, Kenneth, *Truth in Accounting*, Philadelphia, University of Pennsylvania Press, 1939.
[11] AMERICAN ACCOUNTING ASSOCIATION, *A Statement of Basic Accounting Theory*, Evanston, Illinois, 1966.
[12] CHAMBERS, R.J., *Accounting, Evaluation and Economic Behavior*, Englewood Cliffs, NJ., Prentice Hall, 1966, p. 99.
[13] *Ibid.*, p. 99.

6.4. LES OBJECTIFS DE LA COMPTABILITÉ

TELS QUE DÉFINIS PAR

LE 《 TRUEBLOOD REPORT》

6.4.1. Procédures utilisées

Le groupe chargé de la rédaction de ce rapport était formé de neuf membres honoraires représentant les professionnels, les universitaires, les industriels et les analystes financiers. L'équipe de conseillers, considérée indépendante, était composée de six membres représentant les professionnels et le monde universitaire, Des rencontres furent organisées afin de sonder l'opinion des membres de la profession, du gouvernement, de l'industrie et des associations comptables. Parallèlement, un examen théorique de la littérature et du processus de prise de décisions économique était entrepris par l'équipe de conseillers. À partir des résultats des deux études, l'une empirique et l'autre analytique, cette équipe procéda à la rédaction d'articles de recherche publiés sous la forme du volume II du 《 Rapport Trueblood 》 [14]. La plupart de ces articles ont servi de données de base pour la rédaction du volume I du rapport.

6.4.2. Importance du document

Ce rapport constitue une étape importante dans le développement de postulats et standards comptables, et dans l'amélioration des techniques comptables. Ainsi, suite à ce rapport, les postulats ne seront plus imposés mais découleront plutôt des objectifs existants. En d'autres termes, la condition sous-jacente à l'acceptation d'un postulat sera sa conformité aux objectifs de la comptabilité. La définition de ces objectifs est donc l'étape la plus importante vers la construction et la vérification d'une théorie. De plus, l'existence d'un rapport sur les objectifs de la comptabilité et les postulats qui en découlent, donnera à la profession comptable une chance unique d'affirmer plus solidement sa position. À ce sujet, Sorter écrit:

---

[14] AMERICAN INSTITUTE OF CERTIFIED PUBLIC ACCOUNTANTS, *Objectives of Financial Statements, Volume 2, Selected Papers*, New York, A.I.C.P.A., 1973.

《Les comptables sont maintenant d'accord sur les principes comptables généralement acceptés parce qu'ils sont "vrais" ; ils n'ont plus à affirmer que les standards sont vrais parce qu'ils sont acceptés 》 ...[15]

Autre conséquence: les objectifs de la comptabilité ne seront plus dogmatiques et statiques ; ils seront dynamiques et favorables aux changements, parce que fondés sur des hypothèses logiques.

6.4.3. Les objectifs de la comptabilité

Il est possible de distinguer dans les recommandations du rapport cinq parties principales correspondant à douze objectifs. Cette classification est illustrée par le schéma n° 2. La première partie porte sur l'objectif de base gouvernant la comptabilité financière. La deuxième partie identifie les lecteurs des états financiers tandis que la troisième identifie leurs besoins par rapport à l'entreprise. La quatrième partie décrit les informations qui satisfont ou pourraient satisfaire les besoins des lecteurs. Finalement, la cinquième partie concerne les états financiers nécessaires à la communication de ces informations. Les objectifs de la comptabilité sont définis comme suit:

6.4.3.1. Objectif n° 1 - *L'objectif principal des états financiers est de fournir l'information utile à la prise de décisions économique.*

a) Cet objectif relie clairement et directement la comptabilité à la prise de décisions.

b) L'accent est de nouveau mis sur l'utilité de l'information comptable.

c) La prise de décisions est dite 《 économique 》 dans le sens qu'elle a trait à l'allocation des ressources de l'entreprise.

d) En d'autres termes, il existe un lien étroit entre la pertinence de l'information comptable et l'efficience de la répartition des ressources de l'entreprise.

6.4.3.2. Objectif n° 2 - *Un des objectifs des états financiers est de desservir principalement les utilisateurs qui ont une autorité ou une habileté, ou qui, disposant de ressources limitées pour obtenir de l'information se fient aux états financiers pour connaître les activités économiques de la firme.*

---

[15] SORTER, George, H., 《 Objectives of Financial Statements: An Inside View 》 , *CA Magazine* (novembre 1973), p. 3.

a) Cet objectif semble mettre les états financiers à la seule disposition de ceux qui ont un pouvoir limité d'obtention de l'information.

b) Si l'on s'en tient à l'objectif tel qu'énoncé, les comptables devraient d'abord se préoccuper des actionnaires lors de la préparation des rapports annuels.

c) Finalement, on peut aussi déduire que les objectifs de la comptabilité seront plus utiles aux lecteurs qui prennent leurs décisions sur la foi des informations contenues dans les rapports annuels.

6.4.3.3. Objectif n° 3 - *Un des objectifs des états financiers est de fournir l'information utile aux investisseurs et aux créanciers afin de prédire, comparer et évaluer les flux monétaires (cash flows) potentiels ou espérés qui leur reviendraient quant au montant, au moment et au degré d'incertitude.*

a) Cet objectif identifie deux groupes de lecteurs importants : les investisseurs et les créanciers.

b) Le modèle de décisions de ces lecteurs se résume à prédire, comparer et évaluer.

c) Le besoin d'information s'exprime en termes de flux monétaires passés, présents ou futurs.

Schéma n° 2. Classification des objectifs de la comptabilité.

1 re partie :

OBJECTIF N° 1

L'objectif de base

2e partie :

Les lecteurs et

	A. Général (Objectif n° 2)	B. Créditeurs et investisseurrs (Objectif n° 3)	C. Organisations (Objectif n° 11)	D. Société

leurs besoins

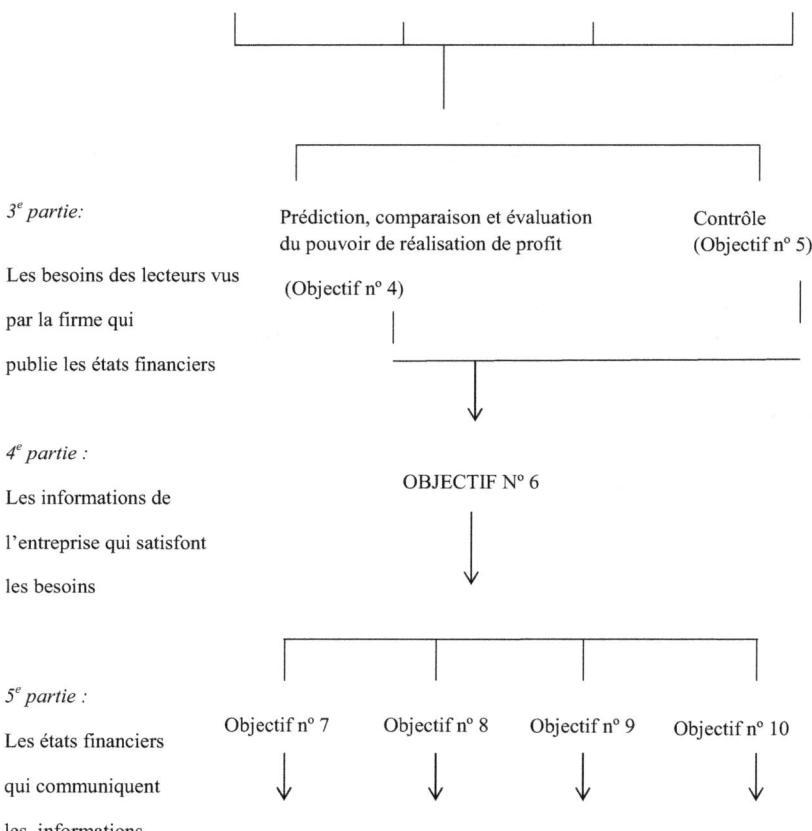

3e partie:

Les besoins des lecteurs vus

par la firme qui

publie les états financiers

4e partie :

Les informations de

l'entreprise qui satisfont

les besoins

5e partie :

Les états financiers

qui communiquent

les informations

d) Les caractéristiques des flux monétaires à divulguer ont trait au montant, au moment et au degré d'incertitude. En d'autres termes, l'accent est mis sur l'aspect stochastique de l'information comptable. .

6.4.3.4. Objectif n° 4 - *Un des objectifs des états financiers est de fournir aux utilisateurs l'information nécessaire afin de prédire, comparer et évaluer le pouvoir de gain de l'entreprise.*

a) Alors que l'objectif n° 3 s'adresse principalement aux investisseurs et aux créanciers, la portée de l'objectif n° 4 s'étend à tous les utilisateurs.

b) Cet objectif identifie le 《pouvoir de gain》 de l'entreprise (Earning Power) comme un besoin important des utilisateurs de l'information comptable.

c) Cet objectif est important dans le sens qu'il introduit une nouvelle donnée, le pouvoir de gain, qui remplace le bénéfice comptable comme besoin important des lecteurs. L'objectif remet donc en question la pertinence du bénéfice comptable dans la prise de décisions économique.

6.4.3.5. Objectif n° 5 - *Un des objectifs des états financiers est de fournir l'information nécessaire pour juger de l'habileté des administrateurs à utiliser efficacement les ressources de l'entreprise afin d'atteindre le principal objectif de l'entreprise.*

a) Cet objectif met l'accent sur le contrôle des administrateurs dans l'accomplissement de leurs tâches.

b) Les donnes comptables permettent de juger et d'évaluer le comportement économique des administrateurs.

c) L'information comptable permet de mesurer la responsabilité des administrateurs dans l'utilisation des ressources. En d'autres termes, tout administrateur est responsable de ses actions telles que mesurées par l'information comptable.

d) Un des éléments implicites de cet objectif est le devoir qu'ont les administrateurs de sauvegarder le patrimoine de l'entreprise. (《 Stewardship 》)

6.4.3.6. Objectif n° 6 - *Un des objectifs des états financiers est de fournir l'information objective basée sur des faits de même que l'information subjective ou interprétative concernant les transactions et autres événements utiles pour prédire, comparer et évaluer le pouvoir de gain de l'entreprise. Les hypothèses de base relatives aux éléments sujets à interprétation, évaluation, prédiction ou estimation devraient être divulguées.*

a) Cet objectif étend la portée de la comptabilité aux données subjectives et interprétatives. La prédiction, la comparaison et l'évaluation du pouvoir de gain de l'entreprise reposent non seulement sur l'information objective et vérifiable, mais aussi sur l'information subjective sujette à différentes interprétations.

b) Cette information résulte non seulement des transactions mais aussi des événements affectant l'entreprise.

c) Étant donné la subjectivité de certaines de ces informations, des informations additionnelles sont nécessaires. Elles porteront sur les hypothèses régissant la production des données subjectives.

6.4.3.7. Objectif n° 7 - *Un des objectifs des états financiers est de présenter un bilan utile pour prédire, comparer et évaluer le pouvoir de gain de l'entreprise, Cet état devrait fournir l'information concernant les transactions et autres événements de l'entreprise qui font partie des cycles de gains incomplets. Les valeurs actuelles devraient être communiquées si elles s'écartent considérablement du coût historique. L'actif et le passif devraient être groupés ou divisés d'après le degré d'incertitude relatif au montant et au moment de la réalisation ou de la liquidation éventuelle.*

a) L'objectif porte sur les caractéristiques du bilan.

b) Les transactions et événements décrits dans le bilan résultent de cycles de gains incomplets. Pour qu'un cycle de gain soit complet, trois éléments sont nécessaires :

1. un sacrifice matérialisé (augmentation d'encaisse actuelle ou probable) ;

2. un avantage matérialise correspondant (diminution d'encaisse actuelle ou probable) ;

3. aucun effort additionnel nécessaire.

De même, un cycle de gain est considéré comme incomplet:

1. quand le sacrifice ou l'avantage est matérialisé sans que l'avantage ou le sacrifice correspondant ne soit matérialisé;

2. quand ni le sacrifice ni l'avantage ne sont matérialisés;

3. quand l'effort n'a pas eu lieu.

c) Un pas timide est franchi vers l'adoption de la comptabilité à la valeur actuelle.

d) De nouveau, l'aspect stochastique de l'information est mis en relief.

6.4.3.8. Objectif n° 8 - *Un des objectifs des états financiers est de présenter un état périodique des bénéfices utiles pour prédire, comparer et évaluer le pouvoir de gain de l'entreprise. Le résultat net, découlant des cycles de gains complets et der activités de l'entreprise reliées aux cycles de gains incomplets dont on peut remarquer les progrès significatifs vers l'achèvement, devrait être divulgué. Les changements de valeurs,* *reflétés dans les bilans successifs, devraient également être divulgués mais séparément, puisqu'ils diffèrent quant au degré de certitude de réalisation.*

a) L'objectif porte sur les caractéristiques de l'état des bénéfices.

b) Le résultat des cycles de gains complets et des cycles de gains incomplets mais en voie d'achèvement constitue l'objet principal de l'état des bénéfices.

c) De nouveau, un pas timide est franchi vers l'acceptation des changements de valeurs, c'est-à-dire l'adoption de valeurs actuelles.

6.4.3.9, Objectif n° 9- *Un des objectifs des états financiers est de présenter un état des activités financières utile pour prédire, comparer et évaluer le pouvoir de gain de l'entreprise. Cet état devrait en majeure partie s'intéresser aux aspects objectifs des transactions de l'entreprise qui ont ou qui auront fort probablement des conséquences monétaires significatives.*

a) L'objectif porte sur les caractéristiques de l'état de changement dans la position financière.

b) Cet état financier s'étendra aux résultats de toutes les activités financières plutôt que de se limiter aux changements dans le fond de roulement.

c) Ici l'accent est nettement mis sur les flux monétaires de l'entreprise et, par conséquent, sur une comptabilité d'encaisse.

6.4.3.10. Objectif n° 10 - *Un des objectifs des états financiers est de fournir l'information utile au processus prévisionnel. Les états financiers prévisionnels devraient être présentés lorsqu'ils rehaussent la crédibilité des prédictions effectuées par les utilisateurs.*

a) L'objectif soulève la question de la pertinence des informations prévisionnelles face aux lecteurs.

b) L'objectif semble favoriser la divulgation d'une telle information, à condition que la valeur qu'elle ajoute soit positive.

6.4.3.11. Objectif n° 11 - Un *des objectifs des états financiers d'organismes gouvernementaux et d'organisations à but non lucratif est de fournir l'information utile* *pour évaluer l'efficacité avec laquelle les ressources sont administrées afin d'atteindre les buts organisationnels.*

a) Cet objectif étend la portée de la comptabilité financière des organismes commerciaux aux organismes à but non lucratif.

b) On peut alors affirmer que les techniques comptables d'évaluation des deux genres d'organismes sont compatibles.

6.4.3.12. Objectif n° 12 - Un *des objectifs des états financiers est de faire rapport sur les activités de l'entreprise qui ont un impact sur la société, qui peuvent être détermines, décrites ou mesurées, et qui sont importantes quant au rôle de l'entreprise dans son environnement social.*

a) Cet objectif donne à la comptabilité une dimension socio-économique.

b) Il soulève la nécessité pour l'entreprise de mesurer et de divulguer les coûts et avantages sociaux de production.

c) En plus de leurs responsabilités face aux investisseurs concernant la sauve- garde du patrimoine, l'entreprise et ses dirigeants ont une responsabilité sociale de sauvegarde de l'environnement.

Les caractéristiques qualitatives de la présentation des informations financières sont au nombre de sept:

1. *Pertinence et matérialité*
   L'information sera divulguée seulement quand elle sera jugée pertinente pour les utilisateurs. Dans un tel cas, elle sera considérée comme étant matérielle.
2. *Forme et substance*
   La substance plutôt que la forme devra orienter l'établissement des états financiers.
3. *Fidélité*
   L'information divulguée devra être fiable et par conséquent correcte.
4. *Objectivité*
   L'information comptable devra être objective, c'est-à-dire être vérifiable et comporter un minimum de subjectivité.
5. *Comparabilité*
   Par comparabilité des états financiers on entend que les mêmes événements seront divulgués de la même manière, et les événements différents divulgués de façon différente.

6. *Continuité*

Dans la mesure du possible, les mêmes techniques devraient être utilisées d'une période à l'autre afin d'assurer la comparabilité.

7. *Compréhension*

La présentation de l'information devra être faite de façon à ce qu'elle soit comprise par un grand nombre de lecteurs.

À partir des douze objectifs et des sept caractéristiques qualitatives décrits ci-haut, le F.A.S.B. souleva les quatre questions suivantes:

1. Parmi les caractéristiques objectives et qualitatives énoncées dans le *Rapport du comité d'étude sur les objectifs des états financiers,* quelles sont celles qui devraient être adoptées immédiatement par le F.A.S.B.?

2. Quelles sont celles qui devraient être étudiées plus en profondeur avant que le F.A.S.B. songe à les adopter ?

3. Est-ce que le F.A.S.B. devrait différer toute nouvelle interrogation portant sur n'importe laquelle de ces caractéristiques? Si oui, laquelle ou lesquelles ?

4. Est-ce qu'il existe des caractéristiques objectives ou qualitatives, autres que celles énoncées dans le *Rapport du comité d'étude sur les objectifs des états financiers,* que le F.A.S.B. devrait considérer ?[16]

La réponse à ces questions et à d'autres posées par le F.A.S.B. constituera la première étape vers l'établissement officiel des objectifs de la comptabilité. Le débat est ouvert, quelques étapes ont été franchies, et un long chemin reste à parcourir avant qu'il existe un consensus sur les conclusions du 《Trueblood Report 》.

6.5. LE CADRE THÉORIQUE AUX ÉTATS-UNIS

Le cadre théorique aux États-Unis a été défini comme étant une 《constitution 》 composée *d'objectifs et de concepts fondamentaux* qui peuvent conduire à des normes solides et qui décrivent la nature, la fonction et les limites de la comptabilité financière et des états financiers. Les *objectifs* identifient les buts de la comptabilité. Les *concepts fondamentaux* guident la sélection des événements à comptabiliser, la mesure de ces

---

[16] FINANCIAL ACCOUNTING STANDARDS BOARD, *Bulletin du F.A.S.B., pour fin de discussion:* 《*Conceptual Framework for Accounting and Reporting: Consideration of the Report of the Study Group on the Objectives of Financial Statements*》 , Stanford Conn. , F. A. S. B. , 1974, pp. 2-3,

événements et les moyens de les résumer et de les communiquer aux parties interessees[17]. Par conséquent, le cadre théorique est composé d'objectifs, de concepts fondamentaux, de guides opérationnels et de mécanismes de communication comme suit:

1. Au premier niveau du cadre théorique, les *objectifs* identifient les buts de la comptabilité. En fait, le *Statement of Financial Accounting Concepts No. I* 《Objectives of Reporting by Business Enterprises》 présente les buts des entreprises à but lucratif, tandis que le *Statement of Financial Accounting Concepts No. 4* 《Objectives of Financial Reporting by Non-business Organizations》 présente les buts des entreprises à but non lucratif.

2. Au deuxième niveau du cadre théorique, les *concepts fondamentaux* contiennent les caractéristiques qualitatives de l'information comptable (*Statement of Financial Accounting Concepts No, 2*) et les définitions des *éléments* des états financiers (Statement of Financial Accounting Concepts No. 3).

3. Au troisième niveau du cadre théorique, les guides opérationnels, que le comptable utilise dans l'établissement et l'application des normes comptables, incluent les *critères de reconnaissance et de mesure, (Statement of Financial Accounting Standards No. 33,)*

4. Au quatrième niveau, les *mécanismes de communication*, que le comptable utilise pour transmettre l'information, incluent la publication du profit, de la liquidité et de la position financière de l'entreprise.

6.6. LE CADRE THÉORIQUE AU ROYAUME-UNI

En juillet 1976, l' 《 Accounting Standards Steering Committee of the Institute of Chartered Accountants in England and Wales》 publia le *Corporate Report* comme prélude au cadre théorique au Royaume-Uni. Ce document identifia les principaux usagers de l'information et les buts et méthodes de la comptabilité financière aux États-Unis. Les principaux résultats et recommandations sont comme suit:

1. La philosophie de base et le point de départ du *Corporate Report* sont que les états financiers devraient satisfaire les besoins informationnels des usagers.

2. Les entités économiques sont responsables de publier des informations pertinentes vu l'impact social de leurs activités.

---

[17] FINANCIAL ACCOUNTING STANDARDS BOARD, *The Conceptual Framework for Financial Accounting and Reporting: Elements of Financial Statements and Their Measurement* (Stamford, Conn.   : F.A.S.B., 1976), p.2.

3. Les usagers sont identifiés comme ceux ayant un droit légitime et raisonnable de recevoir l'information.

4. Les états financiers se doivent d'être pertinents, compréhensibles, fiables, complets, objectifs, à temps et comparables.

5. Les états financiers suivants devraient être publiés:

   a) L'état de la valeur ajoutée.

   b) L'état d'emploi.

   c) L'état des échanges monétaires avec le gouvernement.

   d) L'état des transactions en devises étrangères.

   e) L'état des plans futurs.

   f) L'état des objectifs de l'entreprise.

   g) Une présentation des états financiers basés sur la valeur actuelle, plutôt que le coût historique.

6.7. LE CADRE THÉORIQUE AU CANADA

L'Institut canadien des comptables agréés démontra son intérêt envers le cadre théorique de comptabilité par la publication, en 1980, d'une étude intitulée 《L'information financière》 publiée par la société 《Évolution future》 et écrite par le professeur Edward Stamp. Cette étude vise à proposer une solution canadienne au problème de l'amélioration de la qualité des normes régissant l'information financière publiée par les sociétés. L'approche utilisée se base sur une perspective évolutionniste. Cela consiste à identifier les problèmes et les sujets conceptuels, et à fournir des solutions en termes de l'identification des objectifs de la comptabilité, des divers usagers de l'information, des besoins de ces usagers et des critères d'évaluation des normes comptables comme éléments du cadre théorique de la comptabilité. Chacun de ces éléments sera examiné dans ce qui suit:

6.7.1. Problèmes auxquels font face les normalisateurs

L'étude consiste en premier lieu aux problèmes rencontrés par les normalisateurs.

   a) Comment mesurer la réalité économique sans aucune ambiguïté?

b) Quelle est la nature de la comptabilité?

c) Y-a-t-il des concepts permanents et universels sur lesquels reposent l'information financière et les normes comptables ?

d) Qui sont les usagers de l'information, quelles sont les décisions que les utilisateurs prennent à la suite de la lecture d'un rapport financier et quelle information chacun recherchera dans le rapport en vue de prendre ces décisions ?

e) Quels sont les critères d'évaluation que les responsables de l'élaboration des normes comptables et les auteurs des rapports nécessitent pour juger de la qualité des normes comptables, pour choisir entre plusieurs normes possibles dans une situation donnée, et pour apprécier l'utilité des rapports comptables?

f) Comment estimer les coûts et avantages avant de décider de l'action à prendre dans l'élaboration des normes comptables ?

g) Est-ce que les normes peuvent résoudre les conflits d'intérêts entre ceux qui dressent les états financiers et ceux qui les utilisent lorsque vient le moment de décider des informations à inclure dans les états financiers ?

h) Quelle est l'utilité des états financiers vu les 《preuves》 de l'efficience du marché des capitaux?

i) Devrait-il y avoir des extensions de l'information?

j) Étant donné que le mouvement de standardisation tend à réduire les différences de présentation de l'information financière, est-ce que cela risque d'étouffer les efforts d'innovation légitimes au chapitre de la mesure comptable et de la présentation des informations ?

k) Faut-il publier les marges d'erreurs que comportent les mesures comptables publiées actuellement dans les états financiers canadiens.

l) Peut-on se contenter de rapports financiers à vocation générale ?

m) Comment mettre en vigueur les normes comptables? Il faut noter cependant qu'à partir de 1975, les recommandations en matière de comptabilité publiées par l'I.C.C.A. ont, en pratique, force de loi en vertu des dispositions de la Loi sur les sociétés commerciales canadiennes.

6.7.2. Problèmes théoriques déconcertants

En plus des problèmes identifiés dans la section précédente, l'étude mentionne un certain nombre de problèmes théoriques sur lesquels les normalisateurs doivent se pencher:

a) *Problèmes de répartition entre exercices:* les comptables ont besoin de procéder à des mesures périodiques et nécessitent des méthodes de répartition systématiques et rationnelles. Malheureusement, la plupart des répartitions sont arbitraires et incorrigibles.

b) *La définition du bénéfice:* faut-il considérer le bénéfice comme étant l'écart que l'on constate en rapprochant les produits et les charges ou faut-il plutôt le définir comme étant l'accroissement de l'actif net au cours de l'exercice ?

c) *Personnalité ou non-personnalité de l'entreprise:* faut-il retenir la convention de la non-personnalité de l'entreprise, qui considère les activités financières de la firme du point de vue de ses propriétaires, ou celle de la personnalité de l'entreprise, qui considère les activités financières de l'intérieur ?

d) *Les définitions de la préservation du patrimoine*: le problème se pose quant au choix d'une définition appropriée de la préservation du patrimoine.

e) *Les diverses bases de valorisation:* le problème se pose quant au choix d'une base de valorisation. Le choix est entre la valeur d'origine, le coût de remplacement, la valeur nette de réalisation et la valeur pour l'entreprise.

f) *Qu'est-ce que la «réalité économique»*

6.7.3. Les objectifs de l'information financière

L'étude se poursuit avec les objectifs de la comptabilité. Ces objectifs sont nécessaires pour tous les utilisateurs légitimes des rapports financiers publiés par les entreprises.

Le premier objectif concerne la *reddition des comptes*, en ce sens qu'il est primordial de présenter un compte rendu de gestion montrant non seulement comment la direction s'est acquittée de ses obligations en matière de protection du patrimoine, mais également dans quelle mesure elle est parvenue à obtenir des résultats économiques satisfaisants et à maintenir la santé et la vitalité financière de l'entreprise.

Le deuxième objectif concerne *l'incertitude et le risque*, en ce sens qu'il est primordial de présenter l'information sous une forme telle que soit réduite au minimum l'incertitude quant à sa validité et que soient fournis à l'utilisateur les éléments qui lui permettront de faire sa propre évaluation du risque afférent à l'entreprise.

Le troisième objectif concerne le *changement et l'innovation*, en ce sens qu'il est primordial que les normes régissant l'information financière laissent beaucoup de place à l'innovation et au changement et permettent les améliorations.

Le quatrième objectif concerne la *complexité de l'information et le lecteur peu averti*, en ce sens que l'information financière devra être axée sur la satisfaction des besoins des utilisateurs capables de prendre un jeu complet (et nécessairement complexe) d'états financiers, ou encore sur les besoins des experts qui seront amenés à conseiller les utilisateurs peu avertis.

6.7.4. Les catégories d'utilisateurs

L'étude identifie ensuite les groupes d'utilisateurs suivants: 1) actionnaires; 2) créanciers à long terme; 3) créanciers à court terme; 4) analystes et conseillers au service des catégories ci-dessus; 5) salariés; 6) administrateurs externes; 7) clients; 8) fournisseurs; 9) associations patronales; 10) syndicats; 11) pouvoirs publics; 12) grand public; 13) organismes dotés du pouvoir réglementaire; 14) autres sociétés, nationales et étrangères; et 15) normalisateurs, chercheurs, etc...

6.7.5. Les besoins des utilisateurs

Après avoir déterminé les catégories d'utilisateurs, l'étude suggère la détermination des besoins des utilisateurs. Cette tâche est définitivement compliquée suite aux difficultés de déterminer les modèles de décision des utilisateurs. En tout cas, l'étude identifie les catégories des besoins d'utilisateurs suivants: 1) évaluer les résultats globaux; 2) évaluer la gestion; 3) évaluer la perspective future; 4) évaluer la santé et la stabilité financières; 5) évaluer la solvabilité; 6) évaluer les risques et les incertitudes; 8) faciliter la répartition des ressources ; 9) faire des comparaisons; 10) établir la valeur des capitaux empruntés et des capitaux propres à la société; 11) évaluer la capacité d'adaptation; 12) vérifier le respect des lois et des règlements; et 13) évaluer la contribution de l'entreprise à la société, à la nation, etc...

6.7.6. Vers un cadre théorique canadien

Le cadre théorique au Canada, basé sur une approche évolutionniste et dépendant de concepts (objectifs et critères d'évaluation), est offert finalement à la fin de l'étude. À l'encontre de l'approche du F.A.S.B. qui est normative, la perspective canadienne est évolutionniste et d'une portée plus vaste.

C'est maintenant à l'I.C.C.A. d'évaluer les recommandations de l'étude et de développer un cadre théorique uniquement canadien.

6.8. CONCLUSION

L'existence de techniques comptables différentes pour l'explication du même événement économique peut provenir en grande partie de l'absence de cadre théorique en comptabilité financière. On est donc justifié de demander à ce cadre théorique de développer des concepts comptables 《 vrais 》, c'est-à-dire conformes au cadre théorique plutôt que généralement reconnus. Ainsi, qu'il s'agisse du cadre théorique aux États-Unis, au Canada, au Royaume-Uni ou dans d'autres pays, le problème principal reste celui d'obtenir un consensus général sur le cadre théorique, consensus indispensable à l'élaboration d'une théorie comptable.

Lectures

RAPPORT TRUEBLOOD

ANTON, H, R., 《 Objectives of Financial Accounting: Review and Analysis 》 , *Journal of Accountancy* (janvier 1976), pp. 40-51.

BEAVER, W. H. et J. S. DEMSKI, 《 The Nature of Financial Objectives: A Summary and Synthesis 》 , *Studies in Financial Accounting Objectives*: 1974, Supplément du vol. 12, *Journal of Accounting Research*, pp. 170-187.

BEAVER, W. H., 《 What Should be the F.A.S.B.'s Objectives ? 》 , *Journal of Accountancy* (août 1973).

BIRD, P., 《Objectives and Methods of Financial Reporting: A Generalized Search Procedure》 , *Accounting and Business Research* (été 1975).

CARSBERG, B., HOPE, A., et R. W. SCAPENS, 《The Objectives of Published Accounting Reports》 , *Accounting and Business Research* (été 1974).

CHASTAIN, C. E., 《 Accounting Objectives and User Needs: A Behavioral View》 , *National Public Accountant* (mai 1974), pp. 24-27, et 《Part II》 , *National Public Accountant* (juin 1974),pp. 26-31.

CHEN, R. S., 《Social and Financial Stewardship》 , *The Accounting Review* (juillet 1975), pp. 533-543.

CLINTON, R. P., 《 Objecives of Financial Statements 》 , *Journal of Accountancy* (novembre 1972),pp. 56-58.

CRAMER, J. J., Jr. et G. H. SORTER, Ed., *Objectives of Financial Statements: Selected Papers*, Vol. 2(New York: A.I.C.P.A., 1973).

CYERT, R. M. et Y. IJIRI, 《 Problems of Implementing the Trueblood Objectives Report 》 , *Studies on Financial Accounting Objectives: 1974,* Supplément du vol. 12, Journal of Accounting Research, pp. 29-42.

MAUTZ, R. K., 《 Accounting Objectives-The Conservative View 》 , *CPA Journal* (septembre 1973),pp. 771-777.

MOST, K. S. et A. L. WINTERS, 《Focus on Standard Setting: From Trueblood to the F.A:S.B.》 , *Journal of Accountancy* (février 1977), pp. 67-75.

SCOTT, G., et M. DECELES, 《 United States : Objectives of Financial Reporting Revisited 》 , *Accountant's Magazine* (février 1980).

SORTER, G. H. et M. S. GANS, 《Opportunities and Implications of the Report on Objectives of Financial Statements》 , *Studies on Financial Accounting Objectives:* 1974, Supplément du vol. 12, *Journal of Accounting Research*, pp. 1-12.

WILLIAMS, R. J., 《Differing Opinions on Accounting Objectives》, *CPA Journal* (août 1973), pp. 651-656.

CADRE THÉORIQUE AUX ÉTATS-UNIS

BROWN, W. W., 《Industry and the Conceptual Framework 》 *Journal of Accountancy* (août 1980),pp. 20-25.

FINANCIAL ACCOUNTING STANDARDS BOARD, *Statement of Financial Accounting Concepts No. 1: Objectives of Financial Reporting by Business Enterprises,* (Stamford, Conn.: 1978).

_____, *Statement of Financial Accounting Concepts No. 2: Qualitative Characteristics of Accounting Information,* (Stambord, Conn.: 1980).

_____, *Statement of Financial Accounting Concepts No. 3: Elements of Financial Statements of Business Enterprises* (Stambord, Conn.: 1980).

_____, *Statement of Financial Accounting Concepts No, 4: Objectives of Financial Reporting by Non-Business Organizations* (Stamford, Conn.: 1975).

EDWARDS,J. D., WYATT, A. R. et P. L. DEFLIESE, 《 Conceptual Framework for Accounting Standards》, *Contemporary Issues in Accounting,* D. D. Alhasim et J. W. Robertson (Eds) (Indianapolis: Bobbs-Merrill Educational Publishing, 1975), pp. 1-54.

HOLDER, W. W. et K. HANENDY, 《 A Framework for Building an Accounting Constitution》 *Journal of Accounting, Auditing and Finance* (hiver 1982), pp. 110-125.

HORNGREN, C. T., 《 Uses and Limitations of a Conceptual Framework》, *Journal of Accountancy*(avril 1981),pp. 86-95.

KIRK, D. J., 《Concepts, Consensus, Compromise and Consequence: :their Roles in Standard Setting》, *Journal of Accountancy* (avril 1981), pp. 85-86.

LAUGENDERFER, H. Q., 《Conceptual Framework for Financial Reporting》, *Journal of Accountancy* (juillet 1973), pp. 46 -55.

PEASNELL_, K. V., 《The Function of a Conceptual Framework for Corporate Financial Reporting》 ,Accounting and Business Research (automne 1982), pp. 243-256.

SHULTIS, R. L., 《 Opinion: F.A.S.B. - The only 'Game' in Town 》, *Management Accounting* (mars 1981), pp. 6, 47.

STOREY, R. K., 《 Conditions Necessary for Developing a Conceptual Framework 》, *F.A.S.B. Viewpoints* (3 mars 1981), pp. 1-6.

STOREY, R. K., 《Conditions Necessary for Developing Conceptual Framework》, *Journal of Accountancy* (juin 1981), pp. 84-96.

WALTER, H. E., II, et J. T. SALE, 《 Financial Reporting: A Two-Perspective Issue》, *Management Accounting* (juin 1981), pp. 33-37.

LE CADRE THÉORIQUE AU ROYAUME-UNI

CLIMO, Tom, 《 What's Happening in Britain》, *Journal of Accountancy* (février 1976), pp. 55–59.

HARRISON, R. B. 《 Corporate Report : A Critique》, *The Chartered Accountant Magazine* (décembre-janvier 1976), pp. 27-33.

MACOE, R., *A Conceptual Framework for Financial Accounting and Reporting*, (London: The Institute of Chartered Accountants in England and Wales, 1981).

THE ACCOUNTING STANDARDS STEERING COMMITTEE, *The Corporate Report* (London: The Institute of Chartered Accountants in England and Wales, 1975).

LE CADRE THEORIQUE AU CANADA

ARCHIBALID,T.R., 《A Research Perspective on *Corporate Reporting: Its Future Evolution*》 ,*Research to Support Standard Setting in Financial Accounting: A Canadian Perspective,* S. Basu et J.Alex Milburn (Eds) (Toronto: The Clarkson Gordon Foundation, 1982), pp, 218-230.

DENMAN,J.H., 《Corporate Reporting and the Conceptual Framework Issue》, *The Chartered Accountant Magazine* (avril 1981), pp, 74, 76-78,

DEWHIRST. John F. , 《An Evaluation of *Corporate Reporting: Its Future Evolution Based on Different* "World Views' 》, *Research to Support Standard setting in Financial Accounting: A Canadian Perspective*, S. Basu et J. Alex Milburn(Eds)(Toronto : The Clarkson Gordon Foundation 1982), pp. 231-246.

FALK, H. , 《Do We Really Need Accounting and Auditing Standards? 》 *The Chartered Accountant Magazine*(octobre 1980), pp. 40-45.

FOWLER, G. C. , 《A public Practitioner's View of Corporate Reporting : *Its Future Evolution*》 , *Research to support standard setting in Financial Accounting : A Canadian Perspective*, S. Basu et J. Alex Milburn(Eds)(Toronto: The Clarkson Gordon Foundation, 1982), pp. 247–253.

PARK, R. W., 《Is Corporate Reporting asking too much? *The Chartered Accountant Magazine* (décembre 1981), pp. 34-37.

STAMP, E., 《Accounting Standard Setting-A New Beginning》 , *The Chartered Accountant Magazine* (septembre 1980), pp. 38-42.

STAMP, E., *Corporate Reporting: Its Future Evolution* (Toronto: Canadian Institute of Chartered Accountants, 1980).

STEPHEN, Elliot, 《 Accounting and Canada》 , *Arthur Anderson Chronicle* (juillet 1974), pp. 78-82.

CHAPITRE VII

Structure théorique
de la comptabilité

Structure théorique

de la comptabilité

Une bonne compréhension des états financiers traditionnels ou futurs doit reposer non seulement sur la connaissance des techniques comptables, mais aussi sur celle de la théorie sous-jacente à ces techniques. La structure théorique de la comptabilité commença à être sérieusement élaborée, en 1922, quand William Paton formula et analysa certaines des hypothèses existant en comptabilité à cette époque [1]. Cet effort fut poursuivi par différents auteurs à l'aide d'approches déductives [2, 3, 4, 5, 6, 7, 8] ou inductives [9, 10, 11, 12, 13, 14]. L'objectif commun à toutes ces études est de formuler une théorie comptable

---

[1] PATON, William A., *Accounting Theory*, New York, Ronald Press Co., 1922.

[2] SWEENY, Henry W., *Stabilized Accounting*, New York, Harper & Brothers, 1936.

[3] MACNEAL, Kenneth, *Truth in Accounting*, Philadelphia, University of Pennsylvania Press, 1939.

[4] EDWARDS, Edgar O. et BELL, Philip W., *The Theory and Measurement of Business Income*, Berkeley, California, University of California Press, 1961.

[5] MOONITZ, Maurice, *The Basic Postulates of Accounting, Accounting* Research Study No. 1, New York, American Institute of Certified Public Accountants, 1961.

[6] SPROUSE, Robert T. et MOONITZ, Maurice, *A Tentative Set of Broad Accounting Principles for Business Enterprises,* Accounting Research Study No. 3, New York, American Institute of Certified Public Accountants, 1962.

[7] CANNING, John B., *The Economics of Accountancy*, New York, The Ronald Press Company, 1929.

[8] ALEXANDER, Sidney S., 《Income Measurement in a Dynamic Economy》 , *Five Monographs on Business Income,* New York, The Study Group on Business Income, The American Institute of Certified Public Accountants, 1950. Aussi, Alexander, Sidney S., 《Income Measurement in a Dynamic Economy》 , révisé par D. SOLOMONS, *Studies in Accounting Theory,* W.T. Baxter et Davidson, S., eds, Homewood, Ill., R.D. Irwin Inc., 1962.

[9] HATFIELD, Henry Rand, *Accounting - Its Principles and Problems,* New York, D. Appleton &Company, 1927.

[10] GILMAN, Stephen, *Accounting Concepts of Profits,* The Ronald Press Company, 1939.

[11] LITTLETON, A.C., *Structure of Accounting Theory,* Monograph No. 5, American Accounting Association, 1953.

[12] PATON, William A. et A.C. LITTLETON, *An Introduction to Corporate Accounting Standards*, Monograph No. 3, American Association, 1940.

[13] IJIRI, Yuji, *Theory of Accounting Measurement,* Studies in Accounting Research #10, American Accounting Association, 1975.

cohérente et susceptible d'aider la profession comptable à améliorer la qualité de l'information financière. Bien que les résultats de la recherche diffèrent d'une étude à l'autre, spécialement en ce qui a trait à l'identité du lecteur, aux hypothèses et aux techniques de mesure recommandées, il se dégage quand même un consensus sur un ensemble de postulats, concepts théoriques, principes et techniques, qui pourrait constituer la structure théorique de la comptabilité[15]. L'objectif principal de ce chapitre est de présenter une description de cette structure, telle que vue par les auteurs.

7.1. NATURE DE LA STRUCTURE THÉORIQUE
DE LA COMPTABILITÉ

Quelle que soit l'approche (déductive ou inductive) utilisée dans la formulation d'une théorie comptable, la structure théorique comporte une succession de variables dépendant l'une de l'autre, tel que décrit dans le schéma n° 1. Il s'ensuit que le développement logique de cette structure inclut les étapes suivantes:

1) un accord sur les objectifs de la comptabilité ;

2) un accord sur les postulats et concepts théoriques reliés à la nature de l'entité comptable et de son environnement ;

3) le développement de principes et propositions générales pouvant être utilisés comme guides dans la formulation de règles et procédures comptables ;

4) finalement, le développement d'un système de collecte, classification, enregistrement et interprétation de l'information comptable.

Le problème de la définition des objectifs de la comptabilité a été analysé dans le chapitre 6. De nouveau, dans ce chapitre-ci, l'importance de ce problème apparaîtra flagrante; car, contrairement aux sciences physiques dont les principes sont basés sur les lois de la nature, la comptabilité, comme toute autre science sociale, a besoin d'objectifs et d'unanimité sur ces objectifs pour pouvoir formuler des principes ou normes comptables. C'est donc dire que toute,

[14] SKINNER, *Les principes comptables*, L'Institut canadien des comptables agréés, 1973.
[15] COMMITTEE ON CONCEPTS AND STANDARDS FOR EXTERNAL FINANCIAL REPORTS, *Statement on Accounting Theory and Theory Acceptance*, American Accounting Association, 1977.

SCHÉMA n° 1

Structure théorique de la comptabilité

Objectifs

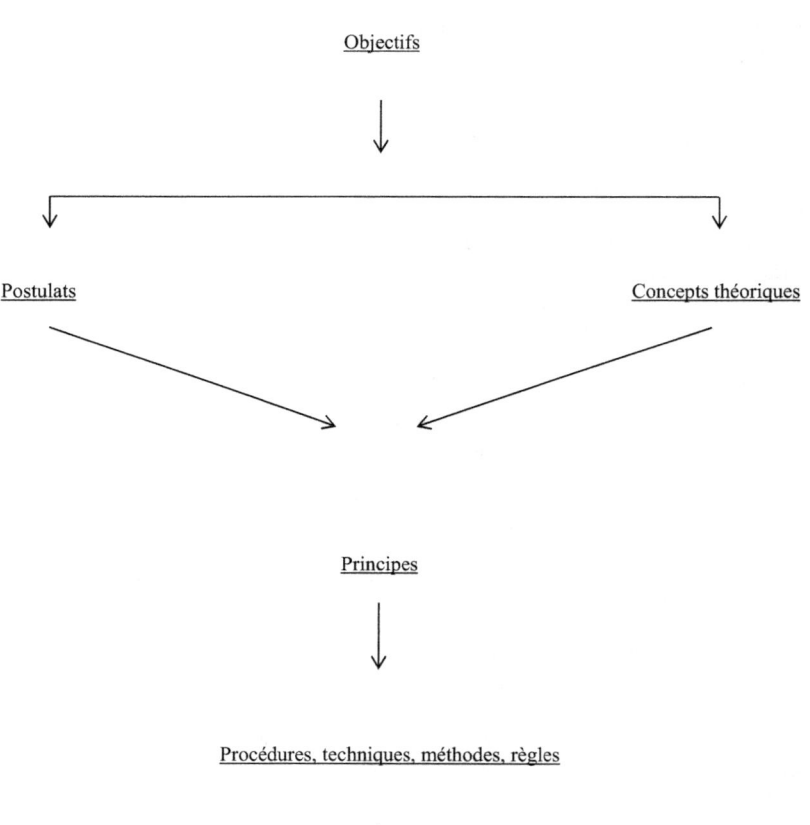

Postulats   Concepts théoriques

Principes

Procédures, techniques, méthodes, règles

États financiers

discussion portant sur la structure de la théorie comptable devra tenir compte de cette limitation majeure découlant du manque actuel d'accord sur les objectifs de la comptabilité. C'est pourquoi notre propre discussion s'intéressera uniquement aux postulats, concepts théoriques et principes comptables ayant acquis un certain degré d'acceptation.

7.2. NATURE DES POSTULATS ET DES PRINCIPES COMPTABLES

Le développement de postulats et la définition de principes constituent les deux éléments les plus importants de la charpente que forme la structure théorique de la comptabilité. Cependant, une confusion peut naître de la terminologie assez variée utilisée dans la littérature comptable. Ainsi, les auteurs parlent fréquemment de principes, normes, postulats, concepts, conventions, doctrines, axiomes, hypothèses, etc. Cette confusion peut être évitée si on adopte la version voulant que certaines observations ou postulats permettent de formuler des principes comptables[16]. On a là une indication de l'évolution de la théorie comptable allant des postulats aux principes. Cette version est implicitement suggérée dans la définition de la théorie comptable adoptée par un comité de l'A.A.A.:

《 Une théorie... est un ensemble cohésif de principes hypothétiques, pragmatiques et conceptuels qui forment une structure générale de référence pour un sujet d'étude》 [17].

Cette définition peur être utilisée pour différencier les postulats des principes et des méthodes comptables:

1. Les postulats sont des axiomes à portée vaste sur lesquels reposent les principes comptables reconnus. Ce sont généralement des hypothèses de base ou propositions portant sur l'environnement économique, politique et sociologique de la comptabilité. Les critères de base utilisés pour la sélection de postulats sont les suivants :

   a) Les postulats doivent être pertinents pour le développement d'une logique comptable. Ils peuvent être considérés comme les fondements de la comptabilité.

---

[16] GRADY, Paul, *Inventory of Generally Accepted Accounting Principles for Business Enterprises*, New York, American Institute of Certified Public Accountants, 1953, p. 8.
[17] AMERICAN ACCOUNTING ASSOCIATION, A Statement of Basic Accounting Theory, Evanston, Ill., 1966, p. 1.

b) Les postulats doivent être reconnus et acceptés unanimement par la profession comptable soit comme étant vrais, soit comme constituant un point de départ nécessaire à la formulation d'une théorie comptable[18].

Une des critiques généralement formulée à l'encontre du processus de développement des postulats est que, pour assurer l'unanimité, les postulats Sont souvent exprimés d'une façon assez vague.

2. Les principes comptables sont généralement définis comme étant les grandes lignes directrices de la pratique comptable. Ce sont en fait des règles spécifiques s'appuyant sur une autorité, cette dernière pouvant venir :

a) des bulletins et opinions de groupements comptables professionnels ou universitaires;

b) des positions prises par la Commission des valeurs mobilières;

c) des positions exprimées dans les législations fiscales ou autres,

d) des procédures adoptées par d'autres compagnies;

e) des procédures adoptées depuis longtemps par la compagnie concernée ;

f) de la logique[19].

Ces principes comptables généralement reconnus émanent de différentes sources :

a) le Manuel de l'I.C.C.A. (au Canada);

b) les opinions de l'A.P.B. et les normes comptables du F.A.S.B. (aux États-Unis) ;

c) les recommandations des commissions des valeurs mobilières (aux États-Unis et au Canada).

Ces principes sont très importants et servent de guides au comptable dans la préparation et la vérification des états financiers, comme en témoigne le deuxième paragraphe du rapport du vérificateur:

《À mon avis, ces états financiers présentent fidèlement la situation financière de la société _____ au _____ 19 _____ ainsi que les résultats de son exploitation et l'évolution de la situation financière pour l'exercice terminé à cette date selon *les*

---

[18] HENDRIKSEN, Accounting Theory, R.D. Irwin Inc., 1977, 3$_{ième}$ Édition, p. 109.
[19] WERNTZ, W.W., 《 What Are The Basic Accounting Postulates 》 , *The Quarterly* (mars 1962),pp. 2-11.

principes comptables généralement reconnus, appliqués de la même manière qu'au cours de l'exercice précédent》 [20].

3. Les pratiques et méthodes comptables concernent les règles spécifiques utilisées pour la mesure, la classification, l'interprétation et la communication de l'information comptable. Ce sont des règles de forme ou de contenu. Il arrive parfois que les pratiques soient confondues avec les principes, comme en fait foi l'énoncé suivant:

《L'expression "principes généralement reconnus" a un sens technique en comptabilité financière. Ces principes comprennent à la fois les conventions et les règles qui sont nécessaires pour préciser à quel moment une pratique comptable devient acceptable. Les principes comptables généralement reconnus ne désignent pas seulement des directives générales mais aussi des pratiques précises. 》 [21]

En fait, une pratique ne peut devenir un principe qu'au moment où elle est la seule qui convient à une situation particulière[22].

7.3. POSTULATS COMPTABLES

Les postulats comptables, nous l'avons vu, portent sur les hypothèses de base qui reflètent les aspects généraux et spécifiques de l'environnement total de la comptabilité, Ces hypothèses ou postulats sont ceux de l'*entité*, de la *continuité,* de *l'unité de mesure monétaire*, et de la *période*.

7.3.1. Le postulat de l'entité

La comptabilité permet de mesurer la position financière et la performance d'entreprises spécifiques et séparables en entités. D'après le postulat de l'entité, ou encore de la *personnalité de l'entreprise*, cette dernière est considérée comme une unité comptable séparée et différente des propriétaires et autres firmes. On définit ainsi le champ d'intérêt de la comptabilité et on réduit le nombre d'objets et événements pouvant être inclus dans les rapports comptables. Ce sont les transactions de l'entreprise et non celles des propriétaires qui devraient être comptabilisées et enregistrées. II peut s'agir d'entreprises individuelles, de sociétés en nom collectif et de sociétés par actions. Une des façons de

---

[20] L'INSTITUT CANADIEN DES COMPTABLES AGRÉÉS, *Manuel de l'I.C.C.A..*, Toronto, 1976, par. 5400.16.

[21] THE ACCOUNTING PRINCIPLES BOARD, Statement No. 4. *Basic Concepts and Accounting Principles .Underlying Financial Statements of Business Enterprises*, New York, American Institute of Certified Public Accountants, Inc., 1971, paragraphe 138.

[22] SKINNER, *Op.cit.,* p. 31.

définir une entité est de déterminer l'entité économique qui a un contrôle sur les ressources, une responsabilité face aux décisions prises et une influence sur les activités économiques. Par exemple, un postulat énoncé dans la littérature stipule que 《 l'activité économique est accomplie par des unités ou entités spécifiques 》 [23].

Une autre approche consisterait à définir l'entité par rapport aux intérêts économiques des utilisateurs. Par exemple, un comité de l'A.A.A. a conclu que les frontières de l'entité économique sont déterminables 1) par l'identification des lecteurs intéressés et 2) par la précision de la nature de cet intérêt[24]. Cette deuxième approche, de portée plus vaste, permettrait d'élargir le champ de la comptabilité en exigeant de l'entité la production de différentes informations financières et non financières.

7.3.2. Le postulat de la permanence
de l'entreprise

Le postulat de la permanence de l'entreprise énonce principalement que l'entité existera au moins assez longtemps pour permettre la réalisation des projets et activités en cours. Cela peut être interprété comme signifiant que l'entité n'a pas l'intention de procéder à une liquidation dans l'immédiat, ou que l'entité va continuer indéfiniment son exploitation. C'est donc une hypothèse de stabilité permettant à l'entreprise de réaliser les opérations envisagées, les contrats, les promesses et les engagements.[25]

Le concept de permanence justifie l'évaluation des actifs sur une base de non-liquidation étant donné que l'entreprise n'a nullement l'intention de cesser son exploitation. Par conséquent, ni les valeurs actuelles, ni les valeurs de liquidation ne sont appropriées à la mise en valeur des actifs de l'entreprise. Le postulat de permanence justifie plutôt l'utilisation de la valeur d'origine comme principale mesure de la valeur des postes comptables. De plus, il permet de comptabiliser la valeur d'avantages futurs probables à l'actif et la valeur actualisée de déboursés futurs probables au passif.

Il convient cependant de remarquer que certains auteurs présentent une interprétation différente du postulat et préfèrent ne pas l'inclure parmi les autres postulats de comptabilité. Ainsi, Chambers pense que le postulat de permanence indique que la firme dispose de ses actifs à travers une liquidation ordonnée plutôt qu'une liquidation forcée[26]. Cette interprétation lui permet de justifier la mise en valeur des actifs sur la base de son

---

[23] MOONITZ, *op. cit.,* p. 22.
[24] 《The Entity Concept》 , *Accounting Review* (avril 1965), pp. 358-367.
[25] STERLING, Robert R., 《 The Going Concern = An Examination 》 , *Accounting Review* (juillet 1968), pp. 481- 502.
[26] CHAMBERS, *Op.cit.* , p. 218.

concept de l'équivalent en trésorerie (Current Cash Equivalent). De même, Ijiri et Sterling préfèrent ne pas inclure le postulat de permanence parce que, selon eux, il est tout à fait non nécessaire et même non désirable[27, 28].Sterling maintient de plus que l'hypothèse, voulant que la firme n'est pas censée cesser son exploitation, ne devrait pas justifier l'utilisation de la valeur d'origine dans la mise en valeur des actifs. D'autres méthodes pourraient et devraient être analysées[29].

Malgré ces critiques, le postulat de la permanence est toujours considéré comme étant un des fondements principaux de la comptabilité. Il constitue le lien entre le passé et le futur, bien que le futur ne soit pas nécessairement une répétition du passé. Il arrive cependant que la firme cesse d'exister, ce qui entraîne la préparation d'un bilan de réalisation éventuelle ou de liquidation.

7.3.3. Le postulat de l'unité de mesure

La nécessité d'une unité d'échange unique pour tenir compte des transactions d'une entreprise a amené les comptables à choisir comme unité de mesure monétaire le dollar. Bien que la plupart des opérations de l'entreprise soient comptabilisées en monnaie, certaines informations non quantifiables sont aussi exprimées dans d'autres unités de mesure et divulguées principalement dans les notes des états financiers.

Pour des raisons diverses, notamment la justification des états financiers dressés en fonction des valeurs d'origine, les comptables assument que la valeur du dollar comme unité de mesure ne fluctue pas. Aussi, le postulat est-il connu comme celui de l'unité *de mesure monétaire stable.* Cependant, l'érosion monétaire causée par la montée inflationniste des prix a créé des doutes sur la validité du postulat. En effet, la valeur du dollar, en termes de biens et services qu'on peut se procurer avec cette monnaie, est en constante diminution. Différentes suggestions ont été faites dans la littérature et la pratique comptables pour tenir compte de cette situation et mesurer plutôt les quantités réelles de biens et de services qu'on peut se procurer avec le dollar. Les recommandations portent le plus souvent sur l'adoption soit de la comptabilité indexée sur le niveau général des prix, soit de la comptabilité à la valeur actuelle[30, 31]. Ces solutions seront discutées aux chapitres 9, 10 et 11.

---

[27] IJIRI Yuji, 《 Axioms and Structures of Conventional Accounting Measurement 》 , *Accounting Review* (janvier 1965), pp. 36-53.
[28] STERLING, Robert R., 《 Elements of Pure Accounting Theory》 , *Accounting Review* (janvier 1967), pp. 62-73.
[29] STERLING, Robert R., 《The Going Concern》 , *op. cit.*
[30] BELKAOUI, Ahmed, 《 L'embarras du choix dans le calcul du profit》 , *CA Magazine* (avri1 1976).
[31] BELKAOUI, Ahmed, 《 L'embarras du choix dans le calcul du profit》 , *CA Magazine* (avri1 1976).

7.3.4. Le postulat de la période

Bien que le postulat de la permanence veuille que la firme existe indéfiniment, des informations sur la position et la performance financières de la firme sont quand même nécessaires périodiquement aux lecteurs intéresses. Cette contrainte liée aux besoins en information des lecteurs a conduit les comptables à considérer le postulat de la période nécessaire pour mesurer et divulguer les changements connus en ce qui concerne les richesses de la firme. Ce postulat amène donc les comptables à dresser des états financiers à intervalles réguliers tout au long de la vie continue de l'entité comptable. Cette période de temps, ou exercice, peut être d'un mois, d'un trimestre ou d'une année ; il peut aller de pair avec l'année fiscale, ou encore, commencer et se terminer au moment où l'exploitation atteint son niveau le plus bas, ce qui constitue l'année normale d'exploitation.

Bien qu'il constitue l'un des fondements de la comptabilité, le postulat de la période, connu aussi comme le postulat de l'établissement d'états financiers périodiques, présente quelques limites :

1. La répartition des coûts et des ventes sur des périodes de courte durée risque d'être arbitraire.

2. Les états financiers peuvent souffrir d'imprécision en dépit des régularisations de compte.

7.4. CONCEPTS THÉORIQUES FONDAMENTAUX

Ce sont principalement les concepts qui définissent la nature théorique des entités comptables existant dans une économie de marché et caractérisées par la propriété privée du capital. Ces concepts, qui comprennent la *théorie du propriétaire, la théorie de l'entité* (aussi connue comme *la théorie de* 《 *l'entre*prise distinctive 》) et la théorie des fonds, portent sur l'explication théorique des droits et priorités économiques concernant le capital de la firme, et sur la: manière de comptabiliser les opérations de la firme[32].

La question la plus importante qui se pose est la suivante: parmi les trois théories, quelle est celle qui définit le mieux la nature théorique réelle de l'entité comptable et ses limites et, ainsi, sert à mieux identifier l'objectif principal de la comptabilité?

---

[32] GYNTHER, Reginald S., 《Accounting Concepts and Behavioral Hypotheses》 : *Accounting Review* (avril 1967), p. 274.

En fait, seules la théorie de l'entité et celle du propriétaire ont été acceptées comme reflétant la nature fondamentale de l'entité comptable. Ces deux théories, plus que celle des fonds, ont eu un impact sur la pensée comptable et sur le développement d'un grand nombre de règles et procédures. Bien que non nécessairement accepté par tous, le jugement suivant témoigne de l'importance des deux théories :

> 《Ainsi, pour des fins de compilation de statistiques économiques, les états financiers dresses en fonction de la théorie dite "de l'entreprise distinctive" sont préférables à ceux dressés en fonction de la théorie dite "du propriétaire". Cependant, c'est généralement cette dernière théorie qui prédomine dans les états financiers que les investisseurs désirent obtenir 》 [33].

7.4.1. La théorie du propriétaire

Selon cette théorie, l'entité agit comme représentant du propriétaire. On met ici l'accent sur les aspects économiques de la firme affectant l'avoir des propriétaires. Il s'ensuit que l'objectif principal de la théorie est de déterminer la valeur de l'avoir des propriétaires. L'équation comptable est exprimée comme suit :

$$Actif\text{ -}Passif = Avoir\ des\ actionnaires$$

En d'autres termes, le propriétaire possède tout l'actif bien qu'il soit responsable des contraintes imposées par le passif. En mettant ainsi l'accent sur les propriétaires, cette théorie fait ressortir les valeurs du bilan et particulièrement le côté droit du bilan ou avoir des propriétaires et, aussi, la détermination du bénéfice net aux actionnaires.

Si l'on adopte la théorie du propriétaire, les revenus et les coûts sont définis respectivement comme résultant d'une augmentation et d'une diminution de l'avoir des actionnaires. De même, les pertes, les intérêts et les provisions pour impôts représentent des dépenses du propriétaire à déduire avant d'obtenir le bénéfice net qui appartient aux actionnaires.

La théorie du propriétaire revêt deux formes. Dans la première, on inclut l'avoir des actionnaires privilégiés dans l'avoir total des actionnaires. Dans la deuxième, on donne plutôt le statut de créditeurs aux actionnaires privilégiés et on inclut uniquement les actionnaires ordinaires dans l'avoir des actionnaires[34].La deuxième forme prolonge l'état des revenus et des dépenses pour déduire les dividendes versés aux actionnaires privilégiés avant d'arriver au bénéfice net qui appartient aux actionnaires.

---

[33] SKINNER, *Op. cit.*, p. 334.
[34] PATON, *Op. cit.*, p. 74.

La théorie du propriétaire s'applique bien à la société individuelle ainsi qu'à la société en nom collectif. Le code civil de la province de Québec définit cette dernière comme suit : 《 *La société est une entente ou une convention par laquelle deux ou plusieurs personnes conviennent de former un fonds commun auquel chacune s'oblige à contribuer dans le but de l'exploiter ensemble et de partager les bénéfices qui pourront en résulter* 》 . Ainsi, conformément à la théorie du propriétaire qui met l'accent sur l'avoir du propriétaire, la comptabilité des sociétés en nom collectif exige l'ouverture d'un compte 《capital》 et d'un compte 《prélèvements 》 pour chacun des associés, de même que la répartition objective du bénéfice net de chaque exercice entre les associés.

Bien que la théorie du propriétaire ne s'applique pas directement au concept de firme commerciale, il est toujours possible de dégager son influence sur la détermination de certaines techniques comptables en ce domaine, que ce soit au Canada ou aux États-Unis.

7.4.2. La théorie de l'entité

La théorie de l'entité, dite aussi 《 de l'entreprise distinctive 》 , stipule que l'entité est une unité économique séparée des propriétaires et qui a une responsabilité à l'égard des propriétaires et des créanciers pour la gestion des ressources qui lui sont confiées, La firme a donc une autonomie financière et une existence indépendante de celle des propriétaires et créanciers. Cette théorie repose sur l'équation comptable suivante:

$$Actifs = droits \ à \ l'actif$$

Les actifs de l'entreprise se composent des ressources qui lui sont confiées. Les droits à l'actif correspondent aux différentes dettes, actions privilégiées, actions ordinaires et bénéfices non répartis. Parce que responsable devant ceux qui possèdent les droits à l'actif, c'est-à-dire les actionnaires, les créditeurs et le public en général, l'entité s'intéressera d'abord à la performance financière de l'entreprise. Aussi, la théorie de l'entité sera-t-elle essentiellement orientée vers la détermination du bénéfice.

Donc, si l'on adopte la théorie de l'entité, les revenus et les coûts ne constituent plus une augmentation ou une diminution de l'avoir des actionnaires, mais plutôt des produits, avec les charges correspondantes, résultant des opérations de l'entreprise. De même, les intérêts sur dettes ne sont pas des dépenses, mais le résultat de La distribution du bénéfice net aux créditeurs et aux actionnaires sous forme de dividendes. Par conséquent, l'état des revenus et des dépenses sera divisé en deux sections, la première indiquant le 《bénéfice d'exploitation avant impôts, intérêts et dividendes 》 et la deuxième montrant la répartition de ce bénéfice entre les créanciers, le gouvernement et les divers actionnaires.

La théorie de l'entité revêt d'autres formes. Par exemple, Husband donne à l'entité un statut comparable à celui des actionnaires, des créditeurs et du public[35]. Il maintient que l'entité a aussi droit au bénéfice sous forme de bénéfices non répartis. De son côté, Hendriksen préfère considérer les provisions pour impôts comme des dépenses de l'entreprise plutôt qu'une distribution du bénéfice[36].

La théorie de l'entité s'adapte bien à la société par actions, généralement considérée comme une personne morale indépendante de ses propriétaires.

7.4.3. La théorie des fonds

La théorie des fonds abandonne l'idée de vouloir personnaliser l'entreprise, idée qu'elle considère purement artificielle. Elle crée plutôt une unité opérationnelle, les<<fonds>>, qui servent de base à la comptabilisation des opérations. Plus précisément, les fonds confiés à l'entreprise permettent de produire des ressources ou actifs qui sont sujets à des restrictions ou limitations imposées par les sources de ces fonds. L'équation comptable fondamentale s'exprime alors de la façon suivante:

$$Actifs = restrictions\ sur\ les\ actifs$$

L'accent est donc mis ici sur un groupe d'actifs et sur la façon dont ils seront employés[37]. Les fonds sont affectés à des fins précises, en tenant compte des restrictions imposées par la loi, un acte fiduciaire ou un donateur.

La théorie des fonds s'adapte bien aux organismes à but non lucratif. Dans de telles entreprises, des fonds établis à des fins spéciales ou générales font l'objet de la comptabilité.

7.4.4. Influence des concepts théoriques

Les théories, dont on vient de parler, ont influencé le développement et l'utilisation de certains principes et pratiques comptables. Par exemple:

1. Les investissements non consolidés dans des compagnies subsidiaires font l'objet de traitements comptables différents. Dans la théorie de l'entité, la méthode du coût (cost method) conduit à une évaluation de ces investissements quant à leur

---

[35] HUSBAND, George R., 《The Entity Concept in Accounting》, *Accounting Review* (octobre 1954), p. 554.
[36] HENDRIKSEN, *op. cit.*, p. 491.
[37] VATTER, W.J., *The Fund Theory of Accounting and its Implications for Financial Reports,* Chicago, The University of Chicago Press, 1947.

coût d'acquisition. Dans la théorie du propriétaire, la méthode de la valeur de consolidation (equity method) tend à ajouter à la valeur d'acquisition les bénéfices non répartis des compagnies subsidiaires.

2. L'achalandage reçoit aussi un traitement comptable variant avec les théories. Selon celle du propriétaire, l'achalandage constitue un avoir du propriétaire et devrait être comptabilisé. Par contre, selon la théorie de l'entité, l'achalandage ne constitue pas un accroissement du capital de l'entité et il doit être soit amorti, soit radié complètement.

3. Parce qu'elle permet un meilleur rapprochement entre les produits et les changes, la méthode de l'épuisement à rebours (LIFO) serait favorisée par la théorie de l'entité. De même, parce qu'elle permet une meilleure évaluation du stock final figurant au bilan, la méthode de l'épuisement successif (FIFO) serait favorisée par la théorie du propriétaire.

4. Les frais d'émission d'actions ou d'obligations seraient capitalisés comme frais reportés au bilan, selon la théorie du propriétaire, parce qu'ils augmentent les ressources de l'entreprise. Ils seraient plutôt radiés, selon la théorie de l'entité, pour la raison contraire.

5. Finalement, la théorie de l'entité et celle du propriétaire peuvent conduire toutes deux à l'acceptation d'une même technique, soit l'utilisation de la comptabilité à valeur actuelle. Pour la théorie du propriétaire, cette technique donne une expression plus objective de l'avoir des actionnaires, et, pour celle de l'entité, elle permet la détermination d'une meilleure expression du bénéfice de l'entreprise.

7.5. PRINCIPES COMPTABLES GÉNÉRALEMENT

RECONNUS

Les principes comptables sont donc des règles générales d'action développées par la profession comptable en conformité avec les objectifs, les postulats et les concepts théoriques de base de la comptabilité. Ce sont, principalement, *le principe du coût d'acquisition, le principe de la réalisation du revenu, le principe de la correspondance, le principe de l'objectivité, le principe de la fidélité,* le *principe de la sincérité*, le *principe de la prudence* et le *principe de l'importance relative.*

7.5.1. Le principe du coût d'acquisition

Selon ce principe, le coût d'acquisition (ou valeur d'origine) sert de base adéquate pour la comptabilisation des postes d'actif et de passif de l'entreprise. Le bulletin de terminologie comptable n° 4 de l'A.I.C.P.A. définit le coût en ces termes :

《Le coût est le montant exprimé en monnaie du déboursé effectué, du bien cédé, des actions émises, des services rendus ou des engagements contractés en échange de biens ou de services reçus ou à recevoir. On peut classer les coûts en 《utilisés》 et en 《non utilisés》. Les coûts non utilisés sont ceux qui se rattachent à la réalisation de revenus futurs... Les coûts utilisés sont ceux que l'on ne peut relier à la réalisation de revenus futurs et qu'il faut, pour cette raison, déduire des revenus de l'exercice en cours ou imputer aux bénéfices non répartis 》 [38].

Le coût représente donc le montant que l'entreprise est disposée à assumer pour des biens ou services reçus ou à recevoir. Ainsi, quand il s'agit d'opérations non réglées en espèces, le coût d'acquisition d'un bien ou service est égal à la juste valeur monétaire des actions émises ou des biens et services acquis. De même, quand il s'agit d'un poste du passif, la valeur d'origine s'applique de la même façon que dans le cas d'un actif.

Ce choix du coût d'acquisition comme mesure de la valeur d'un actif ou passif se justifie par son objectivité et, surtout, par le postulat de la continuité. Le coût d'acquisition constitue en effet une information vérifiable, reposant sur une évidence et, par conséquent, objective. De plus, le concept de permanence, selon lequel l'entreprise va continuer indéfiniment son exploitation, élimine la nécessité de recourir à des valeurs de liquidation ou des valeurs actuelles pour comptabiliser les actifs et passifs de l'entreprise. Le principe du coût peut aussi se justifier par les facteurs suivants:

1) la prudence: le coût d'acquisition est toujours conservateur ;

2) la convenance: la firme a besoin de produire des chiffres compréhensibles dans un court laps de temps;

3) la causalité: le comptable a un besoin psychique de relier toute donnée divulguée à un événement économique concret.

Le principe du coût d'acquisition s'applique aux actifs et passifs de l'entreprise jusqu'à ce qu'il y ait une preuve vérifiable que la valeur s'est accrue.

De nouveau, la mise en doute de la validité du postulat de l'unité de mesure pourrait entraîner le remplacement du coût d'acquisition ou valeur d'origine par la comptabilité indexée sur le niveau général des prix ou la comptabilité à la valeur actuelle.

---

[38] ACCOUNTING PRINCIPLES BOARD, *Statement No. 4*, New York, A.I.C.P.A., 1970.

7.5.2. Le principe de la réalisation du revenu

Le principe du revenu remplit les fonctions suivantes:

1) il définit la nature du revenu ;

2) il spécifie de quelle manière il faut mesurer le revenu ;

3) il indique le montant de reconnaissance du revenu.

Chacun de ces trois points soulève des problèmes conceptuels et opérationnels qui seront maintenant examinés.

1. Le bulletin n° 2 de terminologie de l'A.I.C.P.A. définit le 《revenu》 en ces termes :

> 《Le revenu provient de marchandises vendues ou de services rendus et il est déterminé en fonction du montant demandé aux clients pour les marchandises ou les services qu'ils ont reçus. Il comprend également les gains résultant de la vente ou de l'échange de biens (autres que ceux qui font l'objet de l'exploitation), les intérêts et les dividendes ainsi que les autres accroissements de l'avoir des actionnaires à l'exception des mises de fonds et des redressements affectés aux capitaux propres 》 [39].

Le revenu résulte donc de la création de biens et de services par une entreprise durant une période spécifique de temps; il équivaut à la mesure des nouveaux actifs regus pour:
a) la vente de biens et de services ;
b) l'intérêt et le loyer;
c) le gain résultant d'un paiement avantageux des dettes.

Il est très important de faire une distinction entre le 《 revenu 》 qui est un chiffre brut, et le 《bénéfice》 qui est un chiffre net. Le revenu correspond au montant brut reçu en contrepartie de la vente de marchandises ou de reddition de services. Par contre, le bénéfice correspond à la différence entre les revenus de la période et les coûts correspondants, plus ou moins les gains et pertes extraordinaires.

2. En ce qui concerne la mesure du revenu, le principe maintient qu'elle correspond au montant, exprimé en espèces, du déboursé reçu en échange du bien cédé, des actions émises, des services rendus ou des engagements contractés. Quand il s'agit de ventes non réglées en espèces, le revenu est égal à la juste valeur marchande de l'objet de la transaction qui peut être les biens et services vendus ou les biens et services reçus en contrepartie, selon ceux qui sont les plus faciles à déterminer.

---

[39] COMITÉ DE TERMINOLOGIE, Bulletin n° 2, *Proceeds Revenue, Income, Profit and Earnings*, New York, American Institute of Certified Public Accountants, 1955, p. 2.

3. Pour ce qui est du moment de reconnaissance du revenu, les comptables utilisent le *principe de réalisation*, selon lequel le revenu ne peut être comptabilisé qu'au moment où il est réalisé. En fait, on peut dire qu'il y a réalisation 《lorsqu'une modification d'actif ou de passif est devenue suffisamment précise pour apparaître avec certitude dans les comptes 》 [40]. En d'autres termes, les revenus sont réalisés lorsqu'on peut mesurer avec assez de certitude les flux monétaires reçus résultant de l'échange de biens ou de services. Pour faciliter la tâche, les comptables ont développé des règles et des critères aidant à la comptabilisation des plus-values et des moins-values. On peut illustrer l'application de ces critères et des méthodes d'enregistrement des revenus par quatre cas: *réalisation du revenu au moment de la vente, réalisation du revenu lors de l'exécution du contrat, réalisation du revenu à la fin du processus de fabrication, réalisation du revenu lors du recouvrement des ventes.*

a) *La réalisation du revenu au moment de la vente* peut être justifiée par les raisons suivantes:

1) au moment de la vente, la certitude de la transaction est suffisamment acquise pour qu'on puisse reconnaître une plus-value ;

2) la livraison des objets vendus constitue l'étape finale et la plus importante du cycle d'exploitation;

3) la vente implique *cetiris paribus* l'engendrement d'un revenu et le droit d'exiger les sommes dues[41].

Cela ne veut pas nécessairement dire que vente et réalisation sont synonymes, mais que la vente peut constituer une des règles de la réalisation du revenu.

b) *La réalisation du revenu lors de l'exécution du contrat* s'inspire de la théorie voulant que le revenu peut être reconnu à différentes étapes, dû à la série continue d'efforts déployés au cours de l'exercice. Cette règle s'applique plus particulièrement aux entreprises qui rendent des services professionnels et à celles qui exécutent des travaux de construction s'échelonnant sur un certain nombre d'années. Dans les deux cas, les revenus sont comptabilisés *au prorata* des travaux effectivement exécutés. Cette comptabilisation progressive du revenu s'explique par le fait que la production peut être l'étape la plus importante du cycle d'exploitation. Cependant, l'incertitude et le manque de précision ajoutés aux difficultés de mesure ont conduit certaines entreprises

---

[40] A.A.A., COMMITTEE ON ACCOUNTING CONCEPTS AND STANDARDS, *Accounting and Reporting Standards for Corporate Financial Statements and Preceding Statements and Supplements,* Columbus, Ohio, 1957, p. 3.

[41] SKINNER, *op. cit.*, pp. 64-65.

exécutant des contrats de construction à long terme à reconnaître le revenu à la fin de l'exécution du contrat. La remarque suivante en témoigne:

《Étant donné les incertitudes inhérentes aux contrats à long terme, quelques entrepreneurs attendent que les travaux soient terminés pour inscrire un profit même s'ils admettent qu'il est préférable de le comptabiliser progressivement. Certains entrepreneurs attendent la fin des travaux pour inscrire le profit réalisé sur des contrats de moindre importance, mais ils comptabilisent le profit progressivement quand il s'agit de gros contrats afin d'éviter que les états financiers ne soient faussés. Étant donné que les entreprises de cette nature sont sujettes à de nombreux aléas, elles inscrivent habituellement les pertes pouvant résulter de contrats non encore terminés dès qu'il est possible d'en faire une estimation raisonnable》 [42].

c) *La réalisation du revenu à la fin du processus de fabrication se* justifie dans les situations où l'entreprise peut déterminer avec certitude avant la vente même, le revenu qu'elle a réalisé. Dans un tel cas, le revenu est comptabilisé au moment de sa disponibilité finale pour la vente. Il est égal à la valeur de réalisation nette. Les exemples les plus connus sont ceux de la production de l'or ou d'autres industries extractives, et ceux de certains produits agricoles.

d*) La réalisation du revenu lors du recouvrement des ventes* se justifie dans les cas où ni la vente ni la fabrication ne constituent des critères adéquats. Ainsi, le besoin de preuves certaines quand un climat d'incertitude est créé soit par un manque de garanties, soit dans le cas de ventes à tempérament, peut conduire le comptable à retarder la comptabilisation du revenu après le moment de la vente. Dans le premier cas, le vendeur n'a pas une assurance certaine d'être payé et il préfère garder le titre de propriété. Dans le deuxième, les revenus sont comptabilisés au moment du recouvrement des sommes, ce qui est d'ailleurs accepté par le fisc canadien.

7.5.3. Le principe de la correspondance

Ce principe consiste à établir un rapprochement, direct ou indirect, entre les produits et les charges de l'entreprise. Il amène le comptable à déterminer d'abord les revenus de la période, puis les charges et frais d'exploitation correspondants afin de calculer le bénéfice net.

La façon de faire ce rapprochement est loin d'être toujours objective. Pour certaines charges, l'association avec les produits est directe. Par exemple, le coût des marchandises vendues résulte directement d'une transaction de vente engendrant un revenu. Par contre,

---

[42] SKINNER, *op. cit.*, p. 64.

le cas des salaires du personnel administratif constitue un bon exemple de correspondance indirecte entre revenus et couts d'une période.

Les règles de rapprochement tiennent généralement compte d'une relation de cause à effet entre produits et charges. Voici les principaux types de rapprochement :

1. *Les couts des biens acquis ou produits en vue de la revente*, tels que les matières premières, la main-d'œuvre et les frais généraux sont incorporés aux coûts des produits finis et ne sont rapprochés des revenus que lors de la vente. Le rapprochement se fait au moyen du coût des marchandises vendues. L'incorporation aux produits finis peut se faire selon la *méthode des coûts complets ou celle des coûts proportionnels*. La différence réside dans l'incorporation, pour la méthode des coûts proportionnels, des coûts variables de production.

2. *Les couts des valeurs actives permanentes,* telles que les terrains et certaines formes de placement, sont capitalises lors de leur acquisition a la valeur d'origine et ne sont jamais imputes aux revenus.

3. *Les coûts des biens de production*, comme les machines, sont capitalisés lors de leur acquisition à la valeur d'origine et sont imputés aux revenus de la période au moyen du processus de l'amortissement. Le bulletin de terminologie n° 1 de l'A.I.C.P.A. définit l'amortissement comme suit:

> 《 *L'amortissement comptable* a pour objet de répartir le coût ou la valeur d'un élément d'actif immobilisé corporel (ou d'un groupe de biens), moins sa valeur de récupération, sur sa durée d'une façon systématique et rationnelle. L'amortissement vise à répartir le coût d'un bien et non à l'évaluer. *L'amortissement annuel* est la partie du coût total attribuée à un exercice en particulier. Même si l'amortissement tient compte, en pratique, d'événements qui ont pu se produire au cours de l'exercice, son but n'est pas de mesurer exactement les effets de ces événements 》 .

De nombreuses méthodes ont été proposées pour effectuer cette répartition. Généralement jugées plus ou moins arbitraires, ces méthodes sont les suivantes[43]:

a) l'amortissement linéaire ;

b) l'amortissement proportionnel à l'utilisation ;

c) l'amortissement dégressif à un taux constant ou proportionnel à l'ordre numérique renversé des années ;

[43] THOMAS, Arthur L., The *Allocation Problem: Part One,* Studies in Accounting Research, No. 3, American Accounting Association, 1974.

d) l'amortissement croissant selon la méthode des annuités ou selon celle de l'amortissement à intérêt composé.

4. *Les coûts de biens et de services qui contribuent uniquement à l'exercice en cours,* tels que les frais généraux de vente et d'administration, sont traités comme des dépenses d'exploitation ; en d'autres termes, c'est un rapprochement indirect à l'exercice plutôt qu'aux produits finis.

7.5.4. Le principe de l'objectivité

Le souci principal du comptable est de fournir des données comptables justes. Cependant, les éléments d'incertitude créés par les impondérables du marché ont conduit les comptables à adopter une norme d'objectivité. Le but du comptable est donc de produire des données objectives. La signification d'objectivité dans ce cas diffère d'un auteur à l'autre. On peut retenir les définitions suivantes :

1. Une donnée objective résulte d'une mesure 《impersonnelle》 , c'est-à-dire non influencée par les biais du comptable.

2. Une donnée objective résulte d'un consensus d'experts en la matière[44].

3. Une donnée objective correspond à des faits vérifiables, et par conséquent appuyés par des documents tels que les papiers d'affaires[45].

L'objectivité réfère donc à une situation juste et libre de toute influence. Du point de vue statistique, pour un nombre donné d'observations ou mesures, le niveau d'objectivité dépend de la grandeur de l'écart type dans la distribution de leurs valeurs[46]. Par exemple, entre deux distributions de valeurs produites par deux procédures comptables, la procédure de mesure la moins objective serait celle qui conduit à l'écart type le plus large. Examinons le schéma suivant:

---

[44] MOONITZ, *op. cit.*, p. 42.

[45] PATON et LITTLETON, *op. cit.*, pp. 18-21.

[46] IJIRI, Yuji et Robert K. JAEDICKE, 《 Reliability and Objectivity of Accounting Measurements》 , *Accounting Review* (juillet 1966), pp. 480-483.

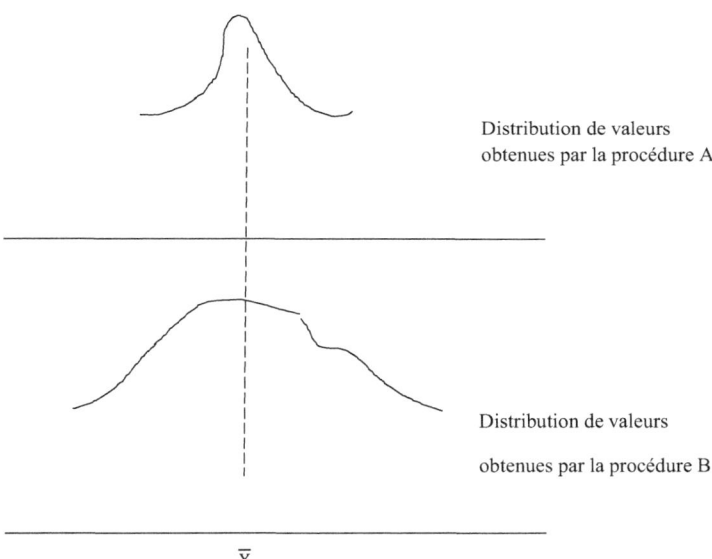

Distribution de valeurs
obtenues par la procédure A

Distribution de valeurs

obtenues par la procédure B

$\overline{X}$

La procédure A est plus objective que la procédure B; elle produit des valeurs qui ont une plus grande probabilité de se situer aux environs de la moyenne. En d'autres termes, les valeurs produites par A sont plus vérifiables. Cependant, la mesure d'objectivité ne détermine pas le degré de fiabilité de la procédure de mesure. Cette fiabilité est égale au niveau d'objectivité plus une mesure du biais introduit par le comptable. Ce biais peut être mesuré par la différence entre la moyenne des valeurs produites par la procédure de

169

mesure et celle perçue comme la《 vraie 》 valeur. Le schéma suivant décrit le concept de biais.

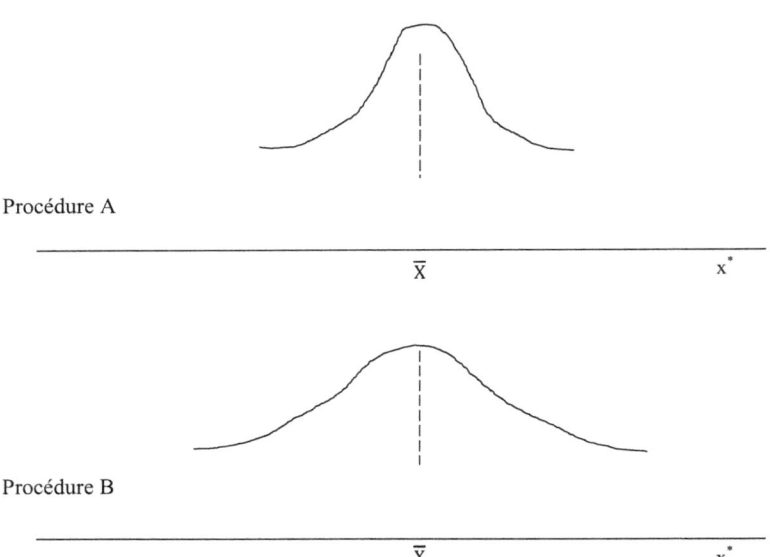

Procédure A

$$\overline{x} \qquad\qquad\qquad x^*$$

Procédure B

$$\overline{x} \qquad\qquad\qquad x^*$$

Alors que la procédure A est plus objective, la procédure B est sujette à moins de biais, puisque la moyenne $\overline{x}$ est plus près de la《 vraie 》 valeur x*.

7.5.5. Le principe de la fidélité

Le principe de la fidélité exige que les mêmes procédures comptables soient utilisées par une firme d'une période à l'autre. L'application des mêmes procédures par différentes firmes est connue sous le nom de *principe d'uniformité ou de comparabilité*. Les deux principes, celui de fidélité et celui d'uniformité, mettent l'accent sur l'utilité de l'information comptable pour les utilisateurs. L'application des mêmes procédures permet d'assurer plus de justesse aux prédictions financières de l'utilisateur. Cependant, cela risque d'entrainer une certaine rigidité dans les états financiers. Aussi, une deuxième

170

école de pensée semble-t-elle favoriser une plus grande flexibilité dans les états financiers, qui se justifie par des circonstances économiques appropriées. Face à ces deux écoles de pensée, la profession comptable opta pour une formule qui peut satisfaire les deux. On admet une certaine flexibilité à condition qu'une divulgation complète soit faite au niveau du changement de techniques comptables. L'objectif de cette formule est de rendre les états comptables pertinents tout en prévenant la fraude.

Cette position est appuyée par la profession, ce qui veut dire qu'une entreprise peut changer de pratique comptable à la condition de divulguer complètement le changement et ses effets sur le bénéfice net de l'exercice courant. La recommandation suivante de l'I.C.C.A. en témoigne:

> 《 Si l'entreprise a modifié ses conventions ou ses pratiques comptables ou sa façon d'appliquer les principes comptables au point de fausser la comparaison des états financiers avec ceux des exercices précédents, ou d'influencer sensiblement les états financiers des exercices futurs, les états financiers doivent fournir tous les détails de la modification effectuée et de ses effets sur les chiffres de l'exercice. Cette obligation de publier des détails, y compris les effets chiffrés de la modification, vaut pour chaque modification prise individuellement; ainsi, même si plusieurs modifications se compensent en partie, on ne saurait les passer sous silence sous prétexte que leur résultat net est négligeable. Si les états financiers sont présentés de
>
> façon comparative, les chiffres de l'exercice précédent doivent être repris en fonction de la nouvelle présentation et le fait doit être signalé, à moins que la modification n'ait pas d'effet rétroactif. Si les chiffres de l'exercice précédent ont été révises de façon à refléter l'effet rétroactif de la modification, le fait doit être signalé》 [47].

En fait, la profession a poussé plus loin son effort de présentation complète et fidèle des pratiques utilisées en exigeant une description détaillée de toutes les conventions comptables utilisées pour l'exercice en cours. À cet effet, la recommandation de l'I.C.C.A. se lit comme suit:

> 《On doit fournir, comme partie intégrante des états financiers de l'entreprise, une description claire et succincte des conventions comptables ayant un effet important sur ces états. On doit, au minimum, fournir des renseignements sur les conventions comptables dans les cas:
>
> a) où l'on a le choix entre divers principes, pratiques et procédés comptables acceptables;

---

[47] MANUEL DE L'I.C.C.A., *op. cit.*, par. l500.07.

b) où l'on utilise des principes, des pratiques et des procédés comptables qui s'écartent de la norme générale, même si ces principes, ces pratiques et ces procédés comptables sont considérés comme normaux dans le domaine d'activités particulier auquel appartient l'entreprise 》 [48.]

7.5.6. Le principe de la sincérité

Ce principe établit qu'un état financier doit fournir toutes les informations nécessaires pour ne pas induire en erreur les lecteurs. Le principe de sincérité ou de divulgation complète exige souvent qu'on ajoute aux états financiers des notes et des tableaux explicatifs révélant toute information pertinente inexistante dans le corps du document. Voici la recommandation formulée à ce sujet par la profession canadienne:

> 《 Les notes et tableaux, auxquels les états financiers renvoient, servent à en expliquer les postes. Ces notes et tableaux ont la même importance que les renseignements et explications présentés dans le corps même des états financiers, mais ils ne doivent pas se substituer pour autant à la bonne comptabilité. Les renseignements qu'ils renferment doivent se conformer au traitement comptable dont les postes font l'objet. Tout poste, qui est complété par une note ou par un tableau, doit renvoyer expressément à cette note ou à ce tableau 》 [49].

Le principe de la sincérité est difficile à appliquer parce qu'il est lié au niveau d'expertise des utilisateurs. Le type et le nombre d'informations qui pourraient être utilisés dépendent de la compétence du lecteur à traiter et à interpréter ces informations[50]. Aussi, une bonne connaissance des lecteurs est- elle nécessaire si l'on veut s'assurer que la quantité et la qualité de l'information divulguée sont adéquates.

7.5.7. Le principe de la prudence

Selon le principe de la prudence, le comptable doit choisir, entre deux possibilités comptables, celle qui présente la situation financière ou les résultats d'exploitation de l'entreprise sous l'aspect le moins favorable. Ce principe est souvent exagérément simplifié et exprimé comme suit: 《N'anticipez pas les revenus et les gains, mais tenez compte de toutes les pertes et charges possibles》 . Le principe connu comme celui du 《conservatisme 》 permet donc une manipulation consciente de l'information par le

---

[48] MANUEL DE L'I.C.C.A., *op. cit.*, par. l505.04 et 1505.09.
[49] MANUEL DE L'I.C.C.A., par. 1500.04.
[50] SCHRODER, Harold M. et STREUFERT, Siegfried, *Human Information Processing,* Holt, Rinehart and Winston, Inc. 1967.

comptable ou l'intervention de ce dernier à l'insu du lecteur, reflétant ainsi une pensée personnelle.

> 《C'est en substance le reproche que l'on fait actuellement au "conservatisme" en comptabilité. Cette doctrine, comme nous le verrons plus loin, a pour effet d'introduire dans le système de quantification utilisé pour fournir l'information à l'auteur, certaines règles qui "biaisent" systématiquement l'information dans une direction jugée plus favorable à certains groupes qu'à d'autres. Le conservatisme influe aussi sur les décisions de l'auteur parce que son libre choix est limité par le genre d'information qu'on veut bien lui fournir 》 [51].

En fait, le principe de la prudence est utile surtout pour régler les cas douteux d'évaluation d'un poste comptable. Il doit être perçu comme un guide dans les situations extraordinaires, et non comme une règle rigide et stricte à appliquer dans toutes les circonstances.

Plusieurs auteurs ont mis sérieusement en doute l'utilité du principe de la prudence pour la comptabilité financière. Sterling, par exemple, regrette l'effet imprévisible et néfaste que peut avoir 《la philosophie du conservatisme 》 [52]. Il affirme qu'une des justifications de l'utilisation de la valeur d'origine repose sur le principe de la prudence. Ainsi, ce principe motiverait l'utilisation de la valeur d'origine pour la mise en valeur des actifs, l'évaluation des stocks au prix coûtant ou à la valeur du marché (selon le moins élevé des deux), et la radiation du coût des biens dont la valeur est mise en doute. Selon Sterling, ceci prouve de nouveau que la valeur d'origine, comme résultat du principe de la prudence, ne constitue pas une valeur pertinente pour la prise de décisions par les lecteurs.

Hendriksen s'attaque lui aussi aux trois arguments traditionnels présentés en faveur du 《 conservatisme 》 [53]. Le premier argument veut que le pessimisme résultant de l'utilisation du principe de la prudence soit nécessaire pour compenser l'optimisme exagéré des gestionnaires et des propriétaires. Hendrik- sen affirme que cet état de choses entraîne des sous-évaluations et des sur- évaluations qui risquent de fausser les décisions prises par les lecteurs, par conséquent, le principe de prudence n'appartiendrait pas, selon lui, à la structure de la théorie comptable. Le second argument est que la surestimation du profit et des actifs est plus dangereuse pour l'entreprise et ses propriétaires que la sous-estimation. À cet argument, Hendriksen répond que le devoir du comptable est de présenter une évaluation objective des risques encourus par la firme. Enfin, on prétend

---

[51] LANDRY, Maurice, 《Le conservatisme en comptabilité, essai d'explication》 , *CA Magazine* (novembre 1970), p. 322.
[52] STERLING, Robert R., 《 Conservatism: The Fundamental Principle of Valuation in Traditional Accounting》 , *Abacus* (décembre 1967), vol. 3, pp. 109-132.
[53] HENDRIKSEN, *op. cit.*, p. 139.

par le troisième argument que le comptable dispose de trop d'informations et, par conséquent, est sujet à deux risques : d'une part, un risque semblable au risque statistique *ALPHA*, qui est de divulguer de fausses informations, et d'autre part, un risque semblable au risque statistique *BÊTA*, qui est de ne pas divulguer de vraies informations. Face à cet argument. Hendriksen maintient qu'on dispose de peu d'évidences de base sur les conséquences des deux risques. Il ajoute que les comptables auraient intérêt à balancer et minimiser les deux risques. Par quoi pourrait-on remplacer le principe de la prudence? La citation suivante suggéré une alternative possible:

> 《Il serait certainement préférable de renoncer au conservatisme et de recourir à la statistique afin de mieux évaluer les ressources d'une entreprise et les changements qu'elles peuvent subir, La suggestion de J.B. Canning, faite il y a trente ans, est encore celle qui servirait le mieux le but à atteindre. La meilleure évaluation d'une valeur active (ou de n'importe quel poste des états financiers) n'est pas la plus basse (ou la plus haute, dans le cas d'éléments qui ont un effet négatif) que l'on puisse trouver, mais celle qui a la plus grande possibilité d'être corroborée par les événements futurs 》 [54].

7.5.8. Le principe de l'importance relative

Ce principe établit qu'on a intérêt à appliquer des techniques plus expectatives aux sommes et postes comptables ayant peu d'importance. Un élément est considéré comme important s'il représente un montant suffisamment élevé, ou s'il est assez significatif pour influer les jugements portés ou les décisions prises à partir des données comptables. La décision concernant l'importance relative d'un item est d'abord prise par le comptable ; elle varie ensuite d'un poste à l'autre et d'une entreprise à l'autre. La nature du compte et la taille de l'entreprise sont les deux paramètres dont le comptable doit tenir compte avant de porter un jugement d'importance relative. Par exemple, une compagnie multinationale, ayant un capital de plusieurs millions de dollars, ne peut pas se permettre de capitaliser des dépenses minimes, inférieures à 1000$. Une comptabilité de caisse, appliquée à ces dépenses minimes, constitue une solution expectative et évite une surcharge de postes d'actif au bilan. Ce principe est d'une extrême importance car il constitue le critère de divulgation des sommes et postes au bilan. L'Institut canadien des comptables agréés précise ce qui suit dans la préface du manuel renfermant les recommandations du Comité des recherches :

> 《 Les recommandations ne visent que les postes dont l'importance relative est significative. Tout en reconnaissant que l'appréciation de l'importance relative d'un poste relève en définitive du jugement du praticien, le Comité est d'avis que cette notion

---

[54] MOONITZ, Maurice, *op. cit.,* pp. 47-48.

est liée surtout à la décision éventuelle du lecteur des états financiers. Si le poste est susceptible d'influencer cette décision, son importance devient significative.》

7.6. CONCLUSION

La structure théorique de la comptabilité constitue une base de référence à partir de laquelle on peut développer des procédures comptables. Cependant, l'importance et la justesse de la structure comptable reposent sur son acceptation par le monde professionnel et académique. Une garantie de cette acceptation est sa conformité aux objectifs de la comptabilité et sa pertinence par rapport au contexte comptable environnant. Il faut donc revoir la signification de certains des concepts et des principes de façon à les adapter aux objectifs dynamiques de la comptabilité et aux besoins changeants des lecteurs. En d'autres termes, une certaine flexibilité est nécessaire pour garantir l'acceptation de la structure théorique comptable.

Lectures

AMERICAN ACCOUNTING ASSOCIATION, *Accounting and Reporting Standards for Corporate Financial Statements,* Columbus, Ohio, p. 3.

AMERICAN ACCOUNTING ASSOCIATION, *A Statement of Basic Accounting Theory,* Evanston, Ill., 1966.

AMERICAN ACCOUNTING ASSOCIATION, 《The Entity Concept》, *Accounting Review* (avril 1965),pp. 358-367.

AMERICAN INSTITUTE OF CERTIFIED PUBLIC ACCOUNTANTS, 《*Basic Concepts and Accounting Principles Underlying Financial Statements of Business Enterprises*, Accounting Principles Board Statement No.4, American Institute of Certified Public Accountants, New York, 1970.

BARLEV, Benzion, 《On the Measurement of Materiality》, *Accounting and Business Research* (été 1972), pp. 194-197.

BEDFORD, Norton et IINO, Toshio, 《Consistency Reexamined》, *Accounting Review* (juillet 1968), vol. 43, pp. 453-458.

BERNSTEIN, Leopold A., 《The Concept of Materiality》, *Accounting Review* (janvier 1967),

vol. 42, pp. 86-95.

CHAMBERS, R.J., *Accounting Evaluation and Economic Behavior,* Englewood Cliffs, N.J., Prentice Hall Inc., 1966.

DEINZER, Harvey T., *Development of Accounting Thought*, New York, Holt, Rinehart& Winston Inc., 1965, chap. 8 et 9.

DEVINE, Carl Thomas, 《Entity, Continuity, Discount, and Exit Values》, *Essays in Accounting Theory,* Vol. 3(1971), pp. 111-135.

DEWHIRST, John F. , 《Dealing with Uncertainty》, *Canadian Chartered Accountant* (août 1971), pp. 139-146.

ENTHOVEN, Adolf J.H., *Accountancy and Economic Development Policy*, New York, American Elsevier Publishing Co. Inc., 1973.

FREMGREN, James M., 《The Going Concern Assumption: A Critical Appraisal》, *Accounting Review* (octobre 1968), vol. 43, pp. 649-656.

FRISHKOFF, Paul, 《An Empirical Investigation of the Concept of Materiality in Accounting》, *Empirical Research in Accounting: Selected Studies* (1970), pp. 116-129.

FRISHKOFF, Paul, 《Consistency in Auditing and APB Opinion No. 20》, *Journal of Accountancy* (août 1972), pp. 64-70.

GOLBERG, Louis, *An Inquiry into the Nature of Accounting,* American Accounting Association Monograph No. 7, American Accounting Association, 1965.

GRADY, Paul, 《Inventory of Generally Accepted Accounting Principles in the United States of America》, *Accounting Review* (janvier 1965), pp. 21-30.

GYNTHER, Reginald S, 《Accounting Concepts and Behavioral Hypotheses》, *Accounting Review* (avril 1967), vol. XLII, pp. 274-290.

HENDRIKSEN, Eldon S., 《Toward Greater Comparability Through Uniformity of Accounting Principles》, New York, *Certified Public Accountant, now CPA Journal* (février 1967), pp. 105--115.

HICKS, Ernest L, 《APB: The First 3600 Days》, *Journal of Accountancy* (septembre 1969), pp. 56-60.

HIGGINS, Thomas S.et BEVIS, Herman, 《Generally Accepted Accounting Principles – Their Definition and Authority》, *The New York Certified Public Accountant* (février l964) pp. 93-94.

HORNGREN, Charles T., 《Accounting Principles : Private or public Sector? 》, *Journal of Accountancy*(mai 1972), pp. 37-41.

IJIRI, Yuji, *The Foundations of Accounting Measurement,* Englewood Cliffs, N.J., Prentice Hall, Inc., 1967.

IJIRI, Yuji et JAEDICKE, Robert K., 《Reliability and Objectivity of Accounting Measurements 》, *Accounting Review* (juillet 1966), vol. XLI, pp. 474-483.

LANDRY, Maurice, 《 Le conservatisme en comptabilité - Essai d'explication 》, *Canadian Chartered Accountant* (novembre 1970), pp. 321-324 et (janvier 1970), pp. 44-49.

LAMBERT, Samuel Joseph, III, 《 Basic Assumptions in Accounting Theory Construction 》, *Journal of Accountancy* (février 1974), pp. 41-48.

LEE, T.A., 《 Utility and Relevance - the Search for Reliable Financial Accounting Information 》, *Accounting and Business Research (*été 1971), pp. 242-249.

MARTIN, Alvin, 《An Empirical Test of the Relevance of Accounting Information for Investment Decisions 》, *Empirical Research in Accounting: Selected Studies* (1971), pp. 1-31.

MAUTZ, R.K., 《 The Place of Postulates in Accounting》, *Journal of Accountancy* (janvier 1965), pp. 46-49,

MAY, George O., 25 *Years of Accounting Responsibility*, New York, American Institute Publishing Co. Inc., 1936.

MCDONALD, Daniel L., 《Feasibility Criteria for Accounting Measures》, *Accounting Review* (octobre 1967), vol. 42, pp. 662-679.

METCALF, Richard W., 《 The Basic Postulates in Perspective》, *Accounting Review* (janvier 1964), vol. 39, pp. 16-21.

MOONITZ, Maurice, *The Basic Postulates of Accounting*, Accounting Research Study No. 1, New York, American Institute of Certified Public Accountants, 1961.

MOONITZ, Maurice, 《Three Contributions to the Development of Accounting Principles Prior to 1930》, *Journal of Accounting Research* (automne 1970), pp. 145-155.

PATON, W.A. et LITTLETON, A.C., *An Introduction to Corporate Accounting Standards*, American Accounting Association Monograph No. 3, American Accounting Association, 1940.

PATON, W.P., *Accounting Theory*, New York, Ronald Press Co., 1922, Chap. XX, pp. 471-499.

POPOFF, Boris, 《 Postulates, Principles and Rules 》, *Accounting and Business Research* (été 1972), pp. 182-193.

《 Report of the Committee on Accounting Valuation Bases 》, *Accounting Review,* Supplément au Vol. 47 (1972), particulièrement pp. 556-568.

《 Report of the Committee on Foundations of Accounting Measurements》, *Accounting Review,* Supplément au Vol. 46 (1971), pp. 3-48.

REVSINE, Lawrence, 《 Towards Greater Comparability in Accounting Reports 》, *Financial Analysts Journal* (janvier-février 1975), pp. 45-51.

ROSE, J., BEAVER, W., BECKER, S. et SORTER, G., 《 Toward an Empirical Measure of Materiality 》, *Empirical Research in Accounting: Selected Studies* (1970), pp. 138-153.

SCHRODER, Harold M. et STREUFERT, Seigfried, 《*Human Information Processing,* Holt, Rinehart and Winston Inc., 1967.

SHWAYDER, Keith, 《Relevance》, *Journal of Accounting Research* (printemps 1968), vol. 6, pp. 76-97.

SIMMONS John K., 《 A Concept of Comparability in Financial Reporting》, *Accounting Review* (octobre 1967), vol. 42, pp. 680-692.

SKINNER, R.M., *Les principes comptables*, Toronto, l'Institut canadien des comptables agréés, 1973.

SPROUSE, R.T, et MOONITZ, M., *A Tentative Set of Broad Accounting Principles for Business Enterprises,* Accounting Research Study No. 3, New York, American Institute of Certified Public Accountants, 1962.

STERLING, Robert R., 《A Test of the Uniformity Hypothesis》, *Abacus* (septembre 1969), pp. 37-47.

STERLING Robert R., 《Conservatism: The Fundamental Principle of Valuation in Traditional Accounting》, *Abacus* (decembre 1967), vol. 3, pp. 109-132.

STERLING Robert R., 《 Relevant Financial Reporting in an Age of Price Changes 》, *The Journal of Accountancy* (février 1975), pp. 42-51.

STERLING, Robert R., 《The Going Concern: An Examination》, *Accounting Review* (juiliet 1968), pp. 481-502.

STOREY, Reed K., *The Search for Accounting Principles - Today's Problems in Perspective,* New York, American Institute of Certified Public Accountants, 1964.

Study on Establishment of Accounting Principles, Establishing Financial Accounting Standards (The Wheat Report), New York, American Institute of Certified Public Accountants, mars 1972.

《Uniformity in Financial Accounting》, *Law and Contemporary Problems* (automne 1965), vol. 30,

VAN SEVENTER, A., 《The Continuity Postulate in the Dutch Theory of Business Income》, *International Journal of Accounting, Education and Research* (printemps 1969), pp. 1-19.

VATTER, William J.,   *The Fund Theory of Accounting and Its Implications for Financial Reports,* Chicago, University of Chicago Press, 1947, pp. 17-19.

WERNTZ, W.W., 《 What Are the Basic Accounting Postulates? 》 , *The Quarterly* (mars 1962), vol. 8, No. 1, pp. 2-11.

YU, S.C., 《 A Reexamination of the Going Concern Postulate 》 , *International Journal of Accounting, Education and Research* (printemps 1971), pp. 37-58.

ZEFF, Stephen A., *Forging Accounting Principles in Five Countries: A History and An Analysis of Trends,* Champaign, Ill., Stipes Publishing Company, 1971.

CHAPITRE VIII

Portée future

de la comptabilité

8.6. Conclusion.............

Lectures....

Portée future

de la comptabilité

La comptabilité financière a pour but de communiquer les informations portant sur les transactions et les événements de la firme. Ces transactions sont généralement définies par les échanges de biens et de services entre l'entité comptable et l'extérieur de l'entreprise. Plusieurs limitations découlent de cette définition. Premièrement, les échanges reconnus par la comptabilité se limitent aux biens et services et ignorent les échanges de capital humain. Deuxièmement, les transactions dont tient compte le comptable portent uniquement sur les échanges entre deux entités légales. Les transactions implicites à la société, entraînant soit un coût social, soit un avantage social, sont pratiquement ignorées. Troisièmement, les transactions, par définition, reflètent des données concernant des événements passés. Le résultat financier futur est ainsi ignoré et aucune prévision financière n'est incluse dans les rapports annuels. Finalement, le coût du capital n'est pas comptabilisé.

Une nouvelle définition de la comptabilité peut offrir des solutions aux problèmes cités plus haut et à d'autres. Ainsi, la comptabilité de l'avenir proposera des techniques adéquates pour comptabiliser l'actif humain, le coût et le bénéfice social, le résultat financier prévisionnel et le coût du capital. Le but de ce chapitre est de présenter les méthodes de mesure proposées dans la littérature et dans la pratique relativement aux quatre nouvelles sous-disciplines de la comptabilité: la comptabilité des ressources humaines, la publication des résultats prévisionnels, la comptabilisation du coût du capital, et la comptabilité sociale et économique.

8.1. LA COMPTABILITÉ DES RESSOURCES HUMAINES

8.1.1. Utilité de l'actif humain

Comme la comptabilité financière consiste à accumuler des données de façon à aider la prise de décisions, et comme ces données sont canalisées vers l'extérieur de la firme sous forme d'états financiers, l'utilisateur des données devra être muni de toutes les informations nécessaires à ces prises de décisions. Aussi, devient-il de plus en plus justifiable qu'on l'informe d'une composante pertinente et faisant partie intégrante des actifs de l'entreprise: l'actif humain.

Les comptables reconnaissent théoriquement que la divulgation de l'actif humain dans les états financiers est une opération valable, mais ils se trouvent devant un écueil lorsqu'il s'agit de mesurer objectivement cet actif. Pour obtenir cette mesure, il serait indispensable qu'ils disposent d'un système d'information capable d'évaluer les transactions internes affectant les ressources humaines. Toutefois, les comptables risquent de se heurter à la résistance de certains présidents de compagnies qui, très volubiles quand il s'agit de commenter l'importance des ressources humaines dans leur entreprise, minimisent et parfois empêchent tout effort visant à révéler la valeur du capital humain. Pourquoi cette réticence alors qu'il s'agit là d'un actif très important? Brummet l'explique par trois facteurs principaux [1]:

1. Les contraintes culturelles et les tabous qui font que l'homme répugne à s'associer ou à se voir associer à une mesure en dollars.

2. Le fait que les gens n'appartiennent pas à une organisation et peuvent quitter l'entreprise à tout moment.

3. Le fait que l'amélioration de l'actif est plus visible dans le contexte d'un actif physique que dans celui d'un actif humain,

Malgré le manque d'enthousiasme des firmes pour tout ce qui touche la divulgation de l'actif humain, les résultats des expériences de laboratoire semblent indiquer une prédisposition favorable de la part des investisseurs envers ces nouvelles données[2, 3, 4].

8.1.2. Nature de l'actif humain

La comptabilité des ressources humaines peut se définir comme étant le processus d'identification, de mesure et de communication aux lecteurs intéressés des données portant sur les changements dans le domaine des ressources humaines. Le but intrinsèque et principal de cette nouvelle discipline est de transformer ou de convertir l'aspect qualitatif des données recueillies sur le capital humain en termes quantitatifs de façon à faciliter la prise de décisions.

[1] BRUMMET, R.L., 《 Accounting for Human Resources》 , *Journal of Accountancy* (décembre 1970), p. 63.

[2] HENDRICKS, James A., 《The Impact of Human Resource Accounting Information on Stock Investment Decisions: An Empirical Study 》 , *Accounting Review* (avril 1976), pp., 292-305.

[3] ELIAS, N.S., 《The Effects of Human Asset Statements on the Investment Decision: An Experiment》 , *Empirical Research in Accounting: Selected Studies* (1972), pp. 215-233.

[4] TOMASSINI, L.A., 《 Assessing the Impact of Human Resource Accounting: An Experimental Study of Managerial Decision Preferences》 , *Accounting Review* (octobre 1977>, pp. 904-914.

Pour définir l'actif humain, la plupart des auteurs ont formulé l'hypothèse que le concept de valeur humaine pourrait être dérivé de la théorie générale de la valeur économique. Comme toutes les ressources, disent-ils, les personnes possèdent une valeur attribuée en fonction des services futurs qu'elles peuvent rendre. En principe donc, la valeur des gens, comme celle d'autres ressources, peut être définie comme étant la valeur actualisée des services futurs[5]. Cette affirmation est reliée à toutes les théories économiques reposant explicitement sur l'hypothèse que le critère d'association d'une valeur à un objet dépend de la possibilité qu'a cet objet de rendre des 《 services 》 et de procurer des 《 bénéfices 》 .

Une fois qu'on a établi que l'actif humain est un bien économique au même titre que les autres actifs physiques, il est nécessaire de le mesurer et de le divulguer dans les états financiers. Pour ce faire, il faudrait développer une théorie de la valeur des ressources humaines. Cette théorie permettrait de mesurer l'actif humain en identifiant les variables importantes à considérer pour 《monétiser》 cet actif. C'est dans cet esprit que Flamholtz a développé un modèle de la nature et des déterminants de la valeur d'une personne pour une entreprise[6].Ce modèle, représenté par le schéma n° 1, s'inspire aussi bien de relations socio-psychologiques que de relations économiques. Il montre que la valeur 《 matérialisable 》 d'un individu revêt un aspect multidimensionnel. Cette valeur résulte de l'interaction de deux variables:

1. *La valeur conditionnelle d'un individu*
   La valeur conditionnelle d'un individu est égale à la valeur actualisée de tous les services que cet individu peut rendre durant son passage dans l'organisation. Cette valeur est perçue dans le modèle comme une variable multi-dimensionnelle comprenant trois éléments : la *productivité, la 《 transférabilité 》* et la 《 *promotabilité* 》 . La productivité a trait à l'ensemble des services qu'un individu devrait rendre pendant son passage dans l'organisation. La 《 transférabilité 》 a trait à l'ensemble des services qu'un individu devrait rendre en cas de transfert à une position identique dans l'organisation. Finalement, la 《 promotabilité 》 a trait à l'ensemble des services qu'un individu devrait rendre en cas de transfert à des positions plus élevées dans l'organisation. Ces trois éléments de la valeur conditionnelle de l'individu sont aussi considérés comme des produits de certaines dimensions individuelles et organisationnelles. Les dimensions individuelles incluent les talents de l'individu et le niveau de

---

[5] FISHER, I., *The Nature of Capital and Income, MacMillan Company*, Ltd., 1967, p. 189.
[6] FLAMHOLTZ, E., 《 Toward a Theory of Human Resource Value in Formal Organizations 》 , *Accounting Review* (octobre 1972), pp. 666-673.

SCHÉMA n° 1. *Modèle des déterminants de la valeur d'un individu*

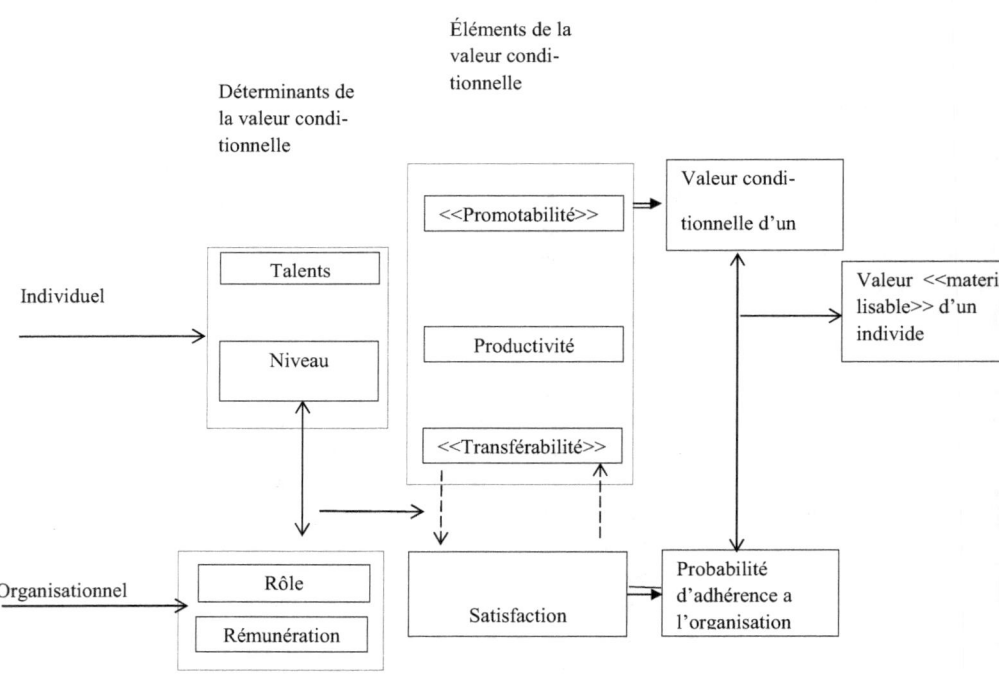

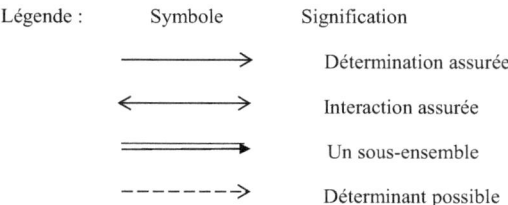

Légende :	Symbole	Signification
	$\longrightarrow$	Détermination assurée
	$\longleftarrow\!\!\!\longrightarrow$	Interaction assurée
	$\Longrightarrow$	Un sous-ensemble
	$----\!\!\rightarrow$	Déterminant possible

Source: Eric Flamholtz, 《 Toward a Theory of Human Resource Value in Formal organizations 》, *Accounting Review* (octobre 1972), p. 668. Reproduit avec la permission de T *Accounting Review.*

motivation, alors que les dimensions organisationnelles se limitent au rôle ou à la tâche de l'individu et à la nature des rémunérations organisationnelles.

2. *La probabilité que t'individu continue à adhérer à l'organisation*

La probabilité que l'individu continue à appartenir à l'organisation dépend du degré de satisfaction intrinsèque qu'il retire de son emploi. Cette satisfaction est elle-même fonction des dimensions individuelles et organisationnelles identifiées auparavant comme des déterminants de la valeur conditionnelle. Dans son ensemble, ce modèle permet de comprendre les facteurs définissant et influençant la valeur d'un individu pour une organisation. La connaissance de ces facteurs ainsi que des relations sous-jacentes au modèle devrait guider le choix des mesures monétaires ou non monétaires qu'on peut appliquer à l'actif humain.

8.1.3. Mesures monétaires de l'actif humain

8.1.3.1. La méthode de la valeur d'origine

Cette méthode comptabilise les ressources humaines à partir des couts de recrutement, de sélection, d'embauche, de formation et de promotion du personnel. Une fois capitalisés, ces coûts sont amortis pendant la vie utile de l'actif humain. Cette méthode a été utilisée au moins par une entreprise: *R.G. Barry Corporation*[7]. La technique se justifie par le fait que le traitement de la valeur d'origine des actifs humains peut être assimilé à celui réservé aux actifs physiques[8]. La méthode est par ailleurs pratique et objective, dans le sens que les données sont vérifiables. Il y a, cependant, quelques limitations posées par l'utilisation de cette méthode:

1. La valeur économique de l'actif humain ne correspond pas nécessairement à la valeur d'origine.

2. Toute appréciation (ou amortissement) risque d'être subjective et sans aucune relation avec une augmentation ou une diminution de productivité.

3. Parce que les coûts de recrutement, de sélection, d'embauche, de formation et de promotion diffèrent d'un individu à un autre, les valeurs de l'actif humain, pour deux individus, ne sont pas comparables. De plus, les valeurs obtenues peuvent constituer une forme de pénalisation pour l'individu qui a connu une période plus courte de formation et à qui on attribue une valeur plus basse.

8.1.3.2. *La méthode du coût de remplacement*

Le coût de remplacement a été suggéré comme une alternative ou une addition possible à la valeur d'origine de l'actif humain. Cette méthode consiste dans l'évaluation du coût nécessaire pour remplacer les ressources humaines existantes. Ce coût de remplacement est composé des coûts de recrutement, d'embauche et d'entraînement des remplaçants, ainsi que du coût de développement de leur niveau d'efficacité de façon à les rendre aussi compétents et productifs que le personnel existant. L'avantage principal de la méthode du coût de remplacement repose sur son caractère économique, dans le sens qu'elle reflète le résultat d'une étude de l'offre et de la demande d'emploi sur le marché. En dépit de cet avantage considéré comme très important dans la mise en valeur de tout actif, la méthode connaît certaines limites:

1. Il peut y avoir dans l'entreprise des employés dont la valeur est susceptible d'être jugée supérieure au coût de remplacement.

---

[7] PYLE, W.C., 《 Human Resource Accounting》 , *Financial Analysts Journal* (septembre-octobre),1970.
[8] GLAUTIER, N.W.E. et B. UNDERDOWN, 《Problems and Prospects of Accounting for Human Assets 》 , *Management Accounting* (mars 1973), p, 99.

2. Likert et Bowers mentionnent les difficultés qu'ont rencontrées les cadres des entreprises à qui on a demandé d'estimer le coût de remplacement des employés[9].

3. Il peut exister certains employés pour qui il n'est pas possible de trouver des remplaçants sur le marché.

8.1.3.3. *La méthode du coût d'opportunité*

Les désavantages de la méthode du coût de remplacement ont amené Hekimian et Jones à proposer le concept du coût d'opportunité[10]. Leur approche consiste à remplacer les forces du marché utilisées dans la méthode du coût de remplacement par des forces identiques existant dans la firme. Plus précisément, la valeur d'un individu est établie à partir d'un processus de compétition interne, différents gérants faisant des offres pour un employé dont ils ont tous également besoin. Cette méthode nécessite la formation d'un 《 centre d'enchères 》 où les gérants peuvent recruter de nouveaux employés. L'avantage principal d'une telle méthode est d'entraîner une meilleure répartition des employés parmi les divisions de la firme et, du même coup, d'établir une base quantitative pour la planification, l'évaluation et le développement de l'actif humain de la firme. Les limites de cette méthode sont les suivantes:

1. Seuls les employés ayant des talents uniques sont soumis à ce processus d'enchères. Cette situation peut être vue comme discriminatoire envers les autres employés.

2. Les divisions moins rentables que d'autres se trouvent pénalisées dans le choix de l'actif humain. Les demandes sur leur capital sont en général plus élevées, ce qui réduit leur pouvoir de négociation et de recrutement dans le centre d'enchères.

3. La méthode peut être considérée artificielle et même immorale[11].

8.1.3.4. *La méthode de compensation*

---

[9] LIKERT, Rensis et D.G. BOWERS, 《 Organizational Theory and Human Resource Accounting 》 , *American Psychologist* (septembre 1968), p. 588.
[10] HEKIMIAN, James S. et C.H. JONES, 《 Put People on Your Balance Sheet 》 , *Harvard Business Review* (janvier-février 1967).
[11] ELOVITZ, David, 《 From the Thoughtful Businessman 》 , *Harvard Business Review* (mai-juin1967), p. 99.

Lev et Schwartz affirment que les difficultés rencontrées pour déterminer la valeur du capital humain dans une situation d'incertitude rendent nécessaire l'utilisation de la compensation future comme approximation de la valeur[12].

Selon les auteurs, la valeur du capital humain, pour un employé d'âge i, est égale à la valeur actualisée des salaires à recevoir durant les années qu'il restera à l'emploi de la firme. Ce modèle peut être représenté par la formule suivante:

$$V_i = \sum_{t=i}^{T} \frac{I(t)}{(1-r)^{t-i}}$$

où

V_i = valeur du capital humain d'une personne d'âge i

$I_{(t)}$ = salaire annuel futur de la personne jusqu'à la retraite

r = taux d'escompte spécifique à la personne

T = âge de retraite

Une limitation majeure du modèle d'évaluation proposé par Lev et Schwartz est qu'il ignore la possibilité et la probabilité que l'individu se retire de l'organisation pour des raisons autres que la mort ou la retraite. De plus, la détermination de chacune des valeurs incluses dans la formule risque d'être subjective.

8.1.3.5. *La méthode de compensation pondérée*

Dans son ouvrage *Accounting for Human Assets*, Roger H. Hermanson propose lui aussi d'utiliser la compensation ou plutôt la valeur actualisée des salaires futurs comme mesure indirecte de la valeur d'un individu pour une organisation[13]. Plus précisément, l'auteur suggère de pondérer cette valeur actualisée par un facteur mesurant l'efficience relative des ressources humaines d'une entreprise. Pour calculer ce ratio, Hermanson propose

---

[12] LEV, B. et A. SCHWARTZ, 《 On the Use of the Economic Concept of Human Capital in Financial Statements》 , *Accounting Review* (janvier 1971), p. 105.
[13] HERMANSON, Roger H., *Accounting for Human Assets*, Occasional Paper No. 14, East Lansing, Michigan, Bureau of Business and Economic Research, Graduate School of Business Administration, Michigan State University, 1964.

d'utiliser une moyenne pondérée des profits de la firme sur une période de cinq années. Le ratio d'efficience est calculé de la façon suivante:

$$\text{Ratio d'efficience} = \frac{5\frac{TRF0}{TRM0}+4\frac{TRF1}{TRM1}+3\frac{TRF2}{TRM2}+2\frac{TRF3}{TRM3}+\frac{TRF4}{TRM4}}{15}$$

où

TRF_i = taux de rentabilité des actifs de la firme pour l'année i

TRM_i = taux de rentabilité des actifs de toutes les firmes dans l'économie pour l'année i

Le ratio obtenu est alors utilisé pour pondérer la valeur actualisée des salaires futurs sur une période de cinq années afin de déterminer une mesure indirecte de la valeur des ressources humaines. La justification de l'utilisation de ce ratio repose sur la thèse voulant que les différences de rentabilité soient en majeure partie dues aux différences dans la performance des actifs humains. D'où la nécessite de pondérer la valeur de compensation de l'actif humain par le ratio d'efficience.

8.1.4. Mesures non monétaires

Rensis Likert et David G. Bowers ont présenté un modèle qui permet d'identifier les variables ayant une influence sur l'efficacité d'une organisation humaine[14]. L'objet du modèle est de mesurer la capacité de production de l'élément humain d'une entreprise. Ce modèle, reproduit dans le schéma n° 2, repose sur trois classes de variables: *causales, d'interventions et de résultats*.

---

[14] LIKERT, R. et D.G. BOWERS, 《Improving the Accuracy of P/L Reports by Estimating the Change in Dollar Value of the Human Organization》 , *Michigan Business Review* (mars 1973), pp. 15-24.

SCHÉMA n° 2. *État interne de l'organisation en tant que système humain*

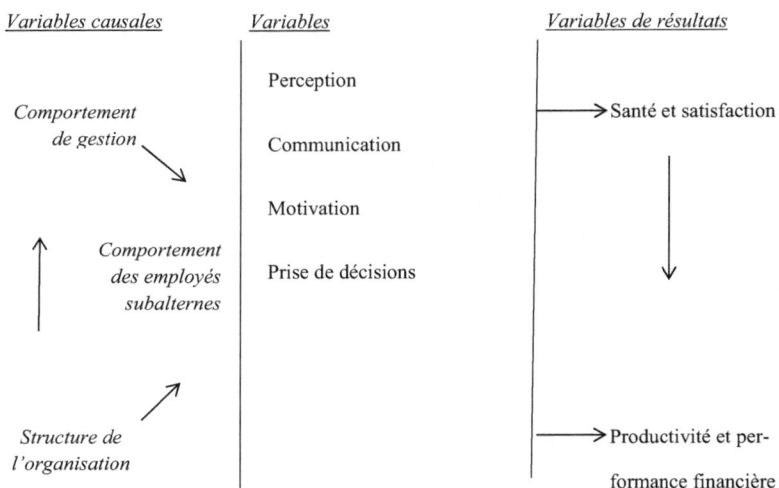

<u>*Variables causales*</u>　　　　<u>*Variables*</u>　　　　　　<u>*Variables de résultats*</u>

Comportement
de gestion

Comportement
des employés
subalternes

Structure de
l'organisation

Perception

Communication

Motivation

Prise de décisions

Santé et satisfaction

Productivité et per-

formance financière

Source: Likert, Rensis et D.G. Bowers, 《Organizational Theory and Human Resource Accounting》, American Psychological Association Address, 3 août 1968, p. 7.

1. Les variables causales sont les variables indépendantes qui déterminent le comportement d'une organisation et ses résultats. Ces variables portent uniquement sur ce qui est contrôlable par l'organisation et ses cadres. Comme

exemples de variables causales, on peut citer la structure de l'organisation et les politiques de gestion, les décisions, les stratégies commerciales et de 《leadership》 , les talents et le comportement.

2. Les variables d'interventions reflètent l'état interne, l'atmosphère, et le potentiel de performance de l'organisation. Elles portent sur tous les facteurs psychologiques qui pourraient conduire à des actions effectives, tels que la perception, la communication, la motivation, la prise de décisions, le contrôle, la coordination, etc.

3. Les variables de résultats sont les variables dépendantes qui portent sur les résultats obtenus par l'organisation, tels que la productivité et la performance financière, la santé et la satisfaction des employés, etc.

Ce modèle indique donc quelles sont les variables clés qui influencent la valeur d'un groupe pour une organisation, et il présente des hypothèses relatives aux relations existant entre ces variables. Pour mesurer ces dernières, les chercheurs de l' 《 Institute for Social Research 》 de l'Université du Michigan ont développé un instrument appelé le 《 Survey of Organizations》 (le sondage des firmes). Cet instrument, qui prend la forme d'un questionnaire, repose sur le modèle théorique de Likert et Bowers et permet de mesurer ce que Bowers et Taylor appellent 《 le climat organisationnel 》 [15] ou ce que Likert appelle 《l'état de l'organisation humaine 》 . Les données obtenues au moyen d'un tel questionnaire peuvent tenir lieu de mesures non monétaires de l'actif humain.

8.2. LA PUBLICATION DES RÉSULTATS

PRÉVISIONNELS

En général, les états financiers traditionnels sont présentés dans le but d'aider les lecteurs dans leur prise de décisions. Cependant, une controverse est soulevée concernant l'intérêt que les investisseurs et les conseillers portent aux prévisions de profits des compagnies. La question principale est de savoir s'il serait avantageux d'ajouter les prévisions budgétaires aux états financiers conventionnels. À ce sujet, il est intéressant de noter que l'un des objectifs du 《 Rapport Trueblood》 visait déjà une telle divulgation:

---

[15] TAYLOR, James C. et D.G. BOWERS, Survey of Organizations, Ann Arbor, Michigan, University of Michigan Press, 1972.

《 Un des objectifs des états financiers est de fournir l'information utile au processus prévisionnel. Les états financiers prévisionnels devraient être présentés lorsqu'ils rehaussent la crédibilité des prédictions effectuées par les utilisateurs 》 [16]...

De plus, un mouvement en faveur de la publication des résultats prévisionnels a gagné le monde professionnel comptable. Au Royaume-Uni, les offres publiques d'achats et les prospectus doivent inclure des résultats prévisionnels, et ces derniers font même l'objet d'un examen et d'un rapport des vérificateurs ou des experts-comptables[17]. Aux États-Unis, la Commission des valeurs mobilières (S.E.C.) recommande la publication de résultats prévisionnels conformes à certaines règles (Bulletin n° 5362 sur la Loi des valeurs mobilières). Au Canada, la profession comptable a adopté une position relativement neutre, comme en témoigne le chapitre 7 000 (paragraphe 15) du *Manuel de* l'I.C.C.A.:

《 Le vérificateur ne doit pas exprimer d'opinion sur les résultats d'exploitation prévisionnels qui seraient inclus dans le prospectus 》 ...

Cette nouvelle situation présente quelques problèmes, notamment au niveau de la définition des résultats prévisionnels, de leur publication obligatoire ou facultative, et des avantages d'une telle publication.

1. Le premier problème réside dans la détermination des données prévisionnelles à publier. Les deux solutions possibles sont la publication des budgets ou la publication de résultats probables. La première solution apparaît plus acceptable et plus appropriée, étant donné que la plupart des firmes publient périodiquement des budgets à fin d'utilisation interne par les cadres de la firme. Cependant, du point de vue de l'investisseur, une estimation des résultats probables pourrait s'avérer nettement plus pertinente pour leurs modèles de décisions. D'ailleurs, un examen des rapports annuels contenant des données prévisionnelles montre déjà une tendance nette des firmes à publier des résultats probables. La crainte qu'ont les firmes de trop dévoiler de données aux concurrents a dû aussi les conduire à adopter la solution des résultats probables. En fait, la divulgation des résultats prévisionnels ne s'est pas limitée aux rapports annuels. D'autres documents ont été utilisés, notamment les rapports financiers intérimaires, les prospectus et les offres publiques d'achat.

2. Le deuxième problème concerne la publication obligatoire ou facultative des résultats prévisionnels. Les deux positions peuvent être facilement défendues. L'argument majeur en faveur de la publication obligatoire est qu'elle permettrait

---

[16] AMERICAN INSTITUTE OF CERTIFIED PUBLIC ACCOUNTANTS, Objectives of Financial Statements, octobre 1973, chapitre 7.

[17] The City Code on Takeovers and Mergers, edition révisée, (février 1972), règle 16.

de créer une situation uniforme en termes de divulgation. Cependant, on peut imaginer que la publication obligatoire ne serait pas avantageuse pour certaines firmes qui ont beaucoup à craindre des concurrents, et qui seraient ainsi forcées de montrer leur jeu. On peut aussi avancer que certaines firmes, dans l'état actuel de la discipline, ne pourraient se permettre de divulguer les résultats prévisionnels, à moins d'autoriser des dépenses importantes destinées à créer un nouveau système comptable capable de fournir ces prévisions. La question que ces firmes risquent de se poser est de savoir quels sont vraiment les avantages à tirer de cette publication, qui justifieraient les coûts additionnels requis. L'argument final en faveur de la publication facultative est que certaines firmes, à cause de leur nature même d'entreprises de production liées à un marché, fonctionnent dans un environnement tout à fait incertain qui ne se prête pas facilement aux prévisions. D'où la nécessité probable d'accorder beaucoup d'exemptions, comme en témoigne le commentaire suivant:

> 《 Si la publication des résultats prévisionnels devenait obligatoire, il faudrait sans doute prévoir des exemptions. Ainsi, on pourrait envisager de faire exception pour les compagnies privées, pour les industries sujettes à des fluctuations inopinées, pour les compagnies en période de réaménagement et pour les nouvelles compagnies qui en sont encore la phase de lancement》 [18]...

3. Le troisième problème concerne les désavantages possibles de la publication des résultats prévisionnels. Différents arguments ont été avancés contre cette divulgation. On peut citer les suivants:

a) On prétend que les états financiers prévisionnels souffriraient d'un manque d'exactitude à cause du climat d'incertitude et de l'impact de certaines variables de l'environnement sur les données comptables. Ainsi, la longueur de la période couverte par les prévisions, la nature de l'industrie, la conjoncture économique, politique et sociale, le perfectionnement des méthodes de prévision de la compagnie, etc., figurent parmi les nombreuses variables qui risqueraient d'influencer l'exactitude des prévisions[19].À cette critique, il est possible de répondre que l'application de techniques empruntées à la statistique et à la recherche opérationnelle permettrait d'améliorer l'exactitude des prévisions[20, 21, 22]. On peut aussi suggérer de réduire l'incertitude des

---

[18] SYCAMORE, R.J., 《 Publication des résultats prévisionnels 》 , *CA Magazine* (mai 1974), pp. 66-69.

[19] SYCAMORE, *op. cit.*, p. 67.

[20] BELKAOUI, Ahmed, 《Modèle de budgétisation basé sur l'approche bayésienne》 , *Cost and Management* (novembre 1973), pp. 25—30.

[21] BELKAOUI, Ahmed, 《Planification budgétaire dans l'incertitude》 , *Cost and Management* (mars-avril 1974), pp. 25-30.

[22] BELKAOUI, Ahmed, 《 Costing Through Learning》 , *Cost and Management*, Vol. 49, No. 3, pp. 36-40.

prévisions soit par la divulgation de fourchettes de résultats probables, soit par la divulgation de probabilités de matérialisation de chacun des résultats probables. La première solution pourrait consister, par exemple, dans la présentation des bénéfices par action sous la forme $3\pm,20$, alors que la deuxième reposerait sur la divulgation de la moyenne et de l'écart type de chaque donnée comptable[23].

b) On prétend aussi que les états financiers prévisionnels n'ont aucune valeur une fois que les résultats véritables publiés s'avèrent différents. À cette critique, on peut répondre que, premièrement, il est toujours impossible d'obtenir une précision à 100% à cause des incertitudes liées à tout effort de prévision d'événements aléatoires ; et, deuxièmement, que les écarts entre les résultats véritables et les résultats prévisionnels pourraient toujours être utilises pour évaluer l'intégrité, l'honnêteté et aussi la compétence des cadres de l'entreprise qui publient des résultats prévisionnels[24]. De toute façon, les écarts pourraient faire l'objet de récriminations et poursuites, ce que toute firme cherche à éviter.

c) En étudiant les expériences tentées par certaines firmes américaines, on a trouvé qu'il pouvait y avoir des doutes quant à l'habileté et la compétence des comptables à produire des prévisions assez exactes pour satisfaire les besoins des utilisateurs[25]. Pourtant, il ne faudrait pas oublier que le comptable n'est pas la seule personne impliquée dans la préparation et la publication des états financiers prévisionnels. Il est nécessairement aidé par des experts de différentes disciplines[26]. De même, il faut rappeler que ces prévisions risquent fort de s'améliorer dans le futur, puisqu'elles vont devenir une tâche routinière et continue du processus comptable[27].

d) On prétend finalement que certains investisseurs risquent de mal comprendre la valeur des prévisions, à cause notamment de la différence dans leur formation. Or, la publication des données prévisionnelles risque d'être accompagnée d'une divulgation des hypothèses sur lesquelles on s'est basé. Ces hypothèses permettraient à l'investisseur de mieux comprendre et utiliser les prévisions.

---

[23] JAEKICKE, Robert K. et ROBICHEK, Alexander A., 《Cost-Volume Profit Analysis Under Conditions 》, *Accounting Review* (octobre 1964), pp. 917-926.
[24] DEV, Susan, 《Problems in Interpreting Prospectus Profits Forecasts》, *Accounting and Business Research* (printemps 1973), pp. 110-115.
[25] ELGERS, Pieter et J. CLARK, 《 Forecasted Income Statements: Investor Perspective 》, *Accounting Review* (octobre 1973), pp. 668-678.
[26] DAVIDSON, I.H., 《Public Offerings and Profit Forecasts in the United Kingdom》, *CA Magazine* (septembre 1973), pp. 53-56.
[27] BURTON, John C., 《 Financial Forecasts》, *CA Magazine* (novembre 1973), pp. 35-39.

8.3. LA COMPTABILISATION DU COÛT

DU CAPITAL

8.3.1. Nature de la comptabilisation du cout du capital

La comptabilisation du coût du capital consiste à répartir les couts du capital entre les opérations de l'entreprise, de la même façon que pour tous les autres frais de production. Cette nouvelle méthode d'imputation du coût du capital, suggérée par Anthony, a pour but de rendre les états financiers plus pertinents[28]. Elle consiste à considérer tous les coûts des différentes sortes de capital comme des frais de production. Cette méthode repose sur un rapprochement des définitions de 《l'intérêt》 en comptabilité et en économie, rapprochement qui permet de définir le profit comptable de la même façon que le profit économique. Ainsi, en économie, le terme 《 intérêt 》 réfère au coût d'utilisation de tous les genres de capital, alors qu'en comptabilité, le terme est défini différemment :

1. En comptabilité, le terme 《 intérêt 》 est réservé au cout de la dette. De plus, les comptables n'enregistrent pas le coût du capital-actions.

2. L'intérêt sur dettes n'est pas réparti en comptabilité entre les différentes étapes des opérations de l'entreprise. En d'autres termes, l'intérêt sur dettes n'est pas reconnu comme un coût de production mais comme un coût de la période.

La proposition d'Anthony consiste donc à imputer le coût de toutes les sortes de capital à la production, de la même façon que pour tous les autres frais de production.

8.3.2. Méthode de comptabilisation du

coût du capital

---

[28] ANTHONY, Robert N., 《Accounting for the Cost of Equity》 , *Harvard Business Review* (novembre-décembre 1973), pp. 88-102.

La comptabilisation du coût du capital total soulève deux problèmes : la mesure et l'imputation.

1. En ce qui concerne la mesure, le problème réside dans la détermination du coût du capital-actions avant même d'obtenir le coût du capital total. La nature du problème est la suivante :

    a) Dans une situation fictive où une compagnie paierait tout son profit en dividendes et où les bénéfices par action seraient stables pour une longue période, le coût du capital-actions serait égal au taux de paiement des dividendes.

    b) Dans la réalité, les compagnies ne paient pas tous leurs profits, et les bénéfices par action ne sont pas toujours stables. Il s'ensuit que le coût du capital-actions dépend du risque existant dans le marché.

La méthode la plus répandue consiste à déterminer le coût du capital-actions à partir d'un calcul préalable du coût du capital total et du coût de la dette. Anthony donne l'exemple fictif d'une compagnie dont le capital de $500000 se compose de 40% de dettes et 60% de capital-actions et dont le coût de la dette est de 4%. Si le coût du capital-actions était de 14 %, le coût du capital total pondéré serait de 10%, comme le montre le tableau I.

TABLEAU I

Calcul du cout du capital et dettes

	Montant	Pondération	Coût	Coût Pondéré
Dettes	$200 000	40%	4%	1,6%
Capital	$300 000	60%	14%	8,4%
Total	$500 000	100%		10,0%

Par conséquent, si le cout du capital total était connu comme étant de 10% et le coût de la dette pondéré de 1,6%, le coût pondéré du capital-actions serait égal à la différence, soit 8,4%. Cette méthode consiste donc d'abord à déterminer le coût du capital total et celui de la dette et, ensuite, à établir la différence, c'est-à-dire le coût du capital-actions. Le calcul du coût du capital total est donc primordial. En général, ce coût est établi comme étant égal au taux de rentabilité de la compagnie.

2. En ce qui concerne l'imputation, le traitement comptable est le même que pour les autres frais de production. Par exemple, les coûts des différentes sortes de capital seraient débités d'abord à un compte d'actif qu'on pourrait intituler 《 Services de l'intérêt 》, puis ils seraient imputé à divers comptes, notamment les coûts des marchandises vendues, le stock des produits semi-finis, le stock des produits finis, et à d'autres actifs, responsables du coût de la dette. Ce compte aurait le contenu suivant :

Services de l'intérêt

Des dettes	X	Au coût des marchandises vendues	Z_1
		Au stock des produits semi-finis	Z_2
Du capital-actions	Y	Au stock des produits finis	Z_3
		Autres actifs	$\underline{Z_4}$
	Z		Z

Supposons, par exemple, qu'une entreprise a une dette à long terme de 10 000$ portant intérêt à 5% et un avoir des actionnaires de 10 000 $ dont le coût est de 10%. Supposons aussi que le produit de l'entreprise, par exemple du vin, ne peut être vendu qu'à la cinquième année. Les états financiers dans la situation actuelle et selon la proposition d'Anthony se liraient comme suit:

A. *Situation actuelle*

État des revenus et dépenses

	Années 1 à 4	Année 5
Ventes	0	10 000
Coût des marchandises vendues	0	5 000
Marge bénéficiaire brute	0	5 000
Intérêts	500	500
Bénéfice net	(500)	4 500

BILANS

	0	1	2	3	4	5
Encaisse	15 000	14 500	14 000	13 500	13 000	22 500
Stock	5 000	5 000	5 000	5 000	5 000	0
---------	--------	--------	-------	-------	-------	-------
Total	20 000	19 500	19 000	18 500	18 000	22 500
Dettes	10 000	10 000	10 000	10 000	10 000	10 000
Avoir	10 000	9 500	9 000	8 500	8 000	12 500
-------	-------	-------	-------	-------	-------	-------
Total	20 000	19 500	19 000	18 500	18 000	22 500

B. *Proposition d'Anthony*

État des revenus et dépenses

	Années 1 à 4	Année 5
Ventes	0	10000
Coût des marchandises vendues	0	13605,1
--------------------------------------	--	----------
Marge bénéficiaire brute	0	(3605,1)
Bénéfice net	0	(3605,1)

BILANS

	0	1	2	3	4	5
Encaisse	15 000	14 500	14 000	13 500	13 000	22 500
Stock	5 000	6 500	8 100	9 810	11 641	0
---------	--------	--------	-------	-------	-------	-------
Total	20 000	21 000	22 100	23 310	24 641	22 500
Dettes	10 000	10 000	10 000	10 000	10 000	10 000
Avoir	10 000	11 000	12 100	13 310	14 641	12 500
-------	-------	-------	-------	-------	-------	-------
Total	20 000	21 000	22 100	23 310	24 641	22 500

8.3.3. Évaluation de la comptabilisation
du coût du capital

Les arguments en faveur de la comptabilisation du coût du capital peuvent se résumer comme suit:

1. Elle permettrait de réduire la surestimation présente des résultats transmis par le profit historique.

2. Les états financiers seraient plus réalistes. Les actifs immobilisés incluraient un coût du capital dans leur valeur estimée. De même, l'état des revenus et dépenses influerait une déduction du coût du capital faisant partie des coûts des marchandises vendues, Les deux traitements précédents découlent d'une logique naturelle en ce sens 'que le coût du capital est un coût relié à l'acquisition d'un actif ou à un processus de production. Par conséquent, il fournit des services potentiels et constitue une partie intégrante de l'actif.

Par ailleurs, certaines critiques ont été formulées contre la méthode en général. Ce sont les suivantes:

1. La détermination du coût du capital n'est pas suffisamment exacte. Dans la littérature financière, il ne semble pas exister de consensus sur le sujet[29].

2. La distinction entre coût de la dette et coût du capital, tant du point de vue légal que du point de vue comptable, risque de disparaître.

3. La comptabilisation du coût du capital ne respecterait pas le principe de prudence, En effet, la comptabilisation du coût du capital aurait comme conséquence l'augmentation de la valeur de l'inventaire.

4. La base imposable du profit serait différente.

---

[29] RUSSEL, Grant, 《 La comptabilisation du coût du capital》 , *Cost and Management* (juillet-août 1974), pp. 53-56.

8.4. LA COMPTABILITÉ SOCIALE

ET ÉCONOMIQUE

La comptabilité financière conventionnelle enregistre uniquement les résultats des transactions entre deux entités économiques, Les échanges entre une entité économique et l'environnement social sont complètement ignorés. La comptabilité sociale et économique vise à corriger ce défaut. Elle repose sur la thèse suivante :

> 《La technologie d'un système économique impose une structure à la société qui non seulement détermine ses activités économiques, mais aussi influence ses relations sociales et son bien-être. Aussi, une mesure limitée aux conséquences économiques est-elle inappropriée pour servir comme indicatrice des relations de cause à effet dans le système social. Elle ignore les effets sociaux 》 [30]...

La comptabilité sociale et économique se propose donc de mesurer et de communiquer les résultats des échanges entre une entité économique et son environnement. Ces échanges, qui consistent dans l'utilisation des ressources sociales, engendrent soit un *coût social*, soit un *avantage social*. Plus précisément, une ressource sociale est un élément tangible ou intangible qui contribue de façon positive à la vie de société. Ainsi, l'environnement représente une ressource sociale. Sa valeur ne se mesure pas en termes monétaires mais plutôt en fonction de son utilité sociale. Un coût social, ou 《 externalité négative 》 , provient des dommages et effets négatifs que l'entreprise cause à la société par ses activités de production. Un avantage social, ou 《externalité positive》 , résulte des contributions positives au bien-être social apportées par les activités de l'entreprise. Le but de la comptabilité sociale et économique est de mesurer et communiquer les effets des coûts et avantages sociaux sur les états financiers, de l'entreprise[31]. En d'autres termes, son but serait d' 《 interniser 》 les coûts et avantages sociaux afin d'arriver à un résultat plus pertinent et plus exhaustif: 《le profit social et économique 》 [32]. Naturellement, vu le caractère nouveau et complexe du profit social et

---

[30] MOBLEY, Sybil C., 《The Challenges of Socio-Economic Accounting》 , *Accounting Review* (octobre 1970), pp. 762-768.
[31] BELKAOUI, Ahmed, 《 Whys and Wherefores of Measuring Externalities 》 , *The Certified General Accountant* (janvier-février 1975), pp. 29-32.
[32] LINOWES, David F., 《 Socio-Economic Accounting》 , *The Journal of Accountancy* (novembre 1968), pp. 37-42.

économique, différents problèmes de mesure et de comptabilisation se posent, qui devraient faire l'objet d'une recherche plus poussée[33, 34].

Il faudrait aussi se demander quels sont les avantages que pourrait présenter la comptabilité sociale et économique. À ce sujet, il est intéressant de noter que l'un des objectifs du 《 Trueblood Report 》 était formué en ces termes :

> 《 Un des buts des états financiers est de faire rapport sur les activités de l'entreprise qui affectent la société et qui peuvent être déterminées, décrites ou mesurées, et qui sont importantes quant au rôle de l'entreprise dans son environnement social》 [35]...

De plus, un mouvement en faveur de la publication de résultats socio-économiques comptables a gagné une nouvelle classe d'investisseurs dits 《*Investisseurs moraux* 》 (Ethical Investors)[36]. Il a été aussi établi que la responsabilité sociale des firmes, traduite dans la divulgation de résultats socio-économiques comptables, pourrait rehausser la faveur de ces firmes sur le marché des

capitaux[37, 38]. Tout porte donc à croire que la comptabilité socio-économique représente un défi à relever. Les comptables devront utiliser leurs expériences en termes de mesure et de vérification, et, en collaboration avec les chercheurs d'autres sciences sociales, entreprendre des études sur les façons de calculer les coûts et avantages sociaux.

8.5. IA PORTÉE FUTURE DE LA VÉRIFICATION

Étant donné la nouvelle portée de la comptabilité, il n'est pas surprenant que beaucoup de gens recommandent l'élargissement des frontières de la vérification afin d'y inclure de nouvelles disciplines, de nouvelles méthodes, de nouvelles normes. La vérification traditionnelle est restrictive à en juger par cette définition à laquelle on se refère souvent:

> 《La vérification est un processus systématique qui consiste à obtenir et à évaluer, de manière objective, l'information probante concernant les assertions des faits

---

[33] BEANS, Floyd A. et Paul E. FERTIG, 《 Pollution Control Through Social Cost Conversion 》 , *The Journal of Accounting* (novembre 1971), pp. 37-42.
[34] BELKAOUI Ahmed, 《The Accounting Treatment of Pollution Costs 》 , *The Certified General Accountant* (août 1973), pp. 19-21.
[35] AMERICAN INSTITUTE OF CERTIFIED PUBLIC ACCOUNTANTS, *Objectives of Financial Statements*, octobre 1973.
[36] SIMON, J.G., PAVERS, C.W. et J.P. GUNNERMANN, *The Ethical Investor,* Yale University Press, 1972.
[37] BELKAOUI, Ahmed, 《The Impact of the Environmental Effects of Organizational Behavior on the Market》 , *Financial Management* (hiver 1976), pp. 26-31.
[38] SPICER, Barry H., 《Market Risk, Accounting Data and Companies' Pollution Control Records》 , *Journal of Business Finance and Accounting*, Vol. 5, no. 1 (printemps 1976), pp. 67-84.

économiques, dans le but d'observer le degré de correspondance entre ces assertions et les critères établis, et de communiquer les résultats aux utilisateurs intéressés.》 [39].

Les restrictions résident dans le manque de clarté de l'identification de chacune des six dimensions de la vérification. Ces dimensions sont:

1. Le processus de vérification.

2. La vérification.

3. L'information probante.

4. Les assertions.

5. Les normes de vérification.

6. Les utilisateurs de l'information.

Beaucoup de progrès, en fait, ont été accomplis pour réduire et corriger ces restrictions et étendre la vérification au-delà des limites traditionnelles. Ce progrès a surtout consisté à élargir les frontières de la vérification financière et traditionnelle afin d'y inclure la vérification d'exploitation, de gestion et intégrée. Chacun de ces nouveaux types de vérification a été défini de la façon suivante :

> 《 En vérification de gestion, on s'efforce d'évaluer les systèmes de gestion de l'entreprise (qui fait l'objet de la vérification), l'efficacité avec laquelle ces systèmes sont appliqués et les risques que pourrait entraîner une gestion inefficace. Une définition très similaire peut être donnée à la vérification d'exploitation, avec la différence que cette dernière s'applique aux systèmes d'exploitation de l'entreprise plutôt qu'à ses systèmes de gestion...
>
> La vérification intégrée consiste en une synthèse des divers éléments de la vérification financière traditionnelle ainsi que de la vérification de gestion et d'exploitation》 .[40]

Brièvement, la vérification de gestion utilise les trois éléments de base bien connus du processus de gestion: la planification, l'organisation et le contrôle. La vérification d'exploitation met l'accent sur le résultat des activités. Finalement, la vérification intégrée constitue une synthèse des trois types de vérification: financière, de gestion et d'exploitation.

Comme indiqué auparavant, ceci constitue un progrès de l'expansion des frontières traditionnelles de la vérification. Il est cependant prudent de s'avouer que d'autres progrès sont nécessaires pour que la portée de la vérification corresponde à la portée future de la

---

[39] A *Statement of Basic Auditing Concepts* (American Accounting Association, 1982), p. 2.
[40] SIMKE, J., 《Au-delà des limites traditionnelles》 , *Le Comptable Agréé Magazine* (juin 1982), pp. 11-12.

comptabilité qu'elle présente dans ce chapitre. La portée future de la comptabilité semble faire appel à des spécialistes possédant des connaissances techniques de sujets autres que la comptabilité. Le dilemme est bien expliqué dans l'anecdote suivante:

《L'un de mes confrères, dans un cauchemar, a vu récemment une camionnette remplie de professionnels de diverses disciplines et d'équipements techniques arriver chez un client; chaque professionnel portait un chapeau différent, mais tous les chapeaux arboraient le drapeau canadien et la mention 《Vérification Canada》. Tout ce qu'on espère, c'est que ce cauchemar ne se réalisera pas》.[41]

Est-ce que la vérification du futur portera tous ces chapeaux, ou dépendra des conseils et recommandations de tous les nouveaux spécialistes. L'avenir de la profession repose sur le choix qui est soit d'élargir la compétence technique du vérificateur, soit le recours à des spécialistes. La première option semble la plus favorisée à témoigner par la proposition suivante:

《Il nous faudra, à l'avenir, porter tous ces chapeaux tout en veillant à rester bien compétents et à transmettre avec succès aux nouveaux spécialistes les connaissances suffisantes sur les objectifs et les normes de vérification afin que leur contribution soit aussi efficace qu'elle est nécessaire; il nous faudra aussi maintenir l'uniformité et la compétence dont nous avons fait preuve jusqu'à présent. Nous devrons tracer des profils de carrière pour ces spécialistes afin de les encourager à devenir membres de la profession》.[42]

8.6 CONCLUSION

La nouvelle nature de la comptabilité financière rend nécessaire une divulgation plus poussée et plus recherchée des informations jugées pertinentes pour la prise des décisions. Ces nouvelles informations résultent de la comptabilisation de l'actif humain, des transactions sociales, du coût du capital et des résultats prévisionnels. Un tel défi exige du comptable un effort continu de recherche de techniques nouvelles pour mesurer et vérifier ces informations. Sa fonction devra s'élargir sur une formation sociale plus variée et une meilleure compréhension des disciplines sociales autres que la comptabilité, telles que l'économie, la sociologie, la psychologie et autres.

---

[41] COCKBURN, D. J., et D. POLLARD, 《Élargir les Frontières de la Vérification》 , *Le Comptable Agréé Magazine* (septembre 1982), p. 94.
[42] *Ibid.*, p. 94.

Lectures

1. LA COMPTABILITÉ SOCIALE ET ÉCONOMIQUE

ALHASHIM, Dhia D., 《Social Accounting in Egypt》, *The International Journal of Accounting, Education and Research*, vol. 12, n° 2 (printemps 1977), p. 128

AMERICAN ACCOUNTING ASSOCIATION, 《Report of the Committee on Accounting for Social Performance》, *The Accounting Review,* supplément au volume XLXI, pp. 39-69.

AMERICAN ACCOUNTING ASSOCIATION, 《Report of the Committee on Environmental Effects of Organizational Behavior 》, *The Accounting Review*, supplément au volume XLVIII, 1973, pp. 75—119.

AMERICAN ACCOUNTING ASSOCIATION, 《Report of the Committee on External Reporting》, *The Accounting Review* (supplément au vol. XLIV), 1969, p. 118.

AMERICAN ACCOUNTING ASSOCIATION, 《Report of the Committee on the Measurement of Social Costs 》, *The Accounting Review*, supplément au vol. XLIX, 1974, pp. 98-113.

AMERICAN ACCOUNTING ASSOCIATION, 《Report of the Committee on Measures of

Effectiveness for Social Programs 》, *The Accounting Review*, supplément au vol. XLVII, 1972, pp. 337-396.

AMERICAN ACCOUNTING ASSOCIATION, 《 Report of the Committee on Social Costs 》, *The Accounting Review*, supplément au vol. XLX, 1975, p. 53.

AMERICAN INSTITUTE OF CERTIFIED PUBLIC ACCOUNTANTS, *The Measurement of Corporate Social Performance* (New York: A.I.C.P.A., 1977).

AMERICAN INSTITUTE OF CERTIFIED PUBLIC ACCOUNTANTS, *Social Measurement* (New York: A.I.C.P.A., 1972).

AIVDERSON, John C. et Alan W. FRANKLE, 《Voluntary Social Reporting: An Iso-Beta Portfolio Analysis》, *The Accounting Review* (juillet 1980), pp. 467-479.

BEAMS, Floyd A., 《Accounting for Environmental Pollution》, *The New York Certified Public Accountant* (maintenant le CPA Journal), (aout 1970), pp. 617-661.

BEAMS, Floyd A. et Paul E. FERTIG, 《Pollution Control Through Social Cost Conversion》, *The Journal of Accounting* (novembre 1971), pp. 37-42.

BELKAOUI, Ahmed, 《 The Impact of the Disclosure of the Environmental Effects of Organizational Behavior on the Market》, *Financial Management* (hiver 1976), pp. 26-31.

BELKAOUI, Ahmed, 《The Impact of Socio-Economic Accounting Statements on the Investment Decision: An Empirical Study》, *Accounting, Organizations and Society* (septembre 1980), pp. 263-283.

BIKKI, Jaggi et Martin FREEDMAN, 《An Analysis of the Information Content of Pollution Disclosures》, *The Financial Review* (à paraître).

BRAGDON, Joseph H. et John MARLIN, 《Is Pollution Profitable》 ? *Risk Management* (avril 1978).

BUZBY, Stephen L. et Haim FALK, 《A Survey of the Interest in Social Responsibility Information by Mutual Funds 》, *Accounting, Organizations and Society* (mai 1979), pp. 91-201.

BUZBY, Stephen L. et Haim FALK, 《Demand for Social Responsibility by University Investors 》, *The Accounting Review* (janvier 1979), pp. 23-37.

CHAUGH, Lal C., HANEMAN, Michael et S. MAHAPATRA, 《Impact of Pollution Control

Regulations on the Market Risk of Securities in the U.S.》, *Journal of Economic Studies* (mai 1978),pp. 64-70.

CHURCHILL, Neil C. et John K. SHANK, 《 Accounting for Affirmative Action Programs : A Stochastic Flow Approach》, *The Accounting Review* (octobre 1971), pp. 643-636.

COLANTONI, Claude S., COOPER, W. W. et H. J. DEITZER, 《 Budgeting Disclosure and Social Accounting》, *Corporate Social Accounting*, ed. Meinholf Dierkes et Raymond Bauer, (New York: Praeger, 1973), pp. 376-377.

COOPER, David et Simon ESSEX, 《Accounting Information and Employee Decision Making》, *Accounting, Organizations and Society*, vol. 2, n° 3 (1977), p. 201.

CORCORAN, Wayne et Wayne E. LEININGER, Jr., 《Financial Statements - Who Needs Them》 ?*Financial Executive* (août 1970), pp. 34-38, 45-47.

DIERKES, Meinoff, 《Corporate Social Reporting in Germany: Conceptual Developments and Practical Experience》, *Accounting, Organizations and Society*, vol. 4, n° 1/2 (1979), p. 92.

DILLEY, Steven C., 《 External Reporting of Social Responsibility 》 *MSU Business Topics* (automne 1975), p. 18.

DILLEY, Stephen C. et Jerry J. WEYGANDT, 《 Measuring Social Responsibility: An Empirical Test》, *The Journal of Accountancy* (septembre 1973), p. 64.

DUFF AND PHELPS, INC., *A Management Guide to Better Financial Reporting: Ideas for Strengthening Reports to Shareholders and the Financial Analyst's Perspective on Financial Reporting Practices* (Arthur Andersen and Co.).

EICHBORN, P., *Gesellschaftsbezogene Unternehmenscrechnung* (Gottingen: Verlag Otto Schwasz,1974).

EPSTEIN, Marc J., FLAMHOLTZ, Eric G., et John J. MCDONOUGH, *Corporate Social Performance: The Measurement of Product and Service Contributions*, (National Association of Accountants: New York, 1976).

ESTES, Ralph, *Corporate Social Accounting* (New York, John Wiley and Sons, 1976), p. 62.

FRANCIS, Mildred, 《Thoughts on Some Measures of Effectiveness of Social Programs》, Unpublished Paper prepared for Robert E. Jensen, College of Business Administration, University of Maine, Orono, Maine, mars 1971, p. 3.

GROJER, Jan-Erik et Agneta Stark, 《Social Accounting: A Swedish Attempt》, Accounting, Organizations and Society, vol. 2, n° 4 (1977), pp. 349-386.

INGRAM, Robert W., 《 An Investigation of the Information Content of (Certain) Social Responsibility Disclosures 》, *Journal of Accounting Research* (automne 1978), pp. 270-285.

KELLER, Wayne, Chairman, Committee on Accounting for Social Performance, 《Accounting For Corporate Social Performance》, *Management Accounting* (février 1974), pp. 39-41.

INGRAM, Robert W. et Katherine BEAL-FRAZIER, 《Environmental Performance and Corporate Disclosure》, *Journal of Accounting Research* (printemps 1980), pp. 603-613.

MARLIN, John Tepper, 《Accounting for Pollution》, *The Journal of Accountancy* (février 1973), pp. 41-46.

MORLEY, Michael F., 《The Value Added Statement in Britain》, *The Accounting Review* (juillet1979), p. 629.

NIKOLAI, Loren A., BAZLEY, John D. et R. Lee BRUMMET, *The Measurement of Corporate Environ-mental Activity* (National Association of Accountants, New York, 1976).

OPINION RESEARCH CORPORATION, *Public Accounting in, Transition: American Shareowners and Key Publics View the Role of Independent Accountants and the Corporate Reporting Controversy* (Arthur Anderson and Co,, 1974).

《Pollution Price Tag: 71 Billion Dollars 》 *U.S. News and World Report* (août 17, 1970), p.41.

ROBERTSON, John, 《Corporate Social Reporting by New Zealand Companies》 , *Journal of Contemporary Business* (printemps 1978), pp. 113-133.

SCHOENFELD, Hanns-Martin, *The Status of Social Reporting in Selected Countries*, (Center For International Education and Research in Accounting, Urbana, Illinois, 1978), pp.1-19.

SCHREUDER, Hein, 《Corporate Social Reporting in the Federal Republic of Germany: An Overview》 , *Accounting, Organizations and Society*, vol. 4, n° 1/2, (1979), p. 111.

SCHREUDER, Hein, 《 Employees and the Corporate Social Report: The Dutch Case 》 , *The Accounting Review* (avril 1981), pp. 294-308.

SEIDLER, Lee J., 《Dollar Values in the Social Income Statement 》 , *World* (peat Marwick, Mitchell and Co.), (printemps 1973), pp. 14, 16-23.

SPICER, B., 《Investors, Corporate Social Performance and Information Disclosure: An Empirical Study》 , *The Accounting Review* (janvier 1978), pp. 94-111.

SPICER, B., 《Market Risk, Accounting Data and Companies' Pollution Control Records 》 ,*Journal of Business Finance and Accounting* (printemps 1978), pp. 67-84.

SUDREAU, P., *Rapport du comité d'études pour la réforme de l'entreprise* (Paris : La Documentation française, 1975).

SUDREAU, P., 《The Reform of the Enterprise》 , *Accounting, Organizations and Society*, vol. 1, n° 1 (1976), pp. 97-99.

TOKUTANI, Masao et Masao KAWANO, 《A Note on the Japanese Social Accounting Literature》 , *Accounting, Organizations and Society*, vol. 3, n° 2 (1978).

TROTMAN, K.T. et G.W. BRADLEY, 《Associations Between Social Responsibility Disclosure and Characteristics of Companies 》 , *Accounting, Organizations and Society,* vol. 6, n° 4 (1981),pp. 355-362,

WISEMAN, J., 《 An Evaluation of Environmental Disclosures Made in Corporate Annual Reports 》 , *Accounting, Organizations and Society*, (février 1982), pp. 53-64.

2. LA COMPTABILITÉ DES RESSOURCES HUMAINES

ALEXANDER, Michael, P., 《Investment in People》, *Canadian Chartered Accountant*, juillet 1971.

ALLEN, Albrecht D., 《Accounting and Controlling Staff Work》, *Management Accounting*, février 1968.

BARRETT, James E., 《The Case for Evaluation of Training Expenses》, *Business Horizons*, avril 1969.

BASSETT, Glenn A., 《Employee Turnover Measurement and Human Resources Accounting》, *Human Resource Management*, automne 1972.

BECKER, Gary S., 《Investment in Human Capital: A Theoretical Analysis 》. *The Journal of Political Economy,* supplément, octobre 1962.

BLAINE, E. et STANBURY, W.T., 《 Accounting for Human Capital》, *Canadian Chartered Accountant,* janvier 1971.

BOWERS, David G. et FRANKLIN, Jerome L., 《 Survey-Guided Development : Using Human Resources Measurement in Organizational Change》, *Journal of Contemporary Business, été* 1972.

BOWMAN, Mary Jean, 《 The Human Investment Revolution in economic Thought 》, *Sociology of Education*, printemps 1966.

BRAUNSTEIN, Daniel N., 《Management Science: A Behavioral View 》, *Interfaces,* The Institute of Management Sciences, mai 1972.

BRUMMET, R. Lee, 《Accounting for Human Resources》, *The New York Certified Public Accountant,* juillet 1970.

BRUMMET, R. Lee, 《Accounting for Human Resources 》, *The Journal of Accountancy*, décembre 1970.

BRUMMET, R. Lee, 《 Human Resource Accounting in Industry 》 *Personnel Administration,* juillet-août 1969.

BRUMMET, R. Lee, 《 Total Performance Measurement 》, *Management Accounting, novembre* 1973.

BRUMMET, R. Lee, FLAMHOLTZ, Eric G. et PYLE, William, C., 《 Human Resource Accounting: A Tool to Increase Managerial Effectiveness》 , *Management Accounting,* août 1969.

BRUMMET, R. Lee, FLAMHOLTZ, Eric G. et PYLE, William, C., 《Accounting for Human Resources 》 , *Michigan Business Review*, mars 1968.

BRUMMET, R. Lee, FLAMHOLTZ, Eric G. et PYLE, William, C., <<Human Resource Measurement – A Challenge for Accountants>), *The Accounting Review*, avril 1968.

EGGERS, H. C., << The Evaluation of Human Assets >>, *Management Accounting* (novembre 1971).

ELLIAS, N., <<Some Aspects of Human Resource Accounting >>, *Cost and Management* (novembre-decembre 1971).

ELLIAS,N., The Effects of Human Asset Statements on the Investment Decision: An Experiment>>, *Journal of Accounting Research, supplement, Empirical Research in Accounting : Selected Studies*, 1972.

DEANGELO, L. E., << Unrecorded Human Assets and the 'Hold Up' Problem >>, *Journal of Accounting Research* (printemps 1982), pp. 272-274.

DITTMAN, D. A., JURIS, H. A. et REVSINE L., << Unrecorded Human Assets: A Survey of Accounting Firms' Training Programs >>, *The Accounting Review* (octobre 1980), pp. 640-648.

DITTMAN D. A., JURIS, H. A. et REVSINE, L., << On the Existence of Unrecorded Human Assets: An Economic Perspective>>, *Journal of Accounting Research* (printemps 1976), pp. 49-64.

FLAMHOLTZ, Eric G., <<A Model for Human Resource Valuation: A Stochastic Process with Service Rewards>>, *The Accounting Review*, avril 1971.

FLAMHOLTZ, Eric G., <<Assessing the Validity of a Theory of Human Resource 'Value: A Field Study>>, *Empirical Research in Accounting: Selected Studies*, 1972.

FLAMHOLTZ, Eric G., <<Human Resources Accounting: Measuring Positional Replacement Costs >>, *Human Resource Management,* printemps 1973.

FLAMHOLTZ, Eric G., << On the Use of the Economic Concept of Human Capital in Financial Statements : A Comment>>, *The Accounting Review*, janvier 1979.

FLAMHOLTZ, Eric G., <<Should Your Organization Attempt to Value Its Human Resource>>? *California Management Review*, hiver 1971,

FLAMHOLTZ, Eric G., <<Toward a Theory of Human Resource Value in Formal Organizations>>, *The Accounting Review*, octobre 1972.
211

GILBERT, Michael H., <<The Asset Value of Human Organization>>, *Management Accounting*, juillet 1970.

GLAUTHIER, M. W. E., <<Human Resource Accounting: A Critique of Research Objectives for the Development of Human Resource Accounting Models>> *Journal of Business Finance and Accounting* (été 1976), pp. 3-21.

HEKIMAN, James S. et CURTIS, H. Jones, << Put People on Your Balance Sheet >>, *Harvard Business Review*, janvier-février 1968.

HERZBERG, Frederick, << One More Time: How Do You Motivate Employees >>? *Harvard Business Review*, janvier-février 1968.

KELLEY, Roger T., <<Accounting in Personnel Administration >>, *Personnel Administration*, mai-juin 1967.

KOLLARITSCH Felix P., <<Future Service Potential Value>>, *Journal of Accountancy*, février 1965.

KREIN Ted J., <<People-Assets That Talk Back>>, *The Internal Auditor*, juillet-août 1969.

LAWRENCE, Susanne, <<Putting People on the Balance Sheet>>, *Personnel Management*, janvier, 1971.

LEV, Baruch et SCHWARTZ , Aba, <<On the Use of the Economic Concept of Human Capital in Financial Statements : A Reply>>, *The Accounting Review*, janvier 1972.

LEV, Baruch et SCHWARTZ, Aba, <<On the Use of the Economic Concept of Human Capital in Financial Statements >> *The Accounting Review*, janvier 1971.

LIKERT, Rensis, <<Human Organizational Measurements: Key to Financial Success>>, *Michigan Business Review*, mai 1971.

LIKERT, Rensis, <<Human Resources - The Hidden Assets of Your Firm >>, *Credit and Financial Management*, juin 1971.

LIKERT, Rensis, <<Human Resource Accounting: Building and Assessing Productive Organizations>>, *Personnel*, mai-juin 1973.

LIKERT, Rensis, << Recognizing the Value of People >>, *International Management*, 1973.

LIKERT, Rensis et BOWERS, David G., <<Improving the Accuracy of P/L Reports by Estimating the Change in Dollar Value of the Human Organization>>, *Michigan Business Review*, mars 1973.

LIKERT, Rensis et BOWERS, David G., << Organizational Theory and Human Resource Accounting >>, *American Psychologist*, septembre 1968.

LIKERT, Rensis, BOWERS, David G. et NORMAN, Robert M., <<How to Increase a Firm's Lead Time in Recognizing and Dealing with Problems of Managing Its Human Organization>>, *Michigan Business Review*, janvier 1969.

LIKERT, Rensis et PYLE, William C., << A Human Organizational Measurement Approach >>, *Financial Analysts Journal*, janvier-février, 1971.

LIKERT, Rensis et SEASHORE, Stanley E., << Making Cost Control Work>>, *Harvard Business Review*, novembre-decembre 1963.

MCRAE T. W., << Human Resource Accounting as a Management Tool>>, *Journal of Accountancy* (août 1971), pp. 32-38.

MARANGEU Frank, <<How to Establish a Human Resource Data Base >>, *Personnel*, janvier-fevrier 1972.

MILES, Raymond E., <<Human Relations or Human Resources>>? *Harvard Business Review*, juillet-août 1965.

NEWELL Gale E., <<Should Humans Be Reported as Assets >>? *Management Accounting*, decembre 1972.

NORTON, Hugh S. et KIKER, B. F., <<The Public Utility Concept and Human Capital>>, *Public Utilities Fortnightly*, avril 11, 1968.

OGOLIN, Earl J., <<Human Resource Accounting >>, *The U.S. Army Audit Agency*, printemps 1970.

PAINE, Frank T.,<<Human Resource Accounting - The Current State of the Question>>, *The Federal Accountant*, juin 1970.

PETERSON, Sandra E., << Accounting for Human Resources >>, *Management Accounting* , juin 1972.

PYLE, William C., << Human Resource Accounting >>, *Financial Analysts Journal*, septembre-octobre 1970.

PYLE, William C., << Human Resource Accounting >>, *Financial Analysts Journal*, septembre-octobre 1970.

PYLE, William C., <<Monitoring Human Resources - 'On Line'>>, *Michigan Business Review*, juillet 1970.

Ross, Gerald H. B., <<Social Accounting: Measuring the Unmeasurables >>? *Canadian Chartered Accountant*, juillet 1971.

SCHULTZ, T. W., << Capital Formation by Education >>,*Journal of Political Economy*, decembre 1960.

SHEPHARD, Clarence D.,<<Missing from the Balance Sheet: People as Our Greatest Asset>>, *Certified General Accountant*, decembre 1969.

SIMPSON, Robert R. Jr., <<The Measurement of Human Resource>>, *The Journal of Accountancy*, septembre 1971.

SINGER, Henry A., << The Impact of Human Resources on Business >>, *Business Horizons*, avril 1969.

STONE, Florence, <<Investment in Human Resources at AT&T>>, *Management Review*, octobre 1972.

TOMASSINI, L. A., << Assessing the Impact of Human Resource Accounting: An Experimental Study of Managerial Decision Preferences >>, *The Accounting Review* (octobre 1977), pp. 904-914.

WEISBROAD, Burton A., <<Education and Investment in Human Capital>>, *Journal of Political Economy*, supplément, octobre 1962.

WEISS, Marvin, <<Accounting for Human Resources>>, *The Magazine of Bank Administration*, decembre 1972.

WEISS, Marvin, << Where 'Human Resources Accounting' Stands Today>>, *Administrative Management Society Report*, novembre 1972.

WINOFIELD, Mervyn W., <<Another Look at Human Resource Accounting>>, *The Virginia Accountant*, septembre 1971.

WINPISINGER, William, <<Human Resources>>, *Managerial Planning*, septembre-octobre 1971.

WOODRUFF, Robert L., Jr., <<Human Resource Accounting>>, *Canadian Chartered Accountant*, septembre 1970.

WOODRUFF, Robert L. Jr., <<Measuring Staff Turnover>>, *Canadian Chartered Accountant*, février 1973.

WOODRUFF, Robert L. Jr., <<What Price People>>? *The Personnel Administrator*, janvier-février 1969.

WRIGHT, Robert<<Managing Man as a Capital Asset>>, *Personnel Journal*, avril 1970.

3. LA COMPTABILISATION DU COÛT DU CAPITAL

ANTHONY, R. N., <<Accounting for the Cost of Equity Capital>>, *Harvard Business Review* (novembre-decembre 1973), pp. 88-102.

ANTHONY, R. N., *Accounting for the Cost of Interest* (New York: Lexington Books, 1975).

ANTHONY, R. N., <<Equity Interest: A Cure for the Double Taxation of Dividends>>, *Financial Executive* (juillet 1977), Pp. 20-23.

ANTHONY, R. N., << Equity Interest-Its Time Has Come >>, Journal of Accountancy (decembre 1982), pp. 76-90.

BARTLEY, J. W. et DAVISON, L. F. <<The Entity Concept and Accounting for Interest Costs>>, *Accounting and Business Research* (été 1982), pp. 175-187.

BIERMAN, H.Jr. et DYCKMAN, T. R., <<Accounting for Interest During Construction >>, *Accounting and Business Research* (automne 1979), pp. 267-272.

BRENNAN, W. J. et SILVESTER, W. H., << Accounting for Interest Cost >>, *The Chartered Accountant Magazine* (octobre 1981), pp. 74-76,

DEFLIESE, P. L., <<Defliese Calls for 'Cost of Capital Disclosures'>>, *The Journal of Accountancy* (mai 1975), p. 25.

PATON, W. A., <<Interest and Profit Theory-Amended from an Accounting Stance>>, *The Journal of Accountancy* (juin 1976), pp. 76-82. .

RUSSELL, F., <<Accounting for the Cost of Capital>>, *Cost and Management* (juillet-août 1974), pp. 50-52.

YOUNG, D. W., <<Accounting for the Cost of Interest: Implications for the Timber Industry>>, *The Accounting Review* (octobre 1976), pp. 788-799.

4. LA PUBLICATION DES RÉSULTATS PRÉVISIONNELS

ABDEL-KHALIK, A. et THOMPSON, R., <<Research on Earnings Forecasts: The State of the Art>>, *Accounting Journal*, printemps 1977-1978, pp. 180-217.

ABDELSAMAD, M. H. et GILBREATH, G. H., << Publication of Earnings Forecasts: A Report of Financial Executives Opinions>>, *Managerial Planning*, janvier-février 1978, pp. 26-30.

AMERICAN INSTITUTE OF CERTIFIED PUBLIC ACCOUNTANTS, *Presentation and Disclosure of Financial Forecasts*, New York, 1975.

ASEBROOK, R. et CHARMICHAEL, D., <<Reporting on Forecasts: A Survey of Attitudes>>, *Journal of Accounting*, août 1973, pp. 38-48.

BACKER, M., << Reporting Profit Expectations >>, *Management Accounting*, février 1972, pp. 33-37.

BAREFIELD, F. et COMISKEY, E., << The Accuracy of Analysts Forecasts of Earnings Per Share >>, *Journal of Business Research*, juillet 1975, pp. 241-252.

BARNEA, A., SADAN, S. et SCHIFF, M., <<Afraid of Publishing Forecasts>>, *Financial Executive,* novembre 1977, pp. 52-58.

BASI, B., <<The CPA's Liability for Forecasts >>, *CPA Journal*, février 1976, pp. 13-17.

BASI, B., CAREY, K. et TWARK, R., <<A Comparison of the Accuracy of Corporate and Security Analysts Forecasts of Earnings >>, avril 1976, pp. 244-254.

BEDINGFIELD, J. P. et LUBELL, M. S., << Extension of the Attest Function to Published Forecasts – An Opinion Survey>>, *CPA*, janvier 1974, Pp. 40-45.

BENJAMIN, J. et STRAWSER, R., << The Publication of Forecasts: An Experiment >>, *Abacus*, mai 1974, pp. 138-146.

BISSELL G., <<A Professional Investor Looks at Earnings Forecasts >>, *Financial Analysts* Journal, mai-juin 1972, pp. 73-77.

BLUM, J. et CHADWICK, L., <<Accounting Educators' Views on Financial Forecasting>>, *CPA Journal,* mars 1974, pp. 15-16.

BROWN, L. et ROZEFF, M., <<The Superiority of Analysts Forecasts as Measures of Expectations: Evidence from Earnings >>, *Journal of Finance*, mars 1978, pp. 1-15.

CARPENTER, C. et DAILY, R., << Controllers and CPA's: Two Views of Published Forecasts >>, *Business Horizons*, août 1974, pp. 83-78.

CLARK, J. et ELGERS, P., <<Forecasted Income Statements: An Investor Perspective>>, *Accounting Review*, octobre 1973, pp. 668-678.

COPELAND, R. et MARIONI, P., <<Executives Forecasts of Earnings Per Share Versus Forecasts of Naive Models >>, *Journal of Business*, octobre 1972, pp. 497-512.

CORLESS, J. et NORGARD, C., <<User Reactions to CPA Reports on Earnings Forecasts >>*,Journal of Accounting*, août 1974, pp. 46-54.

CRAIG, J. et MALKIEL, B., <<The Consensus and Accuracy of Some Predictions of the Growth of Corporate Earnings >>, *Journal of Finance*, mars 1968, pp. 67-84.

CRITCHFIELD, T., DYCKMAN. T. et LAKONISHAK, J., <<An Evaluation of Security Analysts' Forecasts >>, *Accounting Review*, juillet 1978, pp. 651-666.

DAILY, R., << The Feasibility of Reporting Forecasted Information>>, *Accounting Review*, octobre 1971, pp. 686-692.

DEV, S., <<Statements of Company Prospects>>, *Accounting and Business Research*, automne 1974, pp. 270-274.

DEV, S. et WEBB, M., << The Accuracy of Company Forecasts >>, *Journal of Business Finance*, automne 1972.

FINANCIAL ANALYSTS RESEARCH FOUNDATION, *Disclosure of Corporate Forecasts to the Investor*, The Financial Analysts Federation, New York, 1973.

ELTON, E. et GRUBER, M., <<Earnings Estimates and the Accuracy of Expectational Data>>, *Management Science*, avril 1972, pp. B409-B424.

EPSTEIN, M., <<A Shareholder's View of Earnings Forecasts>>, *Managerial Planning*, novembre-decembre 1975, pp. 33-36.

FESS, P. et MARTIN, S., <<Company Forecasts and the Independent Auditor's Inexorable Involvement>> *CPA Journal*, octobre 1973, pp. 868-876.

FOSTER, G., <<Stock Market Reaction to Estimates of Earnings Per Share by Company Officials >>, *Journal of Accounting Research*, printemps 1973, pp. 25-37.

FRASER, D. R. et RICHARDS, R., << Forecasting Bank Earnings >>, *Magazine of Bank Administration.*, août 1975, pp. 40-45.

GILLIS, I., <<Legal Aspects of Corporate Forecasts>>, *Financial Analysts Journal*, janvier-février 1973, pp. 72-76.

GONEDES, N., DOPUCH, N. et PENMAN, S., <<Disclosure Rules, Information Production and Capital Market Equilibrium: The Case of Forecast Disclosure Rules>>, *Journal of Accounting Research* printemps 1976, pp. 86-129,

GRAY, W., GILLES, J. et STEWART, S., << Disclosure of Corporate Forecasts to the Investor >>, Financial Analysts Federation, 1973.

GRAY, W., <<Proposal for Systematic Disclosure of Corporate Forecasts>>, *Financial Analysts Journal*, janvier-février 1973, pp. 64-71.

GREEN, D. et SEGALL J., << The Predictive Power of First-Quarter Earnings Reports: A Replication>>, *Empirical Research in Accounting: Selected Studies*, 1966.

GRENSIDE, J. P., << Accountants Report on Profit Forecasts in the U.K. >>, *The journal of Accountancy*, mai 1970.

GRIFFEN, P., <<Competitive Information in the Stock Market: An Empirical Study of Earnings, Dividends and Analysts' Forecasts>>, *Journal of Finance*, pp. 631-650.

GUY, D. M., <<Auditing Projected Financial Statements>>, *Management Accounting*, novembre 1972, pp. 33-37.

IMHOFF, E., << The Representativeness of Management Earnings Forecasts>>, *Accounting Review*, octobre 1978, pp. 836-850.

JAGGI, B., <<A Note on the Information Content of Corporate Annual Earnings Forecasts>>, *Accounting Review*, octobre 1978, pp. 961-967.

KAPNICK, H., <<Will Financial Forecasts Really Help Investors>>? *Financial Executive*, août 1972, pp. 50-54.

KIDD, R., *Earnings Forecasts*, Canadian Institute of Chartered Accountants, Toronto, 1976.

KILLOUGH, L., <<Arguments for Published Forecasted Financial Data>>, *National Public Accountant*, decembre 1973, pp. 15-17.

LOREK, K., << A Commentary on Research on Earnings Forecast: The State of the Art >>, *Accounting Journal*, printemps 1970/1978, pp. 210-217.

LOREK, K., McDONALD, C. et PATZ, D., <<A Comparative Examination of Management Forecasts of Earnings >>, *Accounting Review*, avril 1976, pp. 321-329.

MACDONALD, C. L., <<An Empirical Examination of the Reliability of Published Predictions of Future Earnings >>, *Accounting Review*, juillet 1973, pp. 502-510.

MANDEL, J. D. et ATSHUL , D., <<Financial Forecasts and Projections: A Pitfall for the Uninitiated Accountant>>, *Journal of Accountancy*, mai 1977, pp. 46-49.

NICHOLS, D. R. et TSAY, J. J., <<Security Price Reactions to Long Range Executive Earnings Forecasts >>, *Journal of Accounting Research*, printemps 1979, pp. 140-155.

NICKERSON, C., POINTER, L. et STRAWSER, R., << Published Forecasts: Choice or Obligation >> ? *Financial Executive*, février 1974, pp. 70-73.

NIEDHOFFER, V. et REGAN, P., << Earnings Changes, Analysts' Forecasts and Stock Prices>>, *Financial Analysts Journal*, mai-juin 1972, pp. 65-71.

PATELL, J., <<Corporate Forecasts of Earnings Per Share and Stock Price Behavior: Empirical Tests>>, *Journal of Accounting Research*, automne 1976, pp. 246-276.

RICHARDS, R., <<Analysts' Performance and the Accuracy of Corporate Earnings Forecasts>>, *Journal of Business*, juillet 1976, pp. 350-357.

RICHARDS, R. et FRASER, D., << Management s Role in Profit Forecasting>>, *Review of Business and Economic Research*, printemps 1977, pp. 34-41.

RUDER, D., <<Civil Liability for Corporate Financial Forecasts - A View From the Legal Profession>>, *Public Reporting of Corporate Financial Forecasts, Commerce Clearing House*, New York, 1976.

RULAND, W., <<Management Forecasts, Stock Prices and Public Policy>>, *Review of Business and Economic Research*, hiver 1978-1979, pp. 16-29.

RULAND, W., << The Accuracy of Forecasts by Management and by Financial Analysts >>, *Accounting Review*, avril 1978, pp. 439-446.

SHANK, I., << Pros and Cons of Forecast Publication >>, *Business Horizons*, octobre 1973, pp. 43-49.

SHANK, I. et CALFEE, I., <<Case of the FUQUA Forecast>>, *Harvard Business Review*, novembre 1973, pp. 34-36.

SMITH, L. et MURPHY, G., <<Earnings Forecasting - Investment Analysts Versus Exponential Models>>, *Journal of Business Administration*, automne 1976, pp. 11-21.

STEWART, S., <<Research Report on Corporate Forecasts>>, *Financial Analysts Journal*, janvier- février 1973, pp. 75-85.

WESTWICK, C., <<Profit Forecasts in Bid Situations >>, *Accounting Review*, juillet 1972, pp. 10-16.

CHAPITRE IX
La comptabilité à la valeur actuelle

La comptabilité à la
valeur actuelle

Le profit comptable a toujours été considéré comme une information importante et nécessaire a la prise de décisions des investisseurs et autres utilisateurs de données comptables. Cependant, les problèmes inhérents à la détermination du profit comptable d'une entreprise soulèvent certaines critiques dont les suivantes :

1. Le concept de profit comptable n'a pas été clairement formule par la profession comptable.

2. Les <<principes comptables généralement reconnus>> permettent une certaine souplesse dans le calcul du bénéfice comptable tout en ne reflétant pas les valeurs intrinsèques économiques. Des principes et postulats tels que le postulat de l'unité de mesure et le principe du coût d'acquisition ne sont pas considérés très réalistes quant à la représentation de certains aspects de l'environnement comptable.

3. Les changements dans le prix des biens et des services ainsi que dans le niveau général des prix font douter de l'utilité du profit comptable base sur la valeur d'origine ou cout d'acquisition.

4. D'autres informations comptables peuvent être à juste titre jugées plus pertinentes pour les investisseurs, créanciers, administrateurs et autres.

C'est en réponse à ces critiques que la profession comptable, en Amérique du Nord et ailleurs, s'est efforcée de proposer des solutions théoriques et pratiques, surtout dans le domaine de la valorisation des éléments de l'actif et, par conséquent, dans le calcul du profit de l'entreprise. On peut généralement isoler trois courants de base relies a la manière de valoriser les éléments de l'actif[1] :

1. Un courant <<*classique*>>, caractérisé principalement par l'adhésion au postulat de l'unité de mesure présumée stable et au principe du coût d'acquisition.
2. Un courant <<*néo-classique*>>, caractérisé principalement par le rejet de l'idée de stabilité présumée de l'unité de mesure monétaire et la reconnaissance du changement dans le pouvoir d'achat: de la monnaie; c'est le courant de la comptabilité dite <<indexée>>.
3. Un courant <<*radical*>>, caractérisé par le choix de la valeur actuelle comme base de valorisation. Ce courant prend généralement deux formes : dans la première, les états financiers ont pour base les valeurs actuelles et ne tiennent pas compte de l'impact des changements dans le niveau général des prix ; dans la deuxième, les états financiers ont aussi pour base les valeurs actuelles, mais ils tiennent compte des effets de l'évolution du niveau général des prix.

Dans ce chapitre, nous discuterons des problèmes théoriques et pratiques que pourrait soulever l'établissement d'états financiers ayant pour base la valeur actuelle des postes de l'actif et du passif. Le courant <<néo-classique>> de la comptabilité indexée fera l'objet du chapitre 11. Enfin, les états financiers tenant compte des changements dans le niveau général des prix seront étudiés dans le chapitre 12.

9.1. PERTINENCE DU CONCEPT DE PROFIT

À quoi sert le profit ? Bien que de plus en plus remplacée par d'autres données comptables, la notion de profit présente encore différentes utilités ; le profit sert notamment de mesure de la base imposable, de déterminant de la politique de paiement des dividendes, de guide d'investissement et de moyen de prédiction.

1. Le profit a été considéré pendant longtemps comme une bonne mesure de la base imposable. Cependant, il est aussi admis que la possession de ressources pourrait constituer un critère plus juste pour l'imposition des entités économiques[2]. De même, certains économistes maintiennent qu'il serait plus équitable d'imposer les gens sur la base de ce qu'ils dépensent plutôt que sur la base de ce qu'ils gagnent. Cette dernière thèse constitue une argumentation non pas en faveur de la substitution de l'imposition indirecte a l'imposition directe, mais plutôt en faveur de l'utilisation des dépenses et non du profit comme base d'imposition.

---

[1] COTE, Yves Aubert, <<Inflation et comptabilité en milieu nord-américain>>, *CA Magazine* (février 1978), p. 48.
[2] SOLOMONS, David, << Economic and Accounting Concepts of Income>>, *Accounting Review* (juillet 1961), p. 375.

2. Un autre but important de l'utilisation du profit a trait à la détermination de la politique de paiement des dividendes. Il a toujours été reconnu que l'existence d'un profit assure un paiement de dividendes et, aussi, sert de base pour le calcul des dividendes. Cependant, étant donne les différences entre la comptabilité de caisse et la comptabilité d'exercice, il se peut que, dans bien des cas, la firme enregistre un profit et soit en même temps à court de fonds pour le paiement des dividendes. L'existence d'un profit n'est donc pas nécessairement un bon guide pour la détermination du paiement des dividendes.

3. Un autre but important du calcul du profit est de guider le choix des investissements. On a toujours tenu pour acquis que les investisseurs potentiels cherchent à maximiser le rendement sur le capital investi et, par conséquente, se basent sur le profit comptable pour leurs calculs. Ainsi, un comité de l'A.A.A. a défini le modelé de décisions de l'investisseur comme suit[3]:

$$V_o = (\sum_{i=1}^n \frac{D_i \alpha_i}{(1+\beta)^i} + \frac{I_n \alpha_n}{(1+\beta)^n} - I_o$$

Où

V_o = valeur actuelle nette d'une action ordinaire achetée a la période o a un prix d'acquisition de I_o.

D_i = dividendes par action future pendant la période i.

α_i = facteur d'ajustement du risque, $0 < \alpha_i < 1$.

β = taux d'escompte pour un investissement sans risque.

I_n = valeur espérée de l'action ordinaire à la fin de la périodes n.

Cependant, les problèmes existant dans la détermination du profit comptable soulèvent des questions quant à la pertinence d'utiliser le profit comptable comme guide d'investissement. Il semble que les mouvements de trésorerie ou flux monétaires seraient juges plus adéquats par les investisseurs.

4. Finalement, le profit comptable fait état de la performance des résultats opérationnels et non opérationnels de l'entreprise. Parce que les résultats opérationnels sont de nature courante et répétitive, on peut avancer que le profit comptable donne une indication de leur tendance temporelle. En tant que tel, il fournit un moyen de prédiction de la performance opérationnelle future. Un autre point de vue exprime dans la littérature comptable va encore plus loin en maintenant que les données comptables, y compris le profit, ont un pouvoir de prédiction des événements économiques futurs[4, 5].

---

[3] Committee on External Reporting, <<An Evaluation of External Reporting Practices: A Report of the 1966-68 Committee on External Reporting,>, Supplement de l' *Accounting Review*, Vol. XLIV, 1969, pp. 82-83.

[4] BEAVER, William H., <<Financial Ratios as Predictors of Failure>>, *Empirical Research in Accounting: Selected Studies*, 1966, pp. 71-102.

9.2. NATURE DU CONCEPT ÉCONOMIQUE DE PROFIT

Le concept de profit a fait l'objet d'une analyse assez poussée en économie. Adam Smith fut l'un des premiers à définir le profit comme étant une augmentation de richesse[6]. Vers la fin du 19e siècle, l'idée que le profit est loin d'être uniquement de l'encaisse apparut dans les théories de capital et de profit de Böhm Bawerk[7]. Cet auteur essaya de développer une mesure << réelle >>, c'est-à-dire non monétaire, de profit, en dépit du mouvement << monétaire >> existant à l'époque en théorie économique et symbolise par les travaux de Keynes[8]. Ce furent principalement les travaux de Windhal, Fisher et Hicks qui apportèrent des définitions nouvelles du concept de 'profit.

1. Fisher définit le profit comme une série d'événements[9]. Ces événements correspondent aux différents aspects du concept de profit qui sont: le profit psychique, le profit réel et le profit monétaire.

   Le profit psychique correspond au profit consomme. En d'autres termes, les expériences psychiques de l'esprit humain constituent le profit final pour un individu. Le profit n'existe que par sa consommation. Il consiste donc dans un ensemble de services, distribues sur une période a différents consommateurs qui les utilisent à des fins de consommation, satisfaisant ainsi leurs besoins[10]. Le profit psychique, concept psychologique qui ne peut pas être mesure directement, est exprimé indirectement par le profit réel qui représenté le cout du profil consomme, c'est-à-dire le cout de la vie. En d'autres termes, la satisfaction engendrée par le profit psychique est mesurée par les dépenses monétaires nécessaires pour l'acquérir. La détermination du cout de l'objet de satisfaction ou de consommation revient au comptable. Le profit psychique, le profit réel et le cout de la vie constituent donc trois aspects différents du concept de profit.

   Alors que le profit réel représente les paiements monétaires pour les produits de consommation, le profit monétaire représente les flux monétaires reçus par le consommateur. En d'autres termes, l'argent reçu, disponible et destine à être dépensé pour fins de consommation, constitue le profit monétaire.

   Le profit monétaire est le concept le plus près de la vie quotidienne de tout individu, alors que le profit psychique est le concept le plus fondamental.

[5] BELKAOUI, Ahmed, <<The Entropy Law, Information Decomposition Measures and the Prediction of Takeovers>>, *The Journal of Business Finance and Accounting* (automne 1976), Vol. 3, no 3, pp. 41-52.

[6] SMITH, Adam, *An Enquiry into the Nature and Causes of the Wealth of Nations*, London, Geo., Rowtledge, 1890, Book II, Chap. 1 et 2.

[7] BOHN BAWERK, Eugene Von, << Positive Theory of Capital>>, *Capital and Interest*, Vol. 88, South Holland, Ill., Libertarian Press, 1959, pp. 16-66.

[8] KEYNES, J.M., *The General Theory of Employment, Interest and Money*, London, MacMillan, 1936, Chap. 6.

[9] FISHER, Irving, *The Nature of Capital and Income*, New York, The MacMillan Co., 1912, p. 38.

[10] FISHER, *op. cit.*, p. 38.

Cependant, pour des raisons pratiques de mesure, c'est le profit réel, correspondant au cout de la vie, qui est surtout utilise par les comptables.

2. C'est Lindhal qui a introduit la notion la plus explicite de profit, en considérant ce dernier comme une appréciation de la valeur du capital par rapport au facteur temps[11].

3. Hicks utilisa le concept tel qu'introduit par Lindhal, et l'étudia en détail dans son important ouvrage *Value and Capital*[12].

Selon Hicks, le but du calcul du profit est.de donner aux individus ou compagnies une indication du montant maximum à dépenser ou consommer sans pour cela s'appauvrir. Aussi, définit-il le profit comme étant <<*le montant maximum, qu'une personne peut dépenser durant une semaine en étant aussi riche à la fin de la semaine qu'elle ne l'était au début*>>[13]. Cette définition devint le concept classique de profit en économie et influença énormément la recherche comptable. Le problème le plus important soulevé par cette définition réside dans le manque d'unanimité quant à l'interprétation du concept << *aussi riche que* >>. L'interprétation généralement acceptée est celle de la préservation du patrimoine, selon laquelle le profit <<*Hicksien*>> est le montant maximum que l'on peut consommer au cours d'une période sans entamer son patrimoine.

9.3. NOTIONS DE PRÉSERVATION DU PATRIMOINE

Suivant la définition <<Hicksienne >>, le profit sera donc calcule en fonction de la méthode choisie d'évaluation de la préservation du patrimoine. Trois méthodes ont été proposées :

1) la préservation du numéraire ;
2) la préservation du pouvoir d'achat;
3) la préservation de la capacité de production.

La première notion réfère à la préservation du numéraire investi ou réinvesti par les propriétaires. Selon cette méthode, le profit est égal aux changements dans l'actif net exprimés en dollars après ajustement pour tenir compte des opérations portant sur les capitaux propres. La comptabilité traditionnelle, basée sur l'évaluation des actifs et des passifs de l'entreprise à leur valeur d'origine, est conforme à cette notion.

La deuxième notion réfère à la préservation du pouvoir d'achat investi ou réinvesti par les propriétaires. Selon cette méthode, le profit est égal aux changements dans l'actif net exprimés en dollars millésimes, c'est-à-dire ayant le même pouvoir d'achat. La

[11] LINDHAL, E., *Economic Essays in Honour of Gustave Cassel*, London, Allen and Anvin, 1933, reproduit dans Parker et Harcourt, chap. 2.

[12] HICKS, J.R., *Value and Capital*, Oxford, Clarendon Press, $2_{\text{ième}}$ éd., 1946.

[13] HICKS, *op. cit.*, p. 122.

comptabilité indexée, qui repose sur la comptabilisation de la variation du pouvoir d'achat de l'argent er, par conséquent, l'indexation de tous les postes comptables, est conforme à cette notion.

Finalement, la troisième notion réfère à la préservation de la capacité de production de l'entreprise. Selon cette méthode, le profit est égal au montant que l'on peut distribuer après que les prélèvements nécessaires pour maintenir intacte la capacité de production ont été effectues. La comptabilité a la valeur actuelle, basée sur le maintien du niveau d'activité, est conforme à cette notion.

L'exemple suivant permettra de voir les différences entre les trois méthodes en matière de calcul du profit. Supposons qu'une firme a un actif net au début de l'exercice de \$2000 et de \$2600 à la fin de l'exercice, dans le cadre d'une comptabilité traditionnelle utilisant les valeurs d'origine. Supposons aussi que le niveau général des prix a augmenté de 20% durant l'annexe et qu'un actif net de \$2500 serait nécessaire à la fin de l'annexe pour maintenir le niveau de production actuel. Les trois méthodes de préservation du patrimoine conduisent aux profits comptables suivants:

1. Préservation du numéraire: \$2 600 - \$2 000 = \$600
2. Préservation du pouvoir d'achat: \$2 600 - \$2 200 ~ \$400
3. Préservation de la capacité de production: \$2 600 ~ \$2 500 = \$100

En d'autres termes, la comptabilité traditionnelle détermine un profit de \$600, la comptabilité indexée un profit de \$400 et la comptabilité de la valeur actuelle un profit de \$100.

Comme ce chapitre traite de la comptabilité a la valeur actuelle, qui repose sur la préservation de la capacité de production, les sections suivantes porteront uniquement sur les problèmes conceptuels et pratiques qu'entraine l'utilisation des différentes notions de valeur actuelle.

9.4. NOTIONS DE VALEUR ACTUELLE

L'adoption de la comptabilité à la valeur actuelle se complique quand vient le moment de choisir un système de valorisation qui permet vraiment de préserver la capacite de production. En effet, différents systèmes de détermination de la valeur actuelle existent. Les principaux Sont[14]:

1) prix d'entrée courants pour l'entreprise;
2) prix de sortie courants pour l'entreprise;
3) valeurs actualisées ou valeurs actuelles mathématiques ;
4) méthode mixte résultant d'une combinaison des valeurs énumérées en
   1, 2, et 3.

Chacune de ces méthodes se propose de déterminer la juste valeur d'un bien ou service.

---

[14] COMITE DE RECHERCHE COMPTABLE, << *Comptabilité à la valeur actuelle*>>, Document de travail, Institut canadien des comptables agréés, Toronto, aout 1976, p. 6.

9.4.1. Méthode d'actualisation

Selon cette méthode, la valeur économique d'un bien, groupe de biens ou actif total est égale à la valeur actualisée des flux monétaires futurs (rentrées nettes de trésorerie) que ce bien, groupe de biens ou actif total engendrera durant sa vie utile. Pour calculer cette valeur actualisée, on doit tenir compte de trois variables soit les flux monétaires futurs, les valeurs de récupération ou les taux d'impôts, d'allocation du cout en capital et de rendement minimums acceptables. Si ces variables sont déterminées d'une façon exacte et objective, la méthode d'actualisation, appelée aussi évaluation directe ou méthode de capitalisation, peut être exprimée par les relations suivantes:

$$P_o = \sum_{j=1}^{n} \frac{R_j}{(1+i)^j}$$

$$P_1 = \sum_{j=2}^{n} \frac{R_j}{(1+i)^{j-1}}$$

$$I_1 = P_1 - P_o + R_1$$

où

P_o = valeur de l'actif au début de La période O.

P_1 = valeur de l'actif au début de la période l.

I_1 = profit à la fin de la période.

R_j = flux monétaires distribues a la période j.

i = taux d'escompte approprie.

n = vie utile de l'actif.

Le profit résultant de la méthode d'actualisation est le profit économique[15]. II peut erre calcule dans une situation où toutes les var/ables sont connues avec certitude, ainsi que dans une situation ou les variables sont aléatoires. Voici un exemple.

On acheté une machine dont la vie utile est de 4 années et qui pourrait contribuer aux flux monétaires suivants:

Année	0	1	2	3	4
Flux monétaires	--	$7000	$8500	$10000	$12000

Si le taux d'escompte est de 5%, la valeur actualisée de la machine au début de l'année serait de $32887, calculée comme suit:

---

[15] SOLOMONS, David, <<Economic and Accounting Concepts of Income>>, *Accounting Review* (juillet 1961), p. 379.

Valeur actualisée au début de l'année		Valeur actualisée à la fin de l'année	
$ 7000 x 0,9524	$ 6667	$ 8500 x 0,9524	$ 8095
$ 8500 x 0,9070	$ 7710	$10 000 x 0,9070	$ 9070
$10000 x 0,8638	$ 8638	$12 000 x 0,8638	$10 366
$12000 x 0,8227	$ 9872		
	$32887		$27531

Le profit de la première année peut être calcule de la façon suivante:

Flux monétaire distribue à la fin de la première année.....	$ 7000
+ Valeur actualisée de la machine à la fin de la première année	$27531
Valeur totale à la fin de l'année I...	$34531
- Valeur actualisée de la machine au début de la première année . .	$32887
Profit pour l'année I	$ 1644

   Le profit économique de $1644 représente l'augmentation réelle de la valeur de la machine pour la première année. Cela équivaut aussi à 5% du capital initial de $32887.

   Cependant, dans une situation d'incertitude, les valeurs des variables comprises dans les formules d'actualisation ne sont pas bien connues. Par exemple, supposons qu'à la fin de la première année on s'aperçoit que les flux monétaires seront de $10000 par année ; le profit économique sera alors:

Flux monétaire distribue à la fin de la première année.....	$ 7000
+ Nouvelle valeur actualisée de la machine à la fin de la première année...	$27232
Valeur actualisée totale à la fin de la première année	$34232
- Valeur actualisée de la machine au début de la première année	$32887
Profit économique de la première année	$ 1345

Ce nouveau profit de $1345 comprend les éléments suivants:

1. Profit subjectif anticipé.	$ 1644
2. Diminution de la valeur subjective de la machine.........	(299)
	$ 1345

   Le montant de $299 représente un profit négatif ou perte du a la diminution de la valeur subjective de la machine. La valeur de la machine au début de l'année est de

$32601 plutôt que $32887. En d'autres termes, le nouveau profit de $1345 comprend les éléments suivants:

1. Profit subjectif ou intérêt (5 % de $32 601) . . . . $ 1630
2. Ajustement de la valeur subjective originale
   ($32887 - $32601) . . ..   <u>(285)</u>
                                           $ 1345

Il s'ensuit que la méthode d'actualisation constitue, du point de vue théorique, une méthode valable ; cependant, comme les calculs précédents l'ont montré, elle souffre d'un élément de subjectivité du a la difficulté d'estimer correctement et objectivement les flux monétaires futurs ainsi que les autres variables de la formule d'actualisation.

De même, le profit économique repose sur des prédictions des opérations de l'actif. Il constitue un profit << *ex-ante* >> plutôt qu'un profit périodique << *ex- port*>> comme le profit comptable base sur la valeur d'origine. La différence entre le profit économique et le profit comptable constitue la valeur d'un actif intangible qu'on a souvent intitulé << achalandage subjectif>> (Subjective Goodwill). Ainsi, le profit économique total, tel que calcule dans le tableau n° 1, est de $4613, alors que le profit comptable total (étant donne un amortissement annuel de $7000) est de $9500. La différence de $4887 constitue la valeur de l'achalandage. Naturellement, le profit comptable et le profit économique peuvent être réunis, comme le montre le tableau n° 2.

Finalement, bien qu'elle s'applique aux actifs monétaires, la valeur actualisée s'applique difficilement aux autres actifs pour lesquels il est difficile de déterminer les gains rapportes. De même, les valeurs actualisées des flux monétaires de chaque actif de la firme ne s'additionnent pas parce que certains actifs sont utilisés simultanément[16, 17].

TABLEAU 1
Calcul du profit économique

Année	Valeur actualisée au début de l'année (1)	Valeur actualisée à la fin de l'année (2)	Flux monétaire distribué (3)	Profit économique (4) = 2+3 -1
1	$32 887	$27 531	$ 7000	$1644
2	$27 531	$20 408	$ 8500	$1377
3	$20 408	$11428,8	$10 000	$1020,8
4	$11 428,8	-----	$12 000	$ 571,2
Profit économique total				$4613

[16] THOMAS, Arthur L., << Discounted Services Again: The Homogeneity Problem >>, *Accounting Review* (janvier 1964), pp. 1-11.
[17] BARTON, Allan, << An Analysis of Business Income Concepts >>, I.C.R.A. Occasional Paper No. 7, International Centre for Research in Accounting, University of Lancaster, 1975, p. 50.

Flux monétaire total		$37 500	
Amortissement total		$28 000	
Profit comptable total		$ 9 500	$9800
Achalandage subjectif			$4887

TABLEAU 1

Année	Actifs	Achalandage subjectif	Différence
1	$7000	$ 5356	$1644
2	$7000	$ 7123	$ 123
3	$7000	$ 8979,2	$1979,2
4	$7000	$11428,8	$4428,8
			$4887

9.4.2. Prix d'entrée courants

9.4.2.1. Notion de prix d'entrée courant

Le prix d'entrée courant représente le prix d'achat courant nécessaire pour obtenir le même actif ou son équivalent. Il peur être interprète de plusieurs façons :

1. Si l'objet est de remplacer l'actif par un bien semblable et équivalent qui existe sur le marché d'occasion, le prix d'entrée courant sera représenté par le *coût de remplacement sur le marché d'occasion.*

2. Si l'objet est de remplacer l'actif par un bien équivalent qui n'existe pas sur le marché d'occasion, le prix d'entrée courant sera représenté par le *coût de reproduction.*

3. Si l'objet est de remplacer l'actif par un bien ayant la même capacité de production, le prix d'entrée courant sera représenté par le *coût de renouvellement.*

La caractéristique commune aux couts de remplacement sur le marché d'occasion, de reproduction et de renouvellement est que tous trois sont déterminés à partir du marché de l'offre et correspondent à des couts d'acquisition ou de production lies au remplacement d'un bien que l'on possède. Ils présentent cependant des différences. Ainsi, le cout de remplacement sur le marché d'occasion et le cout de reproduction ne tiennent pas compte de la technologie nouvelle et se limitent aux couts nets d'acquisition ou de production d'un actif équivalent et dans le même état. Le cout de renouvellement, par contre, tient compte de la technologie nouvelle. En d'autres termes, le cout de renouvellement peut être égal au cout de reproduction ou de remplacement dans les cas où le niveau technologique n'a pas change; dans les cas où il a changé, le cout de renouvellement ajuste est égal au cout de reproduction ou au coût de remplacement. Voici la distinction que le Comite de recherche de l'I.C.C.A. à établie a ce sujet :

> << En théorie, le cout de renouvellement (ajuste pour tenir compte de la dépréciation, c'est-à-dire du montant de ressources déjà consomme) équivaudra au cout de

remplacement sur le marché d'occasion puisque tant le marché d'occasion que le marché du neuf reflètent habituellement les changements technologiques. Dans certains cas, par conséquent, on pourra arriver à une estimation acceptable du cout de renouvellement en utilisant le cout de remplacement sur le marché d'occasion[18]>>.

Notons finalement que, dans les cas ou les couts de remplacement, de reproduction ou de renouvellement ne peuvent pas être détermines d'une manière exacte et objective, il est possible de les calculer approximativement en ayant recours:

1) *aux indices de prix spécifiques* établis à l'extérieur (Statistiques Canada) ou à l'intérieur de l'entreprise. Par exemple, si la valeur historique d'un bâtiment est de $100 000, l'indice stéarique a la date d'acquisition de 125 et à la date actuelle de 150, le cout de remplacement serait égal à $120000, soit: $100000 x 150/125 (facteur de conversion) ;

2) *à l'expertise*, c'est-à-dire une évaluation faite par des experts venant de l'extérieur ou de l'intérieur de l'entreprise.

L'implantation des prix d'entrée courants entraine des problèmes de tenue de livres. Le premier problème a trait à l'évaluation des postes de l'actif et du passif a la valeur actuelle, et le deuxième a la détermination de l'état des bénéfices a partir des mêmes couts de remplacement (prix d'entrée courants en général).

9.4.2.2. *Comptabilisation, des plus-values et moins-values*

En termes d'écritures comptables, l'évaluation des postes de l'actif et du passif, compte tenu du cout de remplacement, nécessite de nouveaux ajustements comptables. Ainsi, la différence entre la valeur d'origine et la valeur actuelle telle que mesurée par le cout de remplacement constitue une *plus-value* ou une *moins-value* qui feront l'objet d'un poste séparé dans les états financiers. Les plus-values et moins-values sont aussi connues comme gains et pertes de possession. Voici 2 exemples qui illustrent le traitement comptable a) des stocks de marchandises et b) des actifs immobilises.

a) Imaginons la situation d'une firme qui investir la somme de $10 000, répartie entre un achat de 1 000 unités de marchandises au prix de $6 l'unité et $4000 d'encaisse. Supposons aussi qu'elle vende 600 unités de marchandises a $10 a une date ou le cout de remplacement est de $8 l'unité, ce cout à la fin de la période étant de $9 l'unité. Les écritures comptables se liraient comme suit:

Stock de marchandises $6000
    Encaisse. $6000
    (Achats de marchandises)

Encaisse $6000
Coût des marchandises vendues (600 x $8) $4800
    Ventes $6000

---

[18] COMITE DE RECHERCHE COMPTABLE, *Comptabilité a la valeur actuette*, p. 15.

```
        Stock de marchandises . . . . . . . . . . . . . . . . . . . .        $4800
     (Ventes de marchandises)

Marchandises . . . . . . . . .. .. . . . . . . . . . ..        $2400
     Plus-value sur marchandises vendues
     (600 x  ($8-$6)) . . . . . . . . . . . . ..                              $1200
     Plus-value sur marchandises non vendues
     (400 x  ($9-$6) ) . . . . . . . . . . . . . . . ........                 $1200
     (Pour inscrire la plus-value de $2 par unité)
```

   b) Supposons maintenant que la même firme acheté une machine au prix de $2 000, dont la vie utile est de 4 ans, et dont le cout de remplacement augmente de $1000 par an. Déterminons d'abord le tableau d'amortissement pour les 4 années:

	Année 1	Année 2	Année 3	Année 4
Cout .de remplacement à la fin de l'année	$3 000	$4 000	$5 000	$6 000
Amortissement de l'année basé sur le coût de remplacement	$ 750	$1000	$1250	$1 500
Amortissement en retard ou ajustement à l'amortissement accumulé		$ 250	$ 500	$ 750
Solde initial de l'amortissement accumulé		$ 750	$2 000	$3 750
Solde final de l'amortissement accumulé	$ 750	$2000	$3750	$6000

Les écritures comptables se liront comme suit :

Année 1
```
     Actif (cout de remplacement) . . . . . . . .        $1000
     Amortissement . . . . . . . . . . . . . . . . . . .. . . . . . .        $ 625
           Plus-value sur la machine. . . . . . . .              $ 875
           Amortissement  accumulé . . . . . . . . .            $ 750
```
Les écritures pour la première année nécessitent des explications. Ainsi, l'amortissement de l'année à inscrire dans les livres est de $625 (25%   de la valeur moyenne de la machine $2500). De même, la plus-value, ayant augmenté uniformément pendant l'année, est de $875 plutôt que $1000. Elle est égale à $1 000 - 50%   de l'amortissement annuel sur l'augmentation de valeur de $1 000.

Année 2
```
     Actif . . . . .. .. .... .... .... . .... . ... ...        $1000
     Amortissement . . . . . . . . . . . . . . . . . . . .        $ 875  (25% de $3500)
```

Plus-value sur la machine........	$ 625	
Amortissement accumulé.........	$1250	

Année 3

Actif	$1 000	
Amortissement	$1 125	(25% de $4 500)
Plus-value sur la machine	$ 375	
Amortissement accumulé	$1 750	

Année 4

Actif	$1 000	
Amortissement	$1 375	(25% de $5 500)
Plus-value sur la machine	$ 125	
Amortissement accumulé.........	$2 250	

Il convient de noter que le Comite de recherche de l'I.C.C.A. ne s'oppose pas à l'enregistrement des plus-values dans certains cas, comme en témoigne l'énoncé suivant:

> <<Il est d'usage de comptabiliser les immobilisations au cout d'origine. En temps ordinaire, elles ne doivent pas être réévaluées. Cependant, dans certains cas, il peut y avoir lieu de comptabiliser les immobilisations a des valeurs qui s'écartent de leur cout d'origine, par exemple a des valeurs obtenues par l'expertise, attribuées lors d'une réorganisation >>[19].

De même, en matière de comptabilisation et de divulgation, l'I.C.C.A. recommande les traitements suivants:

> << La plus-value constatée pour expertise doit être portée à un poste distinct de l'avoir des actionnaires. Elle doit y rester en permanence à moins que la partie réalisée par vente ou par amortissement ne soit virée aux bénéfices non repartis. Dans ce cas, il faut indiquer la méthode de calcul du virèrent >>[20].

> << Si la valeur des immobilisations repose sur une expertise, il faut donner la date de l'expertise. Si l'expertise remonte a moins de cinq ans de la date du bilan, il faut indiquer le nom de l'expert en évaluation et le critère qu'il a utilisé et préciser le traitement comptable de la plus-value, si ce n'est pas évident au bilan. La période de cinq ans doit être prolongée si la loi l'exige >>[21].

9.4.2.3. Détermination des états financiers
aux prix d'entrée courants

Reprenons l'exemple utilise précédemment.

Une firme investit $10 000 qu'elle repartit entre un achat de 1 000 unités de marchandises à $6 l'unité er $4 000 d'encaisse. Il y a aussi une vente de 600 unités de marchandises à $10 l'unité à une date ou le cout de remplacement est de $8 l'unité, le

---

[19] *Manuel de* l'I.C.C.A. (Institut canadien des comptables agréés), Toronto, 1975, parag. 3060.01.

[20] *Ibid.*, parag. 3270.02.

[21] *Ibid.*, parag. 3270.04.

cout à la fin de l'année étant de $9 l'unité. L'état des revenus et dépenses, le bilan et les notes aux états financiers se lisent comme suit:

1. *États des revenus et dépenses:*

Ventes (600 x $10)...	$6 000
Coût des marchandises vendues	<u>$4 800</u>
Bénéfice d'exploitation.. ..	$1 200
Plus-value	
Sur marchandises vendues (matérialisées) 600 x ($8-$6)	$1200
Sur stocks (non matérialisés) 400 x ($9-$6)...........	$1 200
Profit net	$3 600

2. *Bilan :*

Actif		Passif et avoir des actionnaires	
Encaisse ...	$10000	Capital-actions	$10000
Stocks (a)..	$3600	Bénéfices non repartis	
		matérialisés (b)	$ 2400
		matérialisables (c)	<u>$ 1 200</u>
	$13 600		$13 600

3. Notes:
   a) Les stocks sont valorises au cout de remplacement de la fin de la période $9 x 400 = $3600.
   b) Les bénéfices matérialisés comprennent le bénéfice d'exploitation de $1200 auquel s'ajoutent les plus-values matérialisées de $1200.
   c) Les plus-values non matérialisées se limitent aux plus-values des stocks de $1200.

9.4.2.4. Avantages et inconvénients de l'adoption
         des prix d'entrée courants
L'adoption de la comptabilité a la valeur actuelle basée sur les prix d'entrée courants présente des avantages et des inconvénients par rapport à la comptabilité traditionnelle.
   1. Avantages:
      a) Par rapport au cout d'acquisition, le cout de remplacement d'un actif constitue une notion plus utile de la valeur.
      b) Le profit est opérationnellement défini comme étant la différence entre les revenus réalises et les couts de remplacement correspondants, ce qui permet un meilleur rapprochement des revenus et des dépenses. Il y a correspondance dans le temps entre les revenus exprimes en termes de dollars récents et les couts mesures en terme de dollars actuels.

c) Le profit net de l'entreprise, tel que défini, permet de faire une distinction, d'une part, entre les résultats des activités opérationnelles et ceux des activités d'investissement ou de gestion des actifs et, d'autre part, entre les résultats matérialisés et ceux qui sont materialisables. Ainsi, le bénéfice net d'exploitation représente les résultats des opérations de l'entreprise alors que les plus-values représentent les résultats de la politique de gestion des actifs de l'entreprise, c'est-à-dire de détention des biens.

d) Le bénéfice d'exploitation donne une indication du montant maximum à distribuer en préservant en même temps la capacité de production de l'entreprise conformément au principe de permanence.

2. Inconvénients:

a) Un problème se pose quant au choix d'une méthode pour traiter les nouveaux postes comptables créés par la comptabilité a la valeur actuelle. Un premier cas est celui de << l'amortissement en retard >>. Faut-il le traiter sous forme de débit ou crédit aux bénéfices non repartis, de débit ou crédit a l'état des revenus et dépenses, ou de rendement de la plus-value ou moins-value ? Un deuxième cas est le manque d'uniformité dans le traitement des plus-values er moins-values, comme en témoigne l'observation suivante:

> <<Seront-elles montrées a l'état des bénéfices ou traitées directement à l'état des bénéfices non repartis ? Faudrait-il créer un compte de surplus spécifique attribuable aux plus-values ? Le premier cas consisterait donc à s'entendre sur les méthodes de comptabilisation des valeurs actuelles. Un examen de ce qui a été publié sur le sujet est révélateur du manque d'uniformité dans la comptabilisation et la présentation des faits bases sur la notion de valeur actuelle >>[22].

b) Une limitation majeure de la méthode repose dans la difficulté d'obtenir des données objectives concernant les prix d'entrée courants en l'absence d'un marché d'occasion. Non seulement les données obtenues peuvent-elles être subjectives, mais elles risquent aussi de ne pas représenter la valeur actuelle pour l'entreprise.

c) Comme toutes les autres valeurs actuelles, le prix d'entrée courant ne tient pas compte du changement possible dans le niveau général des prix et des gains et pertes sur les actifs a valeur vénale fixe.

d) Le prix d'entrée courant peut être utile pour la prise de décisions interne, mais il n'est pas nécessairement utile pour les prises de décisions externes[23,24, 25].

---

[22] BERNARD, Michel er LAUZON, Leo-Paul, << La comptabilité a la valeur actuelle>> I, *Commerce* (avril 1976), p. 38.

[23] ROSENFIELD, P., << Current Replacement Value Accounting. A Dead End >>, *Journal of Accountancy* (septembre 1975), p. 69.

[24] ------, << Reporting Subjunctive Gains and Losses >>, *Accounting Review* (octobre 1969), pp, 788-797.

9.4.3. Prix de sortie courants

9.4.3.1. Notion de prix de sortie courant

On entend par prix de sortie courant d'un bien le prix auquel on pourrait vendre les actifs et auquel on pourrait financer les dettes dans une situation normale de gestion, Chambers a proposé le terme générique d'<< *équivalent en trésorerie* >> (current cash equivalent) pour désigner le prix de sortie courant. Ce terme réfère au montant de trésorerie qu'on pourrait obtenir par la vente de chaque actif dans des conditions normales de vente plutôt que dans des conditions de faillite. Cette différentions entre la liquidation ordonnée qu'est la vente, et la liquidation forcée qu'est la faillite, est conforme au principe de la permanence de l'entreprise. Le prix de sortie courant représente donc le prix de vente le plus réaliste moins les frais de vente ou valeur de réalisation nette. Contrairement aux prix d'achat courants qui se situent dans un marché de l'offre ou d'achat, les prix de sortie courants se situent dans un contexte de marche de la demande ou de vente.

Rappelons que dans les cas où les prix de sortie courants ne sont pas disponibles, il est possible de les calculer approximativement en ayant recours ;

1) aux indices spécifiques des prix à la consommation ;

2) a l'expertise interne ou externe.

La caractéristique principale d'un système comptable base sur les prix de sortie courants est le rejet complet du principe de réalisation du revenu. Tous les actifs a valeur vénale variable (non monétaires) sont calculés à leur valeur de réalisation nette, ce qui permet de connaitre immédiatement les gains et pertes. En d'autres termes, tous les bénéfices d'exploitation sont connus au cours de la production et toutes les plus et moins-values sont connues au moment de l'achat ou aux dates correspondant a des changements de prix plutôt qu'au moment de la vente. L'événement le plus important dans le cycle comptable est l'acquisition ou la production plutôt que la vente.

9.4.3.2. Détermination des états financiers
aux prix de sortie courants

Pour illustrer la détermination des états financiers aux prix de sortie courants, nous allons utiliser le même exemple que celui utilise pour les prix d'achat courants, sauf que le prix de sortie de la marchandise à la fin de la période sera de \$12 par unité. L'état des revenus et dépenses, le bilan et les notes se liront comme suit:

1. *État des revenus et dépenses:*

Revenus

Ventes 600 x \$10 .... \$ 6 000

Stocks 400 x \$12 .... \$ 4800

---

[25] CHAMBERS, Raymond J., *Accounting Evaluation and Economic Behavior*, Englewood Cliffs, NJ., Prentice Hall Inc., 1966, p. 92.

Total	$10 800

Cout

Cout des marchandises vendues 600 x $8	$ 4800
Stocks 400 x $9	$ 3600
Total	$ 8400
Bénéfice d'exploitation	$ 2400

Plus-values

Sur marchandises vendues ($8-$6) x 600	$ 1200
Sur stocks ($9-$6) x 400	$ 1200
Profit net	$ 4800

2. *Bilan:*

Actif		*Passif*	
Encaisse ...	$10 000	Capital-actions	$10 000
Stocks (a)..	$4800	Bénéfices non répartis	
		matérialisés (b) ...... $ 2 400	
		non matérialisés (c) .. $ 2400	
	$14 800		$14 800

3. *Notes:*

a) Les stocks sont valorises aux prix de sortie courants à la fin de la période : 400 x $12 = $4800.

b) Les bénéfices matérialisés comprennent:

    1) le bénéfice d'exploitation réel de $1200 (Ventes $6000- Coût des marchandises vendues $4800) ;

    2) les plus-values matérialisées de $1200.

c) Les bénéfices non matérialisés comprennent:

    1) les bénéfices non matérialisés sur marchandises par rapport aux prix d'achat courants $1200 (($9-$6) x 400).

    2) les bénéfices non matérialisés par rapport aux prix de sortie courants $1200 (($12-$9) x 400).

Ces notes pourraient être présentées différemment, de la façon suggérée par le Comité de recherche comptable[26]:

a) Aucun changement, stocks = $4800

b) Bénéfices matérialisés

Ventes	$6 000
- Coût originel des marchandises vendues (600 x $6)	$3 600
	$2 400

c) Bénéfices non matérialisés

---

[26] COMITE DE RECHERCHE COMPTABLE, *Comptabilité a la valeur actuelle*, p. 28.

Bénéfice net	$4 800
- Bénéfices matérialisés	$2 400
	$2 400

9.4.3.3. *Avantages et inconvénients de l'adoption, des prix de sortie courants*

L'adoption de la comptabilité a la valeur actuelle basée sur les prix de sortie courants présente des avantages et des inconvénients.

1. Avantages:

a) Une comparaison entre les valeurs actualisées et les prix de sortie courants des biens permet de déterminer plus objectivement si l'entreprise devrait continuer à utiliser ou à vendre ces biens. En général, si les valeurs actualisées sont supérieures aux prix de sortie courants, l'entreprise aurait avantage à vendre les biens. Les prix de sortie courants ou valeurs de réalisation nette représentent les couts d'opportunité pour la firme vu qu'ils indiquent la réaction du marché.

b) Les bilans dresses selon la méthode de la valeur actuelle basée sur les prix de sortie courants présentent aux lecteurs une information plus pertinente et adéquate. En effet, ils fournissent des renseignements concernant le pouvoir d'adaptation financier et la liquidité de la firme, L'utilisation de ces données permet de mieux évaluer la performance de la compagnie et la gestion de ses dirigeants.

À ce sujet, Chambers maintient que:

<<Entre tous les chiffres relatifs aux actifs, ce sont ceux que représentent l'équivalent des actifs en argent qui servent au plus grand nombre de calculs divers et qui s'appliquent au plus grand nombre de situations différentes. Ils servent à déterminer les ratios du fonds de roulement, les ratios de rendement, le pouvoir d'emprunt, la liquidité, le type de risque que représente l'actif, la composante des actifs, la capacité de l'entreprise de financer des achats ou de remplacer des actifs, etc. Tous ces éléments affectent les expectatives des investisseurs et des créanciers. Bien qu'en principe il soit possible de déterminer la valeur marchande de façon objective, il existe dans la réalité des difficultés d'approximation. Mais les erreurs éventuelles qui découlent d'une approximation des équivalents en argent sont bien moins importantes que la marge qui existe entre les valeurs comptables déterminées par la comptabilisation traditionnelle et les valeurs financières actuelles >>[27].

c) En rejetant le principe de réalisation du revenu, la méthode du prix de sortie courant permet de connaitre toute amélioration dans les actifs de la firme au cours de la production ou lors de l'acquisition plutôt qu'au moment de la vente. La position et la performance financière de la firme se trouvent dévoilées bien

---

[27] CHAMBERS, RJ., *Accounting for Inflation.: Methods and Problems*, University of Sydney, 1975, p. 81.

avant la vente, ce qui donne à l'information comptable un meilleur pouvoir de prédiction.

2. Inconvénients:

    a) La méthode des prix de sortie courants n'est logiquement applicable qu'aux actifs destines à être revendus et pour lesquels il existe des cours du marché, tels que les stocks et les investissements. De même, la valeur obtenue est seulement une approximation du prix du marché futur, les conditions économiques de ce dernier risquant de varier et d'entrainer des changements dans les valeurs de réalisation nette des biens.

    b) Certains produits peuvent être considères comme sans valeur étant donne l'absence de marche normal, ce qui risque de fausser tout calcul du taux de rendement des actifs de la firme. L'exemple le plus flagrant est celui de l'achalandage pour lequel il n'y a pas de marche normal[28], De même, la valorisation des dettes peut poser aussi des problèmes. Faut-il les valoriser a leur montant contractuel ou essayer de déterminer les prix de sortie courants correspondants ?

    c) Le rejet du principe de réalisation du bénéfice d'exploitation au moment de la vente peut être considère comme une position assez radicale sur le plan pratique ainsi que conceptuel.

    d) Finalement, étant donne que certains postes sont destinés à être vendus tandis que d'autres seront utilisés dans le processus de production, la base de valorisation ne sera pas la même pour tous les éléments d'actif et de passif, ce qui entrainera un manque d'uniformité et de logique dans le regroupement des comptes[29].

9.4.4. Autres notions de valeur actuelle

9.4.4.1. *Propositions anglaise, australienne*
       et américaine

Les propositions anglaise et australienne visent à tempérer la méthode du prix d'entrée courant. Elles réfèrent essentiellement à la notion de <<*valeur pour l'entreprise*>> et à la distinction entre <<*l'essentiel et le non essentiel*>>[30].

1. Au Royaume-Uni, le rapport *Sandilands* (nom du président de l'<<*Inflation, Accounting Committee* >>) recommandait l'adoption d'un système de comptabilité à valeur actuelle reposant sur la notion de << *valeur pour l'entreprise*>>[31]. Plus

---

[28] CHAMBERS, *op. cit.*, p. 92.
[29] SCHWAYDER, Keith, << A Critique of Economic Income as an Accounting Concept, Abacus (août 1967), pp. 23-35.
[30] SANDILANDS, F.E.P., *Report of the Inflation Accounting Committee*, London, HMSO, Cmnd. 6225 ; 1975.
[31] Pour une présentation des autres positions internationales, voir CARCHRAE, John A., << Comptabilité à la valeur actuelle>>, *CA Magazine* (novembre 1977), pp. 79-83.

précisément, ce rapport, dont l'objet était de conseiller le gouvernement au sujet de la réforme de la Loi des corporations, adopta les conclusions suivantes:

a) La même unité de mesure devrait être utilisée pour tous les usagers.

b) Le concept de valeur le plus utile est celui de <<valeur pour l'entreprise >>.

c) Le bénéfice d'exploitation et les plus-values devront être divulgues séparément.

d) Les états financiers devront fournir des informations concernant la liquidité de la compagnie.

Le point le plus important du rapport a trait au concept de << valeur pour l'entreprise>>. Selon ce concept, les biens seront valorises au montant de la perte maximum que pourrait engendrer pour l'entreprise l'absence ou la disparition du bien. Il s'ensuit que <<la valeur pour l'entreprise >> est égale au cout de remplacement, sauf dans deux cas :

a) Si la valeur actualisée est supérieure au prix de sortie courant, <<la valeur pour l'entreprise>> sera mieux représentée par la valeur actualisée.

b) Si le prix de sortie courant est supérieur a la valeur actualisée, <<la valeur pour l'entreprise>> sera mieux représentée par le prix de sortie courant.

Une limitation majeure de ce système réside dans la nécessite de connaitre dans chaque cas la valeur actualisée, le prix d'achat courant et le prix de sortie courant avant de pouvoir déterminer correctement la <<valeur pour l'entreprise>>.

2. En Australie, l'<<*Institute of Chartered Accountants in Australia*>> et l'<<*Australian Society of Accountants*>> ont établi en octobre 1975 une norme provisoire ayant pour effet d'annexer aux états financiers, à partir du 1er juillet 1977, des états financiers supplémentaires bases sur la valeur actuelle. Cet échéancier a été retarde mais un sondage provisoire intitule <<A Method of Current Value Accounting >> et publie par l'<<*Australian Accounting Standards Committee* >> en juin 1975 avait déjà introduit une notion de valeur actuelle et une distinction entre la comptabilisation des biens essentiels et celle des biens non essentiels. Selon cette méthode, les biens non essentiels seraient évalues selon leur prix de sortie courant. Quant aux plus-values et moins-values des biens essentiels à l'exploitation, elles seraient comptabilisées dans un compte de réévaluation, alors que celles des biens non essentiels seraient reflétées dans le bénéfice. De plus, les dettes seraient réévaluées selon leur montant contractuel et non actuel. Cette prise de position sur la valorisation des dettes reflète l'influence de l'autorité australienne. R.J. Chambers en témoigne par l'affirmation suivante:

<<A tout moment, l'émetteur d'obligations doit au détenteur le montant contractuel des obligations, quelle que soit la cote de ces obligations sur le marché>>[32].

---

[32] CHAMBERS, R.J., << Continuously Contemporary Accounting>>, *Abacus* (septembre 1970).

3. Aux États-Unis, la S.E.C. exige de toutes les compagnies dont les actifs d'exploitation dépassent 100 millions de dollars et équivalent a plus de 100% des actifs totaux, qu'elles divulguent certaines données sur le cout de remplacement selon la formule 10K qu'elles soumettent à la S.E.C. annuellement. Les données exigées sont:

a) le cout de remplacement estime

    1) des stocks,

    2) de la capacité de production à la fin de chaque année fiscale;

b) le montant approximatif

    1) des couts des marchandises vendues,

    2) de la dépréciation base sur le cout de remplacement tire des deux années fiscales les plus récentes.

L'expérience que les compagnies et vérificateurs américains vont ainsi acquérir permettra surement de résoudre certains des problèmes crées par l'adoption de la comptabilité a valeur actuelle[33].

9.4.4.2. *Propositions d'Edwards et Bell*

Dans un important ouvrage, Edwards et Bell ont traite le problème du calcul du profit de l'entreprise d'un point de vue théorique et pratique[34]. Ils ont rejeté le concept de profit économique ou profit ex-ante comme non pertinent, et ont proposé de nouvelles conceptions du profit telles que le profit de l'entreprise, le profit monétaire et le profit réel.

Contrairement au profit comptable qui repose sur la valeur d'origine, le profit de l'entreprise (business profit) a pour base le cout de remplacement. Voici la différence dans le calcul de ces deux profits:

Valeur actuelle des extrants	Revenus
- Valeur actuelle des extrants	-Couts historiques
Profit opérationnel actuel	Bénéfice d'exploitation
+ Plus- values matérialisables	+Plus-values matérialisées
Profit de l'entreprise	Profit comptable

[33] Pour plus d'informations concernant l'Accounting Series Release No. 190, voir O'CONNOR, M.C., R.C. et H.M. *SOLLENBERGER, Replacement Costing*: Complying with Disclosure Requirements, National Association of Accountants, New York, 1977.

[34] EDWARDS, Edgar O. et BELL, Philip W., *The Theory and Measurement of Business Income, Berkeley*, University of California Press, 1961.

SCHÉMA 1. Réconciliation des concepts de profit, selon Edwards et Bell

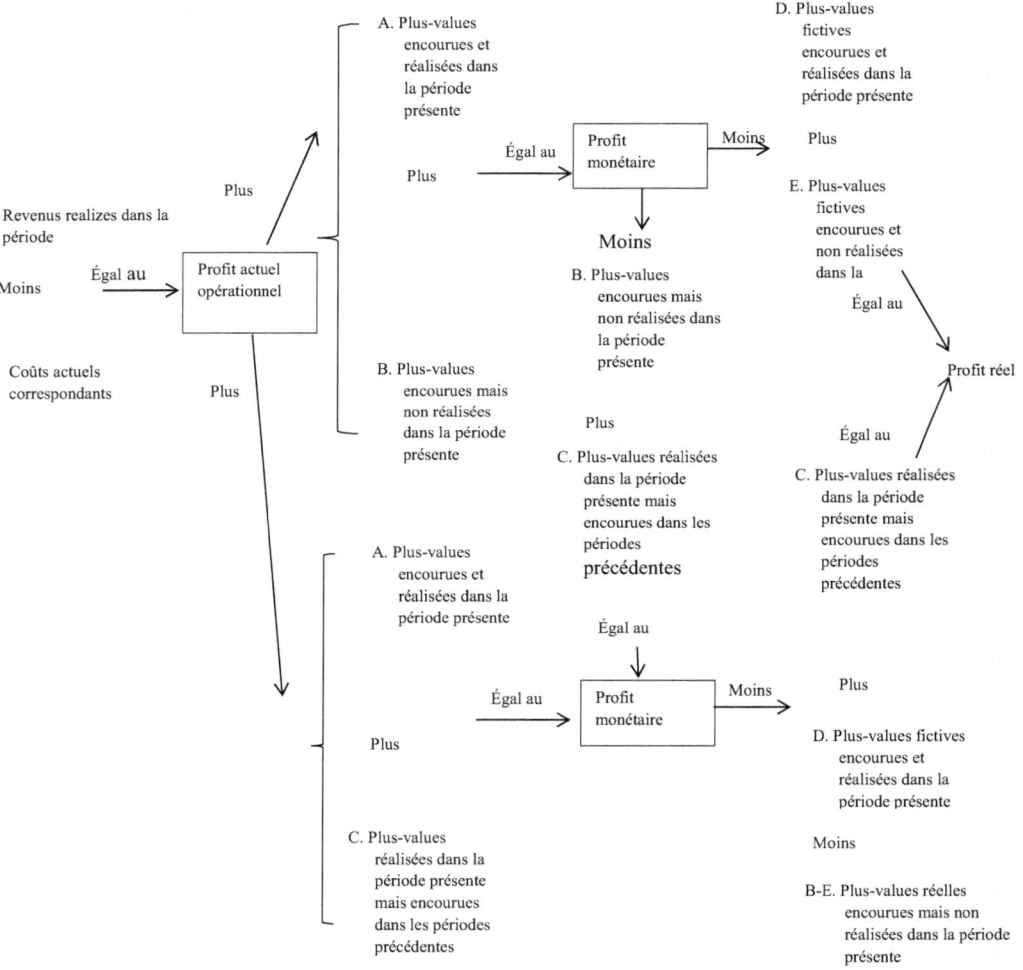

Source: *Readings in the Concept and Measurement of Income*, R.H. Parker et G.C. Harcourt éd., Cambridge University Press, 1969, p. 6.

II est généralement admis qu'Edwards et Bell tiennent compte du cout de remplacement quand ils utilisent la valeur actuelle des extrants. L'ensemble de leur proposition est plus facile comprendre si on regarde le schéma n° 1. On peut y voir une réconciliation originale et pertinente entre les concepts de profit comptable, de profit monétaire et de profit réel; cette proposition a beaucoup influence la littérature comptable[35, 36, 37].

9.4.5. Comparaison entre les notions de valeur actuelle

Plusieurs méthodes mixtes ont été suggérées pour remédier aux inconvénients de chacune des méthodes de valeur actuelle proposées, soit celles des valeurs actualisées, des prix de sortie courants et des prix d'achat courants. Ces suggestions, considérées comme solutions possibles par le Comité de recherche comptable et résumées sous le nom de *méthode mixte*[38], ont reçu l'appui de plusieurs auteurs[39]. Cette méthode propose d'utiliser, par exemple, la méthode d'actualisation pour tous les postes a valeur vénale fixe ainsi que pour les dettes, la méthode des prix de sortie courants pour les actifs destines à être revendus tels que les stocks, et la méthode des prix d'achat courants pour les autres stocks et immobilisations corporelles.

Ces choix d'utilisation pouvant paraitre arbitraires, certains promoteurs de la méthode mixte ont suggère des règles de décisions reposant sur le principe du coût d'opportunité de l'actif en question[40]. Ces règles sont:

(1) Si P > C > S *, continue l'utilisation de l'actif et remplace-le quand il faut.
(2) Si P > S* > C, continue l'utilisation de l'actif et remplace-le quand il faut.
(3) Si C* > P > S, continue l'utilisation de l'actif mais ne le remplace pas.
(4) Si S > P* > C, vend l'actif et remplace-le en vue de revente et non d'achat.
(5) Si S > C >P *, vend l'actif et remplace-le en vue de revente et non d'achat.
(6) Si C* > _S > P, vend l'actif immédiatement et ne le remplace pas.
où
    P = valeur actualisée
    C = prix d'achat courant
    S = prix de sortie courant

[35] DRAKE, David F. et Nicholas DOPUCH, << On the Case for Dichotomizing Income>>, *Journal of Accounting Research* (automne 1965), pp. 192-205.
[36] CHAMBERS, R.J., << Edwards and Bell and Business Income >>, *Accounting Review* (octobre 1965), pp. 731-741.
[37] DICKENS, Robert L, et John O. BLACKBURN, <<Holding Gains on Fixed Assets: An Element of Business Income?>>, *Accounting Review* (avril 1964), pp. 312-321.
[38] COMITE DE RECHERCHE COMPTABLE, *Comptabilité a la valeur actuelle*, p. 31.
[39] SPROUSE, R.T. et M. MOONITZ, *A Tentative Set of Broad Accounting Principles for Business Enterprises*, New York, American Institute of Certified Public Accountants, 1962, Chapitre 5.
[40] BARTON, *op. cit.*, p. 46.

- = cout d'opportunité

* = valeur fion pertinente a l'analyse

L'adoption de ces règles de décisions pour la valorisation des actifs entraine:

  1) l'utilisation des prix d'achat courants pour tous les actifs à remplacer dans des cas du type (1), (2), (4) ou (5);

  2) l'utilisation des prix de sortie courants pour tous les actifs à utiliser dans des cas du type (3), et à vendre dans des cas du type (6).

Si on ajoute à ces deux règles une règle d'utilisation des valeurs actuelles pour les actifs et passifs à valeur vénale fixe, on se retrouve avec une méthode mixte facile à accepter théoriquement et pratiquement.

9.5. EXEMPLE D'IMPLANTATION DU COUT
DE REMPLACEMENT

L'exemple ci-dessous va plus loin que l'exemple simplifie présente dans la section 7.4.2.3. Il présente de façon plus compréhensible la méthode des prix d'entrée courants ayant pour base le cout de remplacement.

1. Supposons que les bilans de la compagnie Belkaoui pour le 31 décembre 1976 et 1977 se lisent comme suit:

	Décembre 1976		Décembre 1977	
Actif				
Encaisse......................	$10000		$30000	
Comptes à recevoir............	20000		30000	
Stocks..............	30000	(3000 unités)	20000	(2000 unités)
Terrain...........	40000		40000	
Usine(vie utile de 5 années).	50000		50000	
Moins amortissement				
accumule		$10000		$20000
Passif				
Obligations à 10%............		50000		50000
Capital-actions.......		50000		50000
Bénéfices non repartis......		40000		50000
	$150000	$150000	$170000	$170000

2. L'état des revenus et dépenses de l'année 1977 se lit comme suit :

Vente (5000 unités à $40 l'unité)……………………..		$200000
Coût des marchandises vendues		
Stock d'ouverture (3000 unités à $10 l'unité)….	$30000	
Achats (4000 unités à $12 l'unité)……………..	48000	
Stock disponibles……………….	78000	
Stock de clôture (2000 unités à $10 l'unité)*……	20000	58000
		142000
Amortissement………………….		
Intérêt sur obligation…………………..	10000	
Frais divers……………………	5000	
	117000	132000
Bénéfice net……………………		$10000

Les stocks sont évalués selon la méthode de l'épuisement à rebours.

3. Pour simplifier les calculs, posons un certain nombre d'hypothèses:
    a) Avant l'année 1977, les couts de remplacement étaient respectivement de $70000 pour le terrain et $80000 pour l'usine. L'augmentation dans la valeur de ces actifs se produit uniquement pendant l'année 1977.
    b) La vente des unités de marchandises a lieu à la fin de l'année 1977, alors que le cout de remplacement est de $20 l'unité.

À la suite de ces hypothèses, on peut dresser les états financiers suivants à partir de la méthode du cout de remplacement:

4. L'état des revenus et dépenses de l'année 1977 se lit comme suit:

Vente (5000 unités à $40 l'unité)……………………..		$200000
Coût des marchandises vendues		
Stock d'ouverture (3000 unités à $20)….	$60 000	
Achats (4000 unités à $20)……………..	80000	
Stock disponibles……………….	140000	
Stock de clôture (2000 unités à $20)……	40000	100000
		100000
Amortissement (20%× $\frac{\$80000+50000}{2}$)…………………	13000	
Intérêt sur obligation…………………..	5000	
Frais divers……………………	117000	
		135000

Bénéfice avant plus-values.............		[35000]
Plus-values matérialisées		
sur marchandises vendues		
a) Achats 4000($20-$12)...........		32000
b) Stock d'ouverture 1000($20-$10).........		10000
sur amortissement ($13000- $10000).........		3000
Plus-values matérialisables		
sur stocks 2000($20-$10)...............		20000
sur usine*..........		18000
sur terrain ($70000-$40000)..............		30000
Bénéfice net..........		78000
Bénéfices non repartis,		
Déc. 1977...............		40000
Bénéfices non repartis,		
Déc. 1977..................		$118000

* Pour comprendre le calcul de la plus-value non matérialisée sur amortissement, il faut rappeler les écritures d'amortissement qui se lisent:

Usine . . . . $30 000 ($80 000-$10 000)

Amortissement. . . . .   13 000 (80000+50 000/2) x .20

       Amortissement accumule . . . .   22 000 ($32 000-$10 000)

       Plus-value totale 21 000

La plus-value totale étant de $21 000 et la plus-value matérialisée de $3 000, la différence de $18000 constitue la plus-value non matérialisée sur amortissement.

5. Le bilan de l'année 1977 se lit comme suit:

Actif		30000
Encaisse........................		30000
Stocks (2000 unités à $20)		40000
Terrain		70000
Usine	$80000	
Moins amortissement accumulé....................	32000	48000
		$218000
Passif		
Obligations à 10%		50000
Capital-actions		50000
Bénéfices non répartis		
matérialises	10000	
non matérialisés	68000	
solde d'ouverture	40000	118000
		$218000

9.6. CONCLUSION

244

Le nouveau modelé comptable que constitue la comptabilité a la valeur actuelle repose sur une interprétation du concept <<Hicksien>> de préservation du patrimoine, c'est-à-dire de préservation de la capacité de production de l'entre- prise. De la découlent différentes méthodes de valorisation telles que celles des valeurs actualisées, des prix de sortie courants et des prix d'entrée courants. Chacune de ces méthodes présente des avantages et des inconvénients, ce qui a entrainé la formulation d'une quatrième méthode dite <<méthode mixte>>, adoptée par le Comité de recherche comptable. Cette méthode tient compte des prix d'entrée courants et des prix de sortie courants[41]. Quelle que soit la méthode de valorisation choisie, la comptabilité a la valeur actuelle présente des avantages évidents par rapport à la comptabilité traditionnelle ayant pour base la valeur d'origine. Elle fournit des informations plus pertinentes pour l'évaluation des cadres responsables de la gestion des valeurs détenues par l'entreprise et permet un meilleur rapprochement entre les revenus et les dépenses de la période. Le seul désavantage de la comptabilité a la valeur actuelle, qui se retrouve aussi dans la comptabilité traditionnelle, est qu'elle conduit à des états financiers en dollars mixtes, c'est-à-dire en dollars se rapportant à des dates différentes et représentant des pouvoirs d'achat différents. La solution réside dans l'indexation des états financiers en dollars mixtes au niveau général des prix (NGP), afin de les exprimer en dollars correspondant à un pouvoir d'achat constant. Le chapitre 10 portera sur les états financiers dresses a la valeur d'origine et indexes au NGP. Le chapitre 11 portera sur les états financiers dresses a la valeur actuelle et indexes au NGP.

Lectures

BACKER, M., *Current Value Accounting*, Financial Executives Research Foundation, 1973.

BARTON, A.D., *An Analysis of Business Income Concepts*, I.C.R.A. Occasional Paper No. 7, International Center for Research in Accounting, University of Lancaster, 1975, p. 58.

--------------, <<Expectations and Achievements in Income Theory>>, *Accounting Review* (octobre 1974), pp. 664-681.

BELKAOUI, Ahmed, << L'embarras du choix dans le calcul du profit >>, *CA Magazine* (avril 1976), pp. 44-47.

BERNARD, Michel et Leo-Paul LAUZON, << La comptabilité a la valeur actuelle >>, I et II, *Commerce* (avril-mai 1976).

BIERMAN, Harold Jr. et Sidney DAVIDSON, <<The Income Concept. Value Increment or Earnings Predictor>>, *Accounting Review* (avril 1969), pp. 239-246.

CHAMBERS, Raymond J., *Accounting Evaluation and Economic Behavior*, Englewood Cliffs, NJ., Prentice Hall Inc., 1966.

--------------, <<Edwards and Bell and Business Income>>, *Accounting Review* (octobre 1965), pp. 731-741.

COUTTS, W.B. << An Adoption of Replacement Value Depreciation>>, *CA Magazine* (mai 1962), pp. 478-482.

---

[41] COMITE DE RECHERCHE COMPTABLE, *op. cit.,* p. 31.

COMITÉ DE RECHERCHE COMPTABLE, *Comptabilité a la valeur actuelle*, Document de travail, Institut canadien des comptables agréés, Toronto, 1976, p. 6.

CÔTÉ, Yves Aubert, <<Inflation et comptabilité en milieu nord-américain>>, *CA Magazine* (février 1978), p. 48.

ECKEL, Leonard G., << Present Values and Discounting in Income Measurement >>, *CA Magazine* (février 1973), pp. 41-47.

EDWARDS, Edgar O., << The State of Current Value Accounting >>, *Accounting Review* (avril 1975), pp. 235-245.

EDWARDS, E.O. et BELL, P.W., *The Theory and Measurement of Business Income*, Berkeley, Los Angeles, 1961.

GONDEKET, A., <<An Application of Replacement Value Theory>>, *Journal of Accountancy* (juillet 1960), pp. 37-47.

HANNA, J.R. er S. BASU, << Current Replacement Cost Disclosures Proposed by SEC>>, *Cost and Management* (septembre-octobre 1975).

HENDRIKSEN, Eldons., *Accounting Theory*, Homewood, Illinois, Irwin Inc., 1971, chapitre 5.

HICKS, J.R., *Value and Capital*, Oxford, Clarendon Press, 1946.

HORNGREN, Charles T. et SORTER, George H., << Direct Costing for External Reporting >>, *Accounting Review* (janvier 1961), pp. 84-93.

LARSON, Kermit et R.W. SCHATTKE, << Current Cash Equivalent, Additivity and Financial Action >>, *Accounting Review* (octobre 1966), pp. 634-641.

MATTESICH, Richard, <<On the Perennial Misunderstanding of Asset Measurement by Means of Present Values >>, *Cost and Management* (mars-avril 1970), pp. 29-31.

PARKER, R.H. et G.C. HARCOURT, *Readings in the Concept and Measurement of Income*, Cambridge, University Press, 1969, pp. 123-138.

REVINE, Lawrence, *Replacement Cost Accounting*, Englewood Cliffs, N.J., Prentice Hall Inc., 1973.

------------, << Replacement Cost Accounting: A Theoretical Foundation>>, dans *Objectives of Financial Statements, Volume 2/Selected Papers*, Joe J. Cramer et George H. Sorter, ed. New York, A.I.C.P.A., 1974.

ROSEN, L., *Current Value Accounting and Price Level Restatements*, Canadian Institute of Chartered Accountants, 1972.

ROSENFIELD, P., << Current Replacement Value Accounting. A Dead End >>, *Journal of Accounting* (septembre 1975), p. 69.

------------, <<Reporting Subjunctive Gains and Losses>>, *Accounting Review* (octobre 1965).

SANDILANDS, F.E.P., *Inflation Accounting*, London, Her Majesty's Stationary Office, Cmnd. 6225, 1975.

SCHWAYDER, Keith, <<A Critique of Economic Income as an Accounting Concept>>, *Abacus* (août 1967), pp. 23-35.

------------, << The Capital Maintenance Rule and the Net Asset Valuation Rule >>, *Accounting Review*, Vol. XLIV (avril 1969), pp. 304-316.

SOLOMONS, David, << Economic and Accounting Concepts of Income>>, *Accounting Review* (juillet 1961), p. 375.

SPROUSE, R.T. et M. MOONITZ , *A Tentative Set of Broad Accounting Principles for Business Enterprise*, A.I.C.P.A., 1962.

STAUBUS, George J., <<Current Cash Equivalent for Assets: A Dissent>>, *Accounting Review* (octobre 1967), pp. 650-661.

STERLING, Robert R., *Theory of the Measurement of Enterprise Income*, Lawrence, Kansas, The University Press of Kansas, 1970.

CHAPITRE X
Les états financiers
dressés à la valeur d'origine
indexés sur le niveau général
des prix (NGP)

Les états financiers

dressés à la valeur d'origine
indexés sur le niveau général
des prix (NGP)

Nous avons présente dans le chapitre 9 le courant <<radical>> qui propose le remplacement du cout d'origine par la notion de valeur actuelle. Nous avons aussi vu qu'il existe un courant néo-classique situe à mi-chemin entre les deux extrêmes que sont la comptabilité a la valeur d'origine et la comptabilité a la valeur actuelle. Ce courant suggère d'indexer les états financiers dresses a la valeur d'origine ou à la valeur actuelle au niveau général des prix. Il se distingue donc de la comptabilité a la valeur actuelle et de la comptabilité a la valeur d'origine par le rejet du postulat de la stabilité présumée du pouvoir d'achat de la monnaie. Le présent chapitre portera uniquement sur l'indexation des états financiers dresses à la valeur d'origine. Le chapitre 11 traitera des problèmes de "indexation des états financiers dresses à la valeur d'origine.

10.1. NATURE DE L'INDEXATION DES ÉTATS FINANCIERS DRESSÉS A LA VALEUR D'ORIGINE

Les états financiers dresses à la valeur d'origine reposent entre autres sur le postulat de la stabilité de l'unité monétaire, postulat qui peut être justifie dans les sciences physiques, mais qui ne peut l'être dans le cas de la valeur du dollar ou de toute autre unité monétaire. Les états financiers dresses à la valeur d'origine sont exprimés en dollars se rapportant à des dates différentes et représentant des pouvoirs d'achat différents. Le but de l'indexation est de reformuler les états financiers en termes de dollars ayant un pouvoir d'achat constant, c'est-à-dire de tenir compte des changements dans le niveau général des prix, principale cause de la variation du pouvoir d'achat du dollar. Le niveau général des prix est mesure par un indice général des prix qui est une moyenne pondérée des prix de tous les biens et services, calcule en fonction d'une année de base où l'indice est supposé égal à 100. Pour comprendre la nature de l'indexation, imaginons qu'une firme dispose de postes monétaires (à valeur vénale fixe) et de postes non monétaires (à valeur vénale variable). Pour le moment, nous nous limiterons à considérer les actifs à valeur vénale fixe comme les postes du bilan dont la valeur en termes de nombre de dollars ne change pas. Pour la période to, l'équation comptable se lirait comme suit:[1]

$$M_0 + N_0 = R_0$$

---

[1] CHAMBERS, R.J., *Accounting, Evaluation and Economic Behavior*, Englewood Cliffs, N.J., Prentice Hall Inc., 1965, pp. 223-227.

où

M_0 = postes monétaires nets

N_0 = postes non monétaires nets

R_0 = capital

Supposons que le changement dans le niveau des prix est de $p = \frac{P_1}{P_0} - 1$, P_1 et P_0 représentant l'indice du niveau général des prix à la fin des périodes 1 et 0. L'équation comptable indexée au niveau général des prix se lit comme suit:

$$M_0 (1 + p) + N_0 (1 + p) = R_0 (1 + p)$$

ce qui équivaut à $M_0 + M_{0P} + N_0 + N_{0P} = R_0 + R_{0P}$

Étant donne que les actifs monétaires nets ont été définis comme ceux ayant une valeur vénale fixe, il est justifié de déduire $M_0 P$ des deux côtes de l'équation, et de remplacer M_0 par M1 Le résultat sera:

$$M_1 + (N_0 + N_{0P}) = (R_0 + R_{0P}) - M_{0P}$$

Cette dernière équation peut être interprétée de La façon suivante:

1. $N_0 + N_0P$ représente le résultat de l'indexation des postes non monétaires au niveau général des prix.

2. $R_0 + R_0 p$ représente le résultat de l'indexation du capital au niveau général des prix.

3. M_0P représente la perte ou le gain de pouvoir d'achat sur le poste valeur vénale fixe, attribuables au changement du niveau général des prix. Naturellement, M_0 pourrait être devisé entre les actifs monétaires A_0 et les passifs monétaires L_0. Dans un tel cas, l'équation indexée se lirait comme suit: $A_1 - p_1 + N_0 + N_{0P} = R_0 + R_{0P} - A_{0P} + L_{0P}$ où A_{0P} représente la perte de pouvoir d'achat sur actifs monétaires et L_{0P} le gain de pouvoir d'achat sur passifs monétaires.

Il s'ensuit que la manière d'indexer les postes comptables variera d'un poste à valeur vénale fixe à un poste à valeur vénale variable et d'un poste du bilan à un poste de l'état des revenus et dépenses.

10.2. INDEXATION DES POSTES COMPTABLES SUR LE NIVEAU GÉNÉRAL DES PRIX

10.2.1. Indexation des postes à valeur vénale fixe

On a vu dans la section précédente que les postes a valeur vénale fixe donnent lieu à des gains ou pertes de pouvoir d'achat résultant de l'évolution dans le niveau général des prix. Pour calculer ces gains et pertes, un état des sources et emplois des postes a valeur vénale s'avère très utile. Un exemple d'un tel état apparait dans le schéma n[0] 1. On calcule d'abord le montant net des postes a valeur vénale fixe de la période indexée au niveau général des prix de la fin de l'exercice, Ce montant est égal au montant net indexe des postes a valeur vénale fixe existant au début de la période, ajoute au montant net indexe des opérations portant sur les postes a valeur vénale fixe. Le résultat est ensuite compare au montant net réel des postes a valeur vénale fixe de la fin de l'exercice. La différence correspond aux gains et pertes de pouvoir d'achat sur les postes à valeur vénale fixe[2].

Différentes opinions existent concernant le traitement comptable à accorder aux gains et pertes attribuables à l'évolution du niveau général des prix. Les solutions suivantes sont proposées:

1. Tous les gains et pertes attribuables à l'évolution du NGP devraient être inclus dans le calcul du bénéfice de l'exercice.

2. Seules les pertes attribuables à l'évolution du NGP devraient être incluses dans le calcul du bénéfice de l'exercice. Les gains seront affectés aux capitaux propres.

3. Tous les gains et pertes attribuables à l'évolution du NGP seront affectés aux capitaux propres.

4. Tous les gains et pertes attribuables à l'évolution du NGP devraient être inclus dans le calcul du bénéfice sauf la partie des gains ou pertes résultant des dettes à long terme.

SCHÉMA n⁰ 1
Calcul du gain, ou de la perte de pouvoir d'achat

	Valeur d'origine	Valeur d'origine indexée au NGP
Montant net des postes à valeur vénale fixe au début de l'exercice	_____	_____
Plus Augmentation des postes a valeur vénale fixe:		
1. Ventes de marchandises	_____	_____
2. Ventes d'actifs immobilises	_____	_____
3. Autres revenus	_____	_____
Moins Diminution des postes a valeur vénale fixe:		
1. Achats.	_____	_____
2. Autres (Divers)	_____	_____
Égal au Montant net des postes à valeur vénale fixe à la fin de la période.	_____	_____
Moins Montant *réel* net des postes à valeur vénale fixe figurant au bilan à la fin de la période		_____

---

[2] STICKLER Alan D. et Christina S.R. HUTCHINS, *General Price Level Accounting: Described and Illustrated*, C.I.C.A., Toronto, 1975.

Égal aux Gains ou pertes de pouvoir d'achat sur des postes a valeur vénale fixe		

10.2.2. Indexation des postes a valeur vénale variable

Les postes a valeur vénale variable sont indexes au moyen du facteur de conversion suivant :

$$\frac{\text{Indice général des prix actuels (à la fin de l'exercice)}}{\text{Indice général des prix à la date d'acquisition du poste à valeur vénale variable}}$$

Cette indexation a pour but d'exprimer la valeur d'origine de ces postes en termes d'unités actuelles de pouvoir d'achat.

Par exemple, supposons qu'un équipement coutant \$100 000 a été acheté le 31 décembre 1970, alors que le niveau général des prix était de 120. Supposons aussi qu'on décide d'indexer la valeur d'origine au niveau général des prix à la fin de l'annee 1975. À cette date, le niveau général des prix est de 240, et le coût de l'équipement se calcule comme suit:

Équipement	\$100 000
- Amortissement accumulé	50 000
Équipement net	\$50 000

L'indexation au niveau général des prix consiste à multiplier la valeur d'origine par le facteur de conversion tel que défini précédemment. Voici le résultat qu'on obtient dans le cas de notre exemple:

	Valeur d'origine	Facteur de conversion	Valeur indexée
Équipement	$100 000	240/120	$200 000
Amortissement accumulé	50 000	240/120	100 000
Équipement net	$ 50 000		$100 000

Le résultat de $100000 correspond toujours à la valeur d'origine nette de l'équipement exprimée en termes d'unités actuelles de pouvoir d'achat ou en<< dollars millésimes >>. La manière d'indexer les postes à valeur vénale variable est la même dans le cas du capital. Le facteur de conversion est alors:

$$\frac{\text{Indice général des prix actuels}}{\text{Indice général des prix à la date d'investis-sement du capital}}$$

10.3. DISTINCTION ENTRE POSTES A VALEUR VÉNALE FIXE ET POSTES À VALEUR VÉNALE VARIABLE

La distinction entre postes à valeur vénale fixe et postes à valeur vénale variable dans le processus d'indexation des valeurs d'origine au NGP est importante. Ainsi, les postes à valeur vénale variable doivent tous erre exprimés en dollars ayant le même pouvoir d'achat pour tenir compte de l'évolution du niveau général des prix. Par contre, les postes à valeur vénale fixe sont déjà exprimés à la fin de la période en unités actuelles de pouvoir d'achat. L'impact du changement dans le niveau général des prix sur les postes à valeur vénale fixe prend la forme de gains et pertes de pouvoir d'achat. Les définirions des postes monétaires et non monétaires devraient être évidentes, étant donne la différence fondamentale qui existe entre eux. Par exemple, les postes monétaires perdent une partie de leur pouvoir d'achat durant une période d'inflation. Les débiteurs se trouvent alors favorises ayant à payer leurs dettes fixes en dollars déprecies. Par contre, les postes non monétaires augmentent leur valeur durant une période d'inflation et ne perdent pas de pouvoir d'achat, Malgré l'évidence de ces différences, il n'existe pas encore de consensus sur la définition des postes monétaires et non monetaires[3].

En général, les postes monétaires sont définis comme étant les créances ou engagements qui doivent être payes au montant fixe de monnaie du pays, quel que soit le changement dans le niveau général ou spécifique des prix[4]. L'élément de fixité est essentiel pour la différentions entre postes monétaires et non monétaires. Ainsi, si la créance reste fixe en termes d'unités monétaires, il s'agit d'un poste monétaire. Si le prix du poste risque de changer dans un avenir proche, il est considère non monétaire.

---

[3] HEALTH, Lloyd, C., <<Distinguishing Between Monetary and Non-Monetary Assets and Liabilities in General Price Level Accounting>>, *Accounting Review* <juillet 1972.), pp. 458-468.

[4] BOERSEMA, John M., <<La distinction entre les item monétaires et non monétaires dans la comptabilité de l'inflation>, *Cost and Management*. (mai-juin 1975), p.12.

Étant donne la difficulté de donner une définition exacte des postes monétaires, différents problèmes et points de vue sont apparus dans la littérature et dans la pratique comptable relativement à la distinction entre les deux groupes de postes. Ainsi, certains postes se prêtent à différentes interprétations quant à leur classification en postes monétaires ou non monétaires. Par exemple :

1. *Les actions privilégiées.* L'<<A.P.B. Statement No. 3 >> définit les actions privilégiées comme étant non monetaires[5]. Cependant, si l'entreprise est obligée de verser, à sa dissolution ou en remboursement, un montant fixe en monnaie courante, les actions privilégiées devraient être considérées comme monétaires. Par ailleurs, les actions privilégiées convertibles présentent les caractéristiques des actions ordinaires et doivent, par conséquent, être définies comme non monétaires.

2. *L'impôt sur le revenu reporté.* La méthode du report d'impôts a remplacé dans la plupart des pays la méthode de l'impôt exigible. Cependant, ce report peut se faire par la méthode du report d'impôt fixe ou par celle du report d'impôt variable. Selon la dernière méthode, les crédits résultant du report d'impôt sont considères comme des dettes et, par conséquent, comme postes monétaires. Par contre, selon la première méthode, ils sont considérés comme des crédits différés représentant des épargnes à amortir dans les périodes futures. Aussi, ils seront classifies comme postes non monétaires. Remarquons que c'est là la position americaine[6], alors que la position canadienne est de les classifier comme postes monétaires pour des raisons pratiques[7].

3. *Devises étrangères.* Elles sont soumises à l'influence de différents facteurs tels que le taux de change, le taux d'inflation dans le pays du détenteur et la balance de paiements entre les deux pays. Elles sont, par conséquent, non fixes et devraient être classifiées comme items non monétaires. Les positions américaine et canadienne concordent sur ce point.

4. *Créances à payer en dévires étrangères.* Elles sont considérées comme monétaires ou non monétaires selon la méthode de conversion utilisée. Ainsi, si les dettes exprimées en devises étrangères sont converties par le taux courant de change, elles sont assim11ees aux dettes locales et, par conséquent, seront classif1ees comme monétaires. Cependant, si ces dettes sont converties au moyen du taux historique de change, elles sont considérées comme une commodité et, par conséquent, seront classifiées comme non monétaires.

---

[5] ACCOUNTING PRINCIPLES BOARD, <<Financial Statements for General Price-Level Changes>>, *Statement No. 3*, New York, American Institute of Certified Public Accountants, juin 1969.

[6] F.A.S.B., *Reporting the Effects of General Price Level Changes in Financial Statements*, Stamford, Financial Accounting Standards Board, le 15 février 1974.

[7] STICKER, A.D. et HUTCHINS, *op. cit,*, p. 19.

5. *Dettes convertibles.* C'est encore là un poste ayant des caractéristiques à la fois monétaires et non monétaires. Certains maintiennent qu'il devrait être considère comme poste monétaire jusqu'à sa conversion. D'autres maintiennent qu'il devrait être traite comme poste monétaire quand le prix du marché des .actions est inferieur a la valeur de conversion, et comme non monétaire dans les cas contraires. Un troisième groupe maintient que la dette devrait être classifiée comme monétaire si la probabilité de conversion dans un avenir proche est élevée, sinon, elle devrait être classifiée comme non monetaire[8].

6. *Avances aux filiales non consolidées.* La classification d'un tel compte dépend de la probabilité de remboursement. Si le remboursement dans un proche avenir est certain, le compte est classifle comme monétaire.

7. *Escomptes sur dettes.* Généralement enregistre comme une déduction d'une obligation, ce compte est en fait un pré-paiement d'intérêt, et à ce titre on doit le traiter de la même façon que les amortissements. C'est donc un poste non monétaire.

8. *Marche de l'or.* Ce compte sera classifie comme non monétaire si le détenteur agit dans un marché libre de vente. Cependant, si le prix est fixé par décret du gouvernement, le compte sera classifie comme monétaire.

9. *Placements.* Les actions n'ayant aucune valeur fixe seront classifl ees comme non monétaires. Les obligations, par contre, peuvent être soit monétaires, soit non monétaires. Ainsi, si elles représentent des créances éventuelles d'un montant fixe en monnaie courante, elles sont monétaires. Si elles sont négociables, elles sont non monétaires.

Pour illustrer la controverse portant sur la distinction entre postes monétaires et postes non monétaires, nous présenterons ici la liste établie dans un document de travail de l'I.C.C.A. sur le sujet[9]:

	Poste à valeur vénale fixe	Poste à valeur vénale variable
Espèces en caisse ou en dépôt (en devises locales)…	X	

---

[8] BOERSEMA, *op. cit.*, p. 9.
[9] COMITE DE RECHERCHE COMPTABLE, *Comptabilisation de la variation du pouvoir d'achat de l'argent*, Toronto, Institut canadien des comptables agréés, 1975.

	Poste à valeur vénale fixe	Poste à valeur vénale variable
Devises étrangères en caisse et créances en devises étrangères. . . . . Si les devises étrangères figurent au taux de change en vigueur à la date de clôture des états financiers dresses à la valeur d'origine, on doit traiter ce poste comme un poste a valeur vénale fixe. Si, dans les états financiers dresses a la valeur d'origine, les devises étrangères figurent au taux en vigueur à la date ou les opérations ont eu lieu, on doit traiter ce poste comme un poste a valeur vénale variable mais, en l'indexant, on ne doit pas obtenir un montant qui serait supérieur a celui qui aurait figure dans les états financiers dresses a la valeur d'origine si le taux de change en vigueur à la date de clôture avait été applique.	Voir les commentaires	
Placements *Actions* (comptabilisées au cout) . . . . Les actions constituent des postes à valeur vénale variable parce que leur prix est sujet à des fluctuations.		X
Obligations.	X	
Obligations convertibles . . . . Jusqu'au moment de leur conversion, ces obligations représentent un droit à recevoir un montant fixe en dollars.		
Clients et effets à recevoir (à court et à long terme)	X	
Stocks *Stocks produits en vertu de contrats dont le prix est fixe et comptabilisés au prix du contrat* . . . . Ces éléments représentent essentiellement des montants fixes à recevoir et ils constituent donc des postes à valeur vénale fixe.	X	
Autres stocks		X
Frais payés d'avance (à l'exception des intérêts) . . . . Ce poste représente un droit à la prestation de services futurs et non pas une créance dont le montant est fixe. Comme les prix de services identiques peuvent fluctuer, les frais payés d'avance sont un poste dont la valeur vénale est variable.		X

256

	Poste à valeur vénale fixe	Poste à valeur vénale variable
Placements comptabilities à la valeur de consolidation Le placement comptabilise au cout constitue un poste a valeur vénale variable. S'il est comptabilise a la valeur de consolidation, voir la section traitant des stat financiers consolides.		Voir les commentaires
Immobilisations…………………………..		X
Provision pour amortissement et pour exquisément……		X
Valeur de rachat de contrats d'assurances sur la vie	X	
Arrhes payées sur contrat d'achat……. Les arrhes ne constituent pas une créance dont le montant est fixe en dollars mais représentent le droit de recevoir des marchandises et des services dont les prix peuvent varier.		X
Biens incorporels………………		X
Impôts sur le revenu reportes à l'actif………….	X	
Primes et escomptes non amortis et intérêts payées d'avance sur des obligations ou des effets à payer On ne peut pas dissocier ces éléments de la dette à laquelle ils se rapportent ; ce sont donc des postes à valeur vénale fixe.	X	
Autres charges reportées………………		X
Fournitures, frais courus et effets à payer………	X	
Comptes à payer en devises étrangères (voir le poste devises étrangères en caisse)………….		
Engagements pour garanties…………… Ces engagements portent sur l'obligation de fournir des marchandises et des services dont la valeur vénale est variable		X
Obligations et autres dettes à long terme……..	X	
Obligations convertibles……. Tant qu'elles n'ont pas été converties, ces obligations représentent l'engagement de verser un nombre fixe de dollars.	X	
Impôts sur le revenu reportes au passif………..	X	
Participation minoritaire…………		X

Actions privilégiées		Voir les commentaires
Les actions privilégiées comptabilisées a un montant égal a leur prix de liquidation ou de rachat constituent un poste a valeur vénale fixe parce que la créance des actionnaires privilégies sur les biens de l'entreprise représente un nombre fixe de dollars. Les actions privilégiées comptabilisées à une valeur moindre que le prix de liquidation ou de rachat constituent un poste a valeur vénale fixe lorsque ces actions sont portées a un montant égal au prix de liquidation ou de rachat.		
Actions privilégiées convertibles.		Voir les commentaires
En attendant qu'elles soient converties, ces actions doivent être traitées de la même façon que les autres actions privilégiées.		
Actions ordinaires		X
Surplus d'apport		X
Plus-values constatées par expertise		X
Bénéfices non répartis		Voir les commentaires
Ce montant se trouve par différence et il n'a pas besoin d'entrer dans une catégorie quelconque.		

10.4. RECOURS À UN INDICE GÉNÉRAL DES PRIX

On a déjà établi que l'indexation de la comptabilité sur le NGP consiste à exprimer les éléments d'actif et de passif de même que les produits et les charges en dollars constants au moyen d'un indice général des prix. En général, un indice des prix est égal au rapport entre les prix pondères d'une certaine quantité de biens a une période donnée et les prix pondères des mêmes biens a une période de base ou l'indice est égal a 100. Si la quantité de biens est assez élevée, l'indice est dit général plutôt que spécifique et sa variation indique tout changement dans le pouvoir d'achat de la monnaie.

10.4.1. Construction de l'indice général des prix

L'indice des prix peut être pondère en fonction de la base; c'est ce que l'on appelle la formule de *Laspeyres*. Il peut aussi être à pondération courante; c'est ce que l'on appelle la formule de *Paasche*. La différence peut être établie de la manière suivante:

Supposons que la valeur actuelle (en dollars millésimes) Q_t de la dépense nationale brute (DNB) à la période t est égale à la quantité de N produits, X_{it}, multipliée pour leurs prix respectifs P_{it}; en d'autres termes:

$$Q_t = \sum_{i=1}^{N} P_{it}X_{it}$$

La même DNB, exprimée en termes des dollars de l'année de base 0, sera:

$$Q_0 = \sum_{i=1}^{N} P_{i0}X_{it}$$

La mesure d'augmentation des prix ou indice sera donc égale a:

$$P_t = \frac{Q_t}{Q_0}$$

où

$$P_t = \frac{\sum_{i=1}^{N} P_{it}X_{it}}{\sum_{i=1}^{N} P_{i0}X_{it}}$$

Un tel indice, appelé aussi indice implicite ou indice Paasche, est à pondération courante. Il repose sur l'hypothèse d'une variation dans la structure des achats. Cet indice ne donne pas une mesure du changement des prix période par période étant donne le changement périodique de la pondération. Le deuxième indice mentionne, basé sur la formule de Laspeyres, se présente comme suit:

$$P_t' = \frac{\sum_{i=1}^{N} P_{it}X_{i0}}{\sum_{i=1}^{N} P_{i0}X_{i0}}$$

Cet indice de prix assume donc que la structure des dépenses reste constante et utilise comme pondération la structure des achats de la période de base. En général, l'indice Paasche est considère théoriquement supérieur a l'indice Laspeyres. Par exemple, une augmentation des prix peut amener les consommateurs à remplacer les produits relativement chers par 'd'autres moins chers; un indice Paasche, toujours pondère en fonction de la base et des mêmes coefficients de pondération, conduit à une surestimation de l'effet des changements des prix sur le niveau de vie[10, 11].

[10] SAWGER, John A., *Macroeconomics: Theory and Policy in the Canadian, Economy*, Toronto, Macmillan of Canada, 1974.
[11] ROSEN, L.S., *Valeurs actuelles et indexation des états financiers*, Toronto, Institut canadien des comptables agréés, p. 49.

10.4.2. Choix de l'indice général des prix

La comptabilité indexée sur le NGP exige l'utilisation d'un facteur de conversion basé sur un indice qui reflète les variations dans le pouvoir d'achat de la monnaie. Cela implique l'utilisation d'un indice général plutôt que stéarique. De même, il existe différents concepts de pouvoir d'achat tels que le pouvoir d'achat général, le pouvoir d'achat des actionnaires, le pouvoir d'achat des investissements de la firme et le pouvoir d'achat spécifique[12]. C'est le pouvoir d'achat général qui reflète le mieux le pouvoir d'achat de la monnaie et qui constitue le concept le plus pertinent.

Les indices généraux les plus connus, publies par Statistique Canada, sont: *l'indice des prix à la consommation, l'indice des prix de gros et l'indice implicite de dégonflement der prix de la dépense nationale brute.* Les débats théoriques portant sur le choix de l'indice général des prix se limitent habituellement a une comparaison entre l'indice des prix à la consommation et l'indice implicite de dégonflement de la dépense nationale brute. Dans le contexte canadien, ces indices sont définis de la façon suivante:

1. L'indice des prix a la consommation mesure le changement dans le prix d'achat d'un <<panier>> constant de produits et de services représentant les dépenses d'un groupe particulier de la population pour une période donnée. Les prix des produits et services sont pondères a partir des dépenses enregistrées dans la période de base plutôt que dans la période courante. Ainsi, l'indice des prix à la consommation est pondéré en fonction de la base, selon la formule Laspeyres.

2. L'indice implicite de dégonflement des prix de la dépense nationale brute mesure le changement dans le pouvoir d'achat de tous les biens et services produits par le système économique du pays. Il est obtenu par le ratio du produit national brut exprime en dollars courants sur le produit national brut exprime en dollars constants. Plus précisément:

   << Chaque composante de la dépense nationale brute est vent11ee en une série de produits, et la valeur de chaque produit est dégonflée à l'aide d'un indice de prix propre à ce produit. Chaque produit est ainsi exprime en dollars constants. Il faut faire la somme de tous les e1ements de façon à obtenir la dépense nationale brute en dollars constants. La division de la dépense nationale brute en dollars courants par la dépense nationale brute en dollars constants donne un indice de prix dit synthétique ou implante parce qu'il n'est pas calculé directement mais plutôt dérive à la suite du dégonflement de chaque composante de la dépense nationale >>[13].

L'unanimité semble se faire autour de l'indice implicite de dégonflement des prix de la dépense nationale brute. Il s'agit d'un indice à la pondération courante, qui ne présente pas le défaut principal des indices à pondération en fonction de la base (l'indice des prix à la consommation), à savoir la surestimation de l'effet des changements de prix sur le cout

---

[12] HENDRIKSEN, E., *Accounting Theory*, Irwin, 1977, 3ième Édition, pp. 231-234.

[13] FRECHETTE, P., JONHANDET-BERNADAT, R. et J.P. *VEZINA, L'économie du Québec*, Montréal, les Éditions HRW Ltée, 1975, p. 13.

de la vie[14]. Cet indice est publié trimestriellement par Statistique Canada dans la brochure intitulée <<Comptes nationaux des revenus et des dépenses>> (13-001). 11 est malheureusement publie deux à trois mois après la fin du trimestre auquel l'indice se rapporte. C'est pourquoi, pour un trimestre donne, il peut être nécessaire de calculer approximativement l'indice implicite de dégonflement des prix de la dépense nationale brute. Une des méthodes d'approximation suggérée par le Comité de recherche comptable serait d'extrapoler la tendance de l'indice implante de dégonflement des prix de la dépense nationale brute au moyen de la tendance de l'indice des prix à la consommation publiée mensuellement, de la façon suivante[15]:

$$
\begin{array}{c}
\text{Indice implicite de dégonflement} \\
\text{de la dépense nationale brute} \\
\text{pour le 1}^{\text{er}}\text{ trimestre}
\end{array}
\quad X \quad
\dfrac{\text{Indice des prix à la consommation pour le mois de mai}}{\text{Indice des prix à la consommation pour le mois de février}}
$$

=Indice implicite de dégonflement de la dépense nationale brute estime pour le 2e trimestre. Naturellement, d'autres méthodes d'approximation pourraient être utilisées, comme par exemple les modelés économétriques.

10.5. LES ÉTATS FINANCIERS DRESSÉS À LA VALEUR D'ORIGINE INDEXÉS SUR LE NGP: UN EXEMPLE

10.5.1. Données

Voici les états financiers de *Langevin Ltée* dresses a la valeur d'origine en conformité avec les principes généralement reconnus. Supposons que cette firme a débuté ses exploitations le 31 décembre 1975.

1. *Bilan*

LANGEVIN LTÉE

	31 décembre 1975	31 décembre 1976

---

[14] ROSEN, *op. cit.*, p. 43.
[15] COMITE DE RECHERCHE COMPTABLE, *op. cit.*, p. 45.

Biens à valeur vénale fixe	$ 30 000		$ 60 000	
Stocks	30 000	(3 000 unités)	20 000	(2 000 unités)
Terrain . . . . , . .	40 000		40 000	
Équipement (vie utile de 5 années)	50 000		50 000	
Moins: Amortissement accumulé ...				$ 10 000
Passif = Obligations à 10% . . .		$ 50 000		50 000
Capital-actions.		100 000		100 000
Bénéfices non repartis				10 000
Total	$150 000	$150 000	$170 000	$170 000

2. État des revenus et dépenses

LANGEVIN LTÉE, 1976

Ventes (5000 unités)		$ 200 000
Coût marchandises vendues:		
Stocks d'ouverture		
(3000 unités à $10 l'unité)	$ 30 000	
Achats		
(4000 unités à $12 l'unité)	48 000	
Stock disponible	78 000	
Stock de clôture		
(2000 unités à $10 l'unité)	20 000	58 000
		142 000
Amortissement	10 000	
Intérêt sur obligations	5 000	
Frais divers	117 000	132 000
Bénéfice net		$ 10 000

3. *Pour simplifier nos calculs, posons un
   certain nombre d'hypothèses:*

   a) Les indices de dégonflement des prix de la dépense nationale brute sont :

   31 décembre 1975. 100

   31 décembre 1976 ... .180

   Indice moyen de l'année 1976 120

   b) Tous les comptes de l'état des revenus et dépenses a l'exception du cout des marchandises vendues et de l'amortissement se répartissent uniformément sur l'année entière.

   c) Les achats de marchandises ont été effectues a une date ou l'indice était de 150.

   d) Les stocks sont évalues au prix coutant déterminé selon la méthode de l'épuisement à rebours.

e) L'indexation se fait en termes du pouvoir d'achat du dollar au 31 decembre 1976.

10.5.2. Bilan dressé à la valeur d'origine indexé sur le NGP

LANGEVIN LTÉE - BILAN, 31 DÉCEMBRE 1975

	Livres comptables	Facteur de conversion	Chiffres indexés au 31 déc. 1976
Actif			
Biens à valeur vénale fixe	$ 30 000	180/100	$ 54 000
Stocks . . .	30 000	180/100	54 000
Terrain	40 000	180/100	72 000
Équipement	50 000	180/100	90 000
Moins: Amortissement accumulé			
Total de l'actif	$ 150 000		$ 270 000
Passif et avoir des actionnaires			
Obligations à 10%	50 000	180/100	90 000
Capital-actions	100 000	180/100	180 000
Bénéfices non répartis			
Total du passif et de l'avoir des actionnaires	$ 150 000		$ 270 000

LANGEVIN LTÉE - BILAN, 31 DÉCEMBRE 1976

	Livres comptables	Facteur de conversion	Chiffres indexés au 31 déc. 1976
Actif			
Biens à valeur vénale fixe	$ 60 000	180/180	$ 60 000
Stocks . . .	20 000	180/100	36 000
Terrain	40 000	180/100	72 000
Équipement	50 000	180/100	90 000
Moins: Amortissement accumulé	(10 000)	180/100	(18 000)

	Livres comptables	Facteur de conversion	Chiffres indexés
Total de l'actif	$ 160 000		$ 240 000
Passif et avoir des actionnaires			
Obligations à 10%	50 000	180/100	50 000
Capital-actions	100 000	180/100	180 000
Bénéfices non répartis	10 000		10 000
Total du passif et de l'avoir des actionnaires	$ 160 000		$ 240 000

Les bénéfices non repartis de $10000 résultent de l'addition du bénéfice d'exploitation indexe sur le NGP aux gains ou pertes attribuables à l'évolution du niveau général des prix.

10.5.3. Calcul du gain ou de la perte attribuable à l'évolution du NGP

Le gain ou la perte résultant de l'impact de l'évolution du NGP sur les postes a valeur vénale fixe est calculé comme suit:

LANGEVIN LTÉE, 31 DÉCEMBRE 1976
Calcul de la perte attribuable à l'évolution

	Livres comptables	Facteur de conversion	Chiffres indexés
Somme algébrique des postes à valeur vénale fixe au 31 décembre 1975.	$ 20 000	180/100	$(36 000)
Plus: Augmentation des éléments d'actif à valeur vénale fixe:			
Ventes nettes	200 000	180/100	300 000
	$ 220 000		$ 264 000
Moins: Diminution des éléments d'actif à valeur vénale fixe:			
Intérêt sur obligation	50 000	180/120	75 000
Frais divers	117 000	180/120	175 000
Achats.	48 000	180/120	57 600
			$ 240 600
Somme algébrique des postes à valeur vénale fixe indexes au 31 décembre 1976			23 400
Somme algébrique *réelle* des postes à valeur vénale fixe au 31 décembre 1976	(10 000)		(10 000)

Perte attribuable à l'évolution du NGP…			$ 13 400

10.5.4. État des résultats et des bénéfices
non repartis indexes sur le NGP

L'état des résultats et des bénéfices non repartis indexes sur le niveau général des prix se présente comme suit:

LANGEVIN LTÉE, 31 DÉCEMBRE 1976

	Livres comptables	Facteur de conversion	Chiffres indexés

Ventes nettes (5 000 unités)............	$200 000	180/120	$300000
Coût des marchandises vendues:			
Stock initial (3 000 unités)........	30 000	180/100	54 000
Achats (4 000 unites)	48 000	180/120	57 600
Montant disponible	78 000		111 600
Stock final (2 000 unités)	20 000	180/100	36 000
Coût des marchandises vendues	58 000		75 600
Bénéfice brut.............	142 000		224 400
Moins :			
Amortissement	10 000	180/100	18 000
Intérêt sur obligations	5 000	180/120	7 500
Frais divers	117 000	180/120	175 500
Bénéfice net d'exploitation	10 000		23 400
Perte attribuable à l'évolution du niveau général des prix			(13 400)
Bénéfice net			10 000
bénéfices non repartis au 31 décembre 1975			0
Bénéfices non repartis au 31 décembre 1976........................			$ 10 000

10.6. PROPOSITIONS OFFICIELLES CONCERNANT LA COMPTABILITÉ INDEXÉE SUR LE NGP

La comptabilité indexée sur le NGP a été une méthode étudiée un peu partout dans le monde étant donne que l'inflation est un phénomène quasi international. Cette approche, qui se base essentiellement sur le rejet de l'hypothèse d'une unité monétaire stable, s'est vue accorder différents noms. Elle est connue comme *GPL* (general price level financial statements) aux États-Unis, *CPP*(current purchasing power) au Royaume-Uni et, par un hasard des choses, *PuPU* (purchasing power units accounting), nom introduit par le Dr John Burton, ancien chef comptable de la S.E.C. En plus de porter tous ces différents noms, la comptabilité indexée sur le NGP diffère aussi d'un pays à l'autre par son historique:

    1. Aux États-Unis, l'intérêt porte à la comptabilisation de l'évolution du NGP a pris naissance avec les travaux de Henry Sweeny dans les années 20 et 30[16]. Cet

---

[16] SWEENEY, Henry W., Stabilized Accounting, New York, Harper and Bros., 1936. Voir aussi *Asset Appreciation, Business Income and Price Level Accounting*: 1918-1935, Stephen A. Zeff ed., New York, Arno Press, 1975.

effort se poursuivit notamment avec les études de Hendriksen portant sur le cas de 2 firmes d'utilité publique[17] et celles de Jones portant sur le cas de 4 firmes metallurgiques[18]. Du cote de la profession, 1'<<*Accounting Principles Board*>> de l'<<*American Institute of Certified Public Accountants*>> (A.I.C.P.A.) autorisa en 1963 la publication de l'<<*Accounting Research Study No. 6*>>, qui recommande l'addition aux   états financiers traditionnels des informations portant sur l'impact de l'inflation[19]. Puis vint la publication en juin 1969 du <<*Statement of the Accounting Principle Board No. 3* >>, qui aborda en détail les techniques de redressement des états financiers susceptibles de refléter l'indexation sur le NGP[20]. Il y est principalement dit que:

> <<Les états financiers indexés sur l'indice général des prix ou les renseignements extraits de tels états fournissent une information utile que les états financiers traditionnels, dresses à la valeur d'origine, ne permettent pas de dégager. On ne peut joindre aux états financiers traditionnels des renseignements indexes, mais il ne faut jamais publier des états indexes sur l'indice général des prix à titre d'états de base...>>

La réponse des firmes au <<Statement>> de l'A.P.B. ne fut pas trop enthousiaste, d'autant plus qu'un << Statement >> de l'A.P.B. vise uniquement à informer et aider les firmes, alors qu'une << Opinion >> de l'A.P.B. tient lieu d'obligation. À son tour, le <<*Financial Accounting Standard Board*>> (F.A.S.B.), qui a succède a l'A.P.B. comme organisme charge d'émettre des directives comptables, publia le 15 février 1974 un mémoire intitule << *Reporting the Effects of General Price Level Changes in Financial Statements*>>[21], suivi le 31 décembre 1974 d'un exposé sondage intitule <<*Financial Reporting in Units of General Purchasing Power* >>.

2. Au Canada, l'impact de l'inflation a varié a travers le temps, ce qui a entrainé des positions différences en ce qui concerne la comptabilité indexée. A l'époque ou le taux d'inflation n'était pas assez élevé pour justifier une indexation, L.S. Rosen, dans une étude publiée par l'Institut canadien des comptables agréés en 1972, recommandait de ne pas s'engager dans la voie de la comptabilité indexée et de considérer plutôt les avenues de la comptabilité à la valeur actuelle[22].

---

[17] HENDRIKSEN, Eldon S., *Price Level Adjustments of Financial Statements. An, Evaluation and Case Study of Two Public Utility Firms*, Pullman, Washington State University Press, 1961.
[18] JONES, Ralph Conghenor, *Price Level and Financial Statements. Case Studies of Four Companies*, American Accounting Association, 1955.
[19] ACCOUNTING PRINCIPLES BOARD, <<Reporting the Financial Effects of Price Level Changes>>, *Accounting Research Study No. 6*, New York, A.I.C.P.A., 1963.
[20] ACCOUNTING PRINCIPLES BOARD, <<Financial Statements Restated for General Price Level Changes>>, *Statement of the Accounting Principles Board No. 3*, New York, A.I.C.P.A., 1969.
[21] FINANCIAL ACCOUNTING STANDARDS BOARD, *Reporting the Effects of General Price Level Changes in Financial Statements*, Stamford, Financial Accounting Standard Board, 15 février 1974.
[22] ROSEN, A., *op. cit.*

Cependant, avec l'augmentation sévère et continue du taux d'inflation, le Comite de recherche comptable publiait en juillet 1975 un expose-sondage intitule *Comptabilité des effets de to variation, du pouvoir d'achat de l'argent*, dans lequel les techniques d'indexation sur le NGP étaient présentées en vue d'implantation par les firmes canadiennes.

3. Au Royaume-Uni, le Comité de direction des normes comptables (<< Accounting Standards Steering Committee >>) publiait en mai 1974 le << Provisional Statement of Standard Accounting Practice No. 7 >> intitule <<*Accounting for Changes in the Purchasing Power of Money*>> qui recommandait la publication additionnelle des états financiers indexes sur le NGP. La réponse des firmes ne fut pas très enthousiaste, d'abord à cause du fait que les recommandations étaient uniquement des normes <<provisoires >> et ensuite, parce que tel que mentionné dans le chapitre précèdent, le <<*Standilands Report*>> s'était déjà prononce pour la comptabilité a la valeur actuelle. Le débat au Royaume-Uni se fait donc entre le CPP (current purchasing power) et le CCA (current cost accounting).

4. En Allemagne, la Loi DM Eroffnungsbilanzgesetz demandait que tous les comptes soient redresses à partir du 21 juin 1948[23]. Malheureusement, après 1947, 11 y eut un retour à la comptabilité dressée sur la valeur d'origine.

5. En France, entre les années 30 et 60, 11 y eut 18 dévaluations. C'est pourquoi, le 25 janvier 1930, une lettre de la Direction des impôts permettait aux compagnies de réévaluer les actifs immobilises et les amortissements et de considérer la plus-value de réévaluation comme non imposable. Le Conseil d'État rejeta cette recommandation par une décision prise le 14 novembre 1938. Malgré cette décision, les autorités fiscales continuèrent a permettre la création de fonds spéciaux, reconnaissant ainsi l'impact de l'évolution du NGP. Ce n'est que dans les années 30 à 60 qu'une comptabilité basée sur la réévaluation des comptes fut acceptée. Cette réévaluation n'était permise qu'aux compagnies qui déclaraient un impôt sur les bénéfices.

10.7. ÉVALUATION DE LA COMPTABILITÉ INDEXÉE SUR LE NGP

L'utilité de l'information comptable indexée a fait l'objet de nombreux articles et discours. Il s'avère intéressant de présenter les diverses positions relatives à la comptabilité index6e sur le NGP en termes d'arguments en faveur et contre l'indexation (la liste de ces

---

[23] HOLZER, Peter H. et Hanns-Martin SCHONFELD, << German Solution of the Post-War Price Level Problem >>, *Accounting Review* (avril 1963), pp. 377-381.

arguments n'est pas nécessairement exhaustive et l'ordre de leur présentation n'indique nullement un ordre d'importance).

10.7.1. Arguments en faveur de l'indexation

Parmi les arguments généralement mentionnes en faveur de l'indexation, citons les suivants:

1. La comptabilité traditionnelle, basée sur la valeur d'origine, exprime des postes en dollars ayant des pouvoirs d'achat différents. Ces postes rie s'additionnent pas, ce qui crée une présentation erronée de la position financière décrite par le bilan. L'indexation sur le niveau général des prix permet par contre d'exprimer tous les postes du bilan en termes de dollars millésimés et d'assurer une uniformité dans l'expression des comptes au bilan. En général, le dollar à la clôture de l'exercice est choisi comme mesure du pouvoir d'achat.

2. La comptabilité traditionnelle fait reposer le calcul du profit comptable sur un rapprochement entre les revenus de l'exercice et les coûts bases sur la valeur d'origine. Le profit comptable s'en trouve donc surestime. La comptabilité indexée permet un rapprochement entre les mêmes revenus et coûts de la période indexes sur le NGP, assurant ainsi un meilleur respect du principe de la correspondance, et conduisant à une mesure du bénéfice net plus fidèle.

3. Etant donné la résistance possible de la part de la profession à tout changement radical dans les techniques comptables, la comptabilité indexée pourrait être facilement accepté puisqu'elle constitue uniquement un prolongement logique de la comptabilité à la valeur d'origine lorsqu'on veut rendre compte des faits économiques[24]. Pour atteindre cet objectif, Skinner propose d'indexer comme suit:

   << Etant donne l'inflation actuelle et la possibilité que le mouvement s'accentue, il devient nécessaire de modifier la présentation de l'information financière pour tenir compte de la perte du pouvoir d'achat du dollar si l'on veut que les états financiers reflètent fidèlement la situation économique>>...[25]

4. Les états financiers dresses a la valeur d'origine indexes sur le NGP tiennent compte de l'impact de l'inflation et des changements dans le pouvoir d'achat résultant de l'érosion monétaire. Ils reflètent cet impact de la façon suivante:

   a) les postes dont la valeur vénale est variable sont ajustes par un facteur de conversion afin de les exprimer en termes de dollars millésimés ;

   b) les postes dont la valeur vénale est fixe donnent lieu, dans la comptabilité indexée, a une détermination de la perte ou du gain attribuable à l'évolution du

---

[24] SYCAMORE, R.J., <<Inflation et indexation des 6tats financiers >>, *CA Magazine* (septembre 1974), p. 82.

[25] SKINNER, R.M., *Les principes comptables*, Toronto, Institut canadien des comptables agréés, 1972, p. 401.

niveau général des prix dans le cas des biens a valeur vénale fixe ou de dettes. La comptabilité indexée permet donc de renoncer au postulat périme de la stabilité de l'unité monétaire.

5. Le calcul des gains et pertes attribuables à l'évolution du niveau général des prix permet d'évaluer l'efficacité de la gestion monétaire de la firme, et facilite la prise de décisions concernant le financement et l'allocation des ressources monétaires dans l'entreprise. Ne pas reconnaitre ces gains et pertes, comme dans la comptabilité traditionnelle, conduit à une évaluation erronée de la politique de crédit de la compagnie. En d'autres termes :

> <<En divulguant ce renseignement a l'état des bénéfices, les administrateurs verront à se doter d'une meilleure politique des postes monétaires, afin d'éviter de lourdes pertes sur la détention d'actif net a valeur vénale fixe. On en arrivera à une meilleure allocation des ressources à l'intérieur de l'entreprise et dans l'ensemble de notre économie. Par exemple, l'administrateur devra inclure parmi les couts du crédit accorde aux clients, les pertes escomptées dans le pouvoir d'achat général aussi bien que les escomptes de caisse, les frais de recouvrement, les frais d'intérêt, etc. Les états comptables fondes uniquement sur les couts d'origine risquent d'entrainer une évaluation erronée de la politique de crédit de la compagnie. Dans certains périodes économiques, les perrés de pouvoir d'achat sur des comptes à recevoir peuvent revêtir une importance considérable >>...[26]

6. La comptabilité indexée permet de fournir des données plus pertinentes aux investisseurs et au grand public. Ainsi, l'analyse financière est basée sur des données comptables plus fidèles et plus réalistes. Les postes au bilan se trouvent exprimes en termes de dollars ayant le même pouvoir d'achat. Les dividendes se trouvent calcules et prélevés à même les bénéfices << réels >> plutôt qu'a même les bénéfices << gonfles >> comme dans la comptabilité traditionnelle.

7. La comptabilité indexée offre certains des avantages de la comptabilité traditionnelle, sans présenter toutefois l'inconv6nient du postulat de l'unité monétaire stable.

   a) Parce que basée sur le cout d'origine, elle est aussi objective et vérifiable que la comptabilité traditionnelle.

   b) Elle est facile à préparer. Les techniques d'indexation se résument à un simple processus de conversion d'une échelle de mesure à une autre. Une fois la date de référence déterminée, laquelle est en général la date de clôture de l'exercice courant, et une fois établi le facteur de conversion, il ne reste qu'à faire un simple exercice mathématique, en l'occurrence une multiplication, pour déterminer le chiffre indexe.

---

[26] LAUZON, Léo-Paul et MICHEL, Bernard, << L'indexation des états financiers - IV >>, *Commerce* (mars 1976), p. 21.

c) Elle peut servir de complément a la comptabilité traditionnelle en communiquant des informations pertinentes supplémentaires aux lecteurs.

10.7.2. Arguments contre l'indexation

Parmi les arguments généralement mentionnes contre l'indexation, citons les suivants :

1. Les études empiriques n'ont pas encore fait l'unanimité quant à 1'utilite des informations indexées pour les investisseurs, telles qu'elles sont présentées par les analystes financiers[27, 28, 29]

2. En général, on estime que la comptabilité indexée n'ajoute pas grand-chose a la comptabilité traditionnelle, qu'elle risque de ne pas être acceptée par la profession et le grand public et, aussi, de prêter a confusion. La confusion viendrait du fait que les lecteurs peuvent être portes à croire que les valeurs << redressées >> sont les valeurs << actuelles >> des éléments de l'actif et du passif. Rappelons que les valeurs actuelles résultent d'une indexation sur le niveau stéarique des prix alors que les valeurs redressées résultent d'une indexation sur le niveau des prix[30]. En d'autres termes, la comptabilité indexée utilise des indices de prix d'intrants comme l'indice implicite de dégonflement de la dépense nationale brute, alors que la comptabilité a la valeur actuelle utilise des indices de prix d'extrants comme les indices spécifiques de chaque commodité ou produit fini. Il s'ensuit que la comptabilité dressée à la valeur d'origine indexée sur le NGP ignore les changements stéariques des prix des éléments de l'actif et du passif résultant d'un progrès dans la productivité ou la technologie.

3. La comptabilité indexée souffre d'un manque de solutions logiques aux difficultés d'ordre technique suivantes:

   a) Le choix, comme indice général des prix, de l'indice implicite de dégonflement des prix de la dépense nationale brute est unanime, bien que d'une part cet indice n'est publié qu'a tous les trois mois, obligeant les entreprises à faire des estimes en fin d'exercice, et que d'autre part, Statistique Canada propose un autre indice qui pourrait convenir à l'indexation des états financiers au Canada, en l'occurrence l'indice des prix à la consommation, qui est calculé mensuellement er publie environ 10 jours après la fin du mois.

   b) La distinction entre éléments ayant une valeur vénale fixe et ceux ayant une valeur vénale variable continue de susciter des controverses dans le cas de

---

[27] HORNCREN, C.T., << Security Analysts and the Price Level >>, *Accounting Review* (octobre 1955).

[28] BAKER, M., *Financial Reporting for Security and Investment Decisions*, New York, National Association of Accountants, 1970.

[29] DYCKMAN, T.R., *Investment Analysis and General Price Level Adjustments*, Studies in Accounting Research No. 1, Evanston, Ill., A.A.A., 1969.

[30] ROSENFIELD, Paul, << The Confusion Between General Price Level Restatement and Current Value Accounting>>, *Journal of Accountancy* (octobre 1972), pp. 63-68.

certains éléments sur lesquels il n'y a pas unanimité. C'est surtout le cas des impôts sur le revenu reportes, les intérêts minoritaires, les actions privilégiées, les dettes remboursables en devises étrangères, etc.

c) Il y a des limites à l'indexation des biens dont la valeur vénale est variable. Ces limites sont dues au fait que les priapées généralement reconnus, à l'exception du postulat de l'unité de mesure, régissent aussi les états financiers dresses a la valeur d'origine indexes sur le NGP. Le problème se pose à savoir s'il faudrait divulguer le montant indexe d'un bilan a valeur vénale variable lorsqu'il est supérieur a la valeur du bien. A ce sujet, le F.A.S.B. *Discussion memorandum* pose la question suivante:

> <<Si, par suite d'une diminution du pouvoir d'achat du dollar, l'indexation du prix coutant d'un bien dont la valeur vénale est variable se traduit par une plus-value et que le montant indexe dépasse le cout de remplacement, la valeur désignée de ce bien, doit-on, dans les états financiers indexes sur l'indice général des prix, limiter Je montant indexe a la valeur désignée de ce bien? De plus, s'il y a lieu d'imposer une telle limite à l'indexation, doit-on le faire pour tous les biens dont la valeur vénale est variable ou seulement pour certains d'entre eux (comme les stocks, par exemple) >> [31]?

En général, que ce soit dans le paragraphe 37 de l'<< A.P.B. Statement No. 3>> ou le paragraphe 40 de l'expose-sondage de l'I.C.C.A. sur le sujet, on est d'accord pour dire que l'indexation des biens non monétaires ne devrait pas dépasser leur valeur de remplacement. De plus, l'expose-sondage de l'I.C.C.A., dans le paragraphe 42, stipule qu'on doit réduire le montant indexé et enregistrer la réduction comme un débit ou un crédit a l'état des résultats indexes sur le NGP et que, si cette réduction est importante, il faudra la divulguer séparément dans les états financiers indexés[32].

d) Finalement, un problème se pose pour le traitement des comptes des succursales et filiales étrangères dans les états financiers indexés. Faut-il les convertir en dollars canadiens avant de les indexer sur le NGP canadien, ou les indexer sur le NGP étranger et les convertir ensuite en dollars canadiens ? L'<< *Institute of Chartered Accountants in England and Wales*>> proposa à cet égard les règles suivantes[33]:

1) si on utilise les taux courants, indexer sur la base du NGP étranger puis convertir',

2) si on utilise les taux d'origine, convertir puis indexer sur le NGP choisi par la compagnie mère.

---

[31] F.A.S.B., << Reporting the Effects of General Price Level Changes in Financial Statements >>op. cit., p. 11

[32] I.C.C.A., *op. cit.*, pp. 10-11.

[33] <<Accounting for Inflation: A Working Guide to the Accounting Procedures>>, *General Educational Trust of Chartered Accountants in England and Wales*, 1973.

Le Comité de recherche comptable opta pour la méthode consistant à convertir d'abord en dollars canadiens puis indexer sur le NGP canadien.

10.8. CONCLUSION

Nous avons établi dans le chapitre 10 que tous les concepts de profit se basent sur une notion de préservation du patrimoine. Alors que la comptabilité a la valeur d'origine cherche à préserver le numéraire et que la comptabilité a la valeur actuelle cherche a préserver le pouvoir de production, la comptabilité a la valeur d'origine indexée sur le NGP cherche à préserver le pouvoir d'achat du numéraire.

Chacune de ces trois méthodes se propose d'enregistrer les opérations de l'entreprise selon certaines règles. La comptabilité a la valeur d'origine se base sur les principes généralement reconnus, notamment le principe du cout d'acquisition et le postulat de l'unité monétaire stable. La comptabilité a la valeur actuelle se distingue par le rejet du principe du cout d'acquisition, alors que la comptabilité a la valeur d'origine indexée sur le NGP se caractérise par le rejet du postulat de l'unité monétaire stable. Chacune de ces méthodes vise donc à corriger un défaut particulier de la comptabilité, que ce soit le principe du cout d'acquisition ou le postulat de l'unité monétaire stable, plutôt que les deux à la fois. C'est pourquoi, dans le chapitre qui suit, l'objectif sera de présenter une forme de comptabilité qui renonce à la fois au principe du cout d'acquisition et au postulat de l'unité monétaire stable. II s'agit de la comptabilité à la valeur actuelle indexée sur le NGP.

Lectures

A.P.B. Statement No. 3, *Financial Statement Restated for General Price Level Changes*, A.I.C.P.A., 1969.

A.R.S. No. 6, *Reporting the Effects of Price Level Changes*, A.I.C.P.A., 1963.

BOERSEMA, John, M., <<La distinction entre les item monétaires et non monétaires dans la comptabilité d'inflation >>, *Cost and Management* (mai-juin 1975), pp. 12-13.

------------------, <<The Case for General Price Level Accounting>>, *CA Magazine* (avril 1974).

COTE, Yves-Aubert, <<Inflation et comparabilité en milieu nord-américain, 1re partie. Le courant néo-classique >>, *CA Magazine* (février 1976), pp. 48-j2.

DAWDSON, Sidney et WEIL, Roman L., <<Inflation Accounting: What Will General Price-Level Adjusted Income Starements Show? >>, *Financial Analysts Journal* (janvier-février 1975), pp. 27-31, 70-84.

DYCKMAN, T.R., <<Investment Analysis and General Price-Level Adjustments-A Behavioral Study,>, *Studies in Accounting Research* No. 1, Evanston, Ill., American Accounting Association, 1969.

EDWARDS, Edgar O. et BELL, Philippe W., *The Theory and Measurement of Business Income*, Berkeley, University of California Press, 1961.

F.A.S.B., *Reporting the Effects of General Price Level Changes in Financial Statements*, Stamford Financial Accounting Standards Board, 15 février 1974.

FINANCIAL ACCOUNIING STANDARDS BOARD, *Reporting the Effects of General Price Level Changes in Financial Statements*, F.A.S.B. Discussion Memorandum (février 1974), p. 11.

HAKANSSON, Nils H., <<On the Relevance of Price Level Accounting>>, *Journal of Accounting Research* (printemps 1969), pp. 22-31.

HANNUM, William H. er WASSERMAN, W., << General Adjustments and Price Level Measurement >>, *Accounting Review* (avril 1968), pp. 295-302.

HEALTH, Lloyd C., << Distinguishing Between Monetary and Non-Monerary Assets and Liabiliries in General Price Level Accounting>>, *Accounting Review* (juillet 1972), pp. 458-468.

HEINTZ, James A., << Price-Level Restated Finanaal Statements and Investment Decision Making >>, *Accounting Review* (octobre 1973), pp. 679-689.

HENDRIKSEN, *Accounting Theory*, Homewood, Ill., Richard D. Irwin Inc., 1970.

JOHNSON, Glenn L., <<The Monetary and Non-monetary Distinction>>, *Accounting Review* (octobre 1965), pp. 821-823.

LAUZON, Leo-Paul et MICHEL, Bernard, <<L'indexation des états financiers>>, I, II, III et IV, *Commerce* (décembre 1975, janvier, février, mars 1976).

MOONITZ, M., << Restating the Price-Level Problem >>, *CA Magazine* (juillet 1974).

MORRIS, R.C., << Evidence of the Impact of Inflation Accounting on Share Prices >>, *Accounting and Bussiness Research* (printemps 1975), pp. 82-90.

NELSON, M.,<< L'indexation des états financiers >>, Cost and Management (septembre-octobre pp. 55-56.

PERRIN, John R., <<Illusory Holding Gains on Long-Term Debt>>, Accounting and Business Research (été 1974), pp. 234-236.

PETERSON, Russell J., <<A Portfolio Analysis of General Price-Level Restatement >>, Accounting Review (juillet 1975), pp. 525-532.

-----------------, << Interindustry Estimation of General Price-Level Impact on Financial Information >>, *Accounting Review* (janvier 1973), pp. 34-43.

POPOFF, Boris, << The Price-Level Adjustment and Accounting Realism: A Case Study of a New Zealand Company >>, *International Journal of Accounting Education and Research*(printemps 1971), pp. 15-35.

ROSEN, L.S., *Valeurs actuelles et indexation, des états financiers*, Toronto, Institut canadien des comptables agréés, 1972.

ROSENFIELD, P., << General Price-Level Accounting and Foreign Operations >>, *Journal of Accountancy* (février 1971).

-------------------, <<The Confusion Between General Price-Level Restatement and Current Value Accounting>>, *Journal of Accountancy* (octobre 1972).

STERLING, Robert R., << Relevant Financial Reporting in an Age of Price Changes >>, *The Journal of Accounting* (février 1975), pp. 42-51.

STICKLER, Alan, D. et HUTCHINS, Christina, S.R., *General Price-Level Accounting Described and Illustrated*, The Canadian Institute of Chartered Accountants, 1975.

SYCAMORE, R.J., <<Inflation et indexation des états financiers >>,.CA Magazine (septembre 1974), pp. 80-85.

VEZINA, Pierre, *La détermination du profit comptable et les changements dans les prix*, Presses de l'université Laval, 1969.

Les méthodes de calcul
du profit

Les méthodes de calcul
du profit

Nous avons établi dans le chapitre 9 que le profit représente ce que l'on peut consommer au cours d'une période sans entamer son patrimoine. Aussi, est-il convenu qu'avant de déterminer le profit, il est n6cessaire de choisir une méthode d'évaluation des biens et des dettes qui permet une préservation du patrimoine. Si cette dernière est conçue en termes de numéraire, le système approprie d'évaluation des biens et des dettes est le système traditionnel base sur la valeur d'origine. Si au contraire, la préservation du patrimoine est conçue en termes de pouvoir d'achat, le système approprie est le système traditionnel base sur la valeur d'origine indexée sur le niveau général des prix (voir chapitre 10). Finalement, si la préservation du patrimoine est conçue en termes de capacité de production le système approprie est le système base sur les valeurs actuelles, et plus principalement celui base sur la méthode du prix d'entrée courant (par exemple le coût de replacement) ou celui basé sur la méthode du prix de sortie courant (par exemple la valeur de réalisation nette).

II est généralement admis que les états financiers basés sur les valeurs actuelles présentent des avantages certains par rapport aux autres états, et qu'ils pourraient être considères nettement supérieurs aux autres méthodes *si en plus* ils tenaient compte aussi du changement dans le niveau général des prix. On serait alors en présence d'un *système base sur les valeurs actuelles indexées sur le niveau général des prix.*

Quelle est, parmi ces méthodes de calcul du profit, celle qu'on devrait choisir? Le but de ce chapitre est justement de clarifier les différences conceptuelles et opérationnelles existant entre ces méthodes, et aussi de les évaluer sur la base d'un nombre donne de critères. Pour assurer une meilleure compréhension, les méthodes seront partagées entre celles qui tiennent compte de l'évolution du niveau général des prix et celles qui n'en tiennent pas compte.

C'est ainsi qu'on peut isoler 3 systèmes qui ne tiennent pas compte de l'évolution du niveau général des prix, soit:

1) *le système traditionnel basé sur la valeur d'origine;*
2) *le système base sur les valeurs actuelles selon la méthode du prix d'entrée courant;*

3) le système base sur les valeurs actuelles selon la méthode du prix de sortie
courant.

De même, on peut isoler 3 systèmes qui tiennent compte de l'évolution du niveau général des prix, soit:

1) le système traditionnel basé sur la valeur d'origine indexée sur le NGP;
2) te système basé sur le prix d'entrée courant indexe sur le NGP;
3) le système basé sur le prix de sortie courant indexe sur le NGP.

Cette classification n'est pas exhaustive; cependant, elle présente les méthodes qui font appel à une seule sorte de valeur, contrairement aux autres méthodes possibles dites << mixtes >>, qui font appel à différentes sortes de valeurs.

11.1. CRITERES DE COMPARAISON ENTRE LES DIFFERENTES METHODES DE CALCUL DU PROFIT

Les méthodes de calcul du profit énumérées ci-haut présentent des attributs différents qui ne peuvent pas et ne doivent pas être évalues comme corrects ou incorrects, mais qui doivent plutôt être juges en termes de critères de choix adéquats ou non pour le développement de la discipline comptable. Quatre critères ont été utilises dans la littérature comptable pour l'évaluation des méthodes de calcul du profit. Ils peuvent être décrits comme suit:

1. Les attributs des méthodes de calcul du profit doivent éviter les *erreurs d'appariement* dans le temps.

2. Les attributs des méthodes de calcul du profit doivent éviter les *erreurs d'unité de mesure*[1].

3. Les attributs des méthodes de calcul du profit doivent être *interprétables*.

4. Les attributs des méthodes de calcul du profit doivent être *pertinents*[2].

11.1.1. Erreurs d'appariement dans le temps

Le principe de la correspondance stipule que la détermination du profit doit être basée sur un rapprochement entre les revenus d'une période et les couts correspondants. L'utilisation du modelé comptable à la valeur d'origine ne permet pas de faire état, au fur et à mesure qu'ils se produisent, des changements dans les valeurs et ne permet pas, par conséquent, un juste appariement entre les revenus et les couts. Les états financiers produits par un tel modelé sont vicies, à cause de ce que l'on pourrait appeler des << erreurs d'appariement dans le temps >>, Ce premier critère nous permettra donc d'évaluer

---

[1] Les deux premiers critères ont été énonces par S. BASU et J.R. HANNA dans *La comptabilisation de l'inflation : solutions, problèmes de mire en application, vérification empirique*, Hamilton, La société des comptables en administration industrielle du Canada, 1975, p. 3.

[2] Les deux derniers critères ont été énonces par Robert R. STERLING dans << Relevant Financial Reporting in an Age of Price Changes >>, *Journal of Accountancy* (février 1975), pp. 43-44.

les méthodes de calcul du profit : on considèrera comme acceptable toute méthode qui permettra d'éliminer ce type d'erreurs.

11.1.2. Erreurs d'unités de mesure

L'inflation est caractérisée principalement par une évolution continue des prix.
Cette évolution peut être générale, stéarique ou relative.

1. Un changement général des prix se traduit par un changement de la valeur de l'unité monétaire. Ce phénomène peut être cause par des modifications de la masse monétaire ou de la << vélocité >> de la monnaie, qui ne sont pas parallèles à l'évolution de l'offre totale de biens et de services produits par l'économie. Une comptabilité indexée sur le niveau général des prix permet de tenir compte de ce changement général des prix.

2. Un, changement spécifique des prix correspond à un changement dans la valeur d'échange d'une denrée déterminée. Si cette denrée est un intrant, le changement spécifique de prix entraine une augmentation des frais d'exploitation de l'entreprise, alors que s'il s'agit d'un extrant, le résultat est une augmentation des revenus. Une comptabilité à la valeur actuelle permet de tenir compte de ce changement spécifique des prix. Rappelons que toute modification du prix d'entrée des éléments d'actif ou de passif pendant une période au cours de laquelle ils sont détenus ou dus par l'entreprise entraine des plus-values ou moins-values de détention (matérialisées ou matérialisables).

3. Finalement, un, changement relatif du prix d'une denrée provient de la différence entre l'indice général des prix et l'indice stéarique des prix de la denrée. Ainsi, si tous les prix augmentent de 20% et que le prix de la denrée X augmente de 32%, le changement relatif du prix de la denrée X est de 10%, c'est-à-dire $^{132}/_{110} - 1$. De même, en exprimant le changement général des prix entre deux périodes t_1 et t_0 par la formule $A_{t1 - t0}$, le changement spécifique par la formule $B_{t1 - t0}$, le changement relatif par la formule $C_{t1 - t0}$ on obtiendrait l'équation suivante :

$$C_{t1 - t0} = A_{t1 - t0} \pm B_{t1 - t0}$$

C'est pourquoi, pour refleter le changement relatif de prix, l'ajustement des comptes comportera un ajustement général et un ajustement spécifique des prix. Une comparabilité a la valeur actuelle indexée sur le niveau général des prix permet de tenir compte du changement relatif des prix.

11.1.3. Possibilité d'interprétation

Pour qu'un système, a l'intérieur d'une approche déductive, soit considère comme théorie scientifique, il est nécessaire qu'il fasse l'objet d'une <<interprétation empirique>>[3]. L'interprétation empirique d'un concept veut que ce concept existe seulement s'il peut être

[3] HEMPEL, Carl G., *Aspects of Scientific Explanation*, New York, Free Press, 1965, p. 111.

intègre dans une phrase conditionnelle. Par exemple, la surface d'un rectangle est égale au produit de la longueur et de la largeur. Cependant, l'interprétation empirique de la surface d'un rectangle est assurée lorsqu'on peut affirmer que si une surface donnée devait être couverte de carreaux d'une taille donnée, il faudrait x carreaux pour la couvrir[4]. L'expression conditionnelle permet de donner une signification au concept. Ainsi, pour qu'une mesure de profit donne soit acceptable, il faudrait qu'elle puisse être interprétée. L'interprétation est possible quand le lecteur est à même de comprendre la signification et l'utilisation de la mesure du profit.

11.1.4. Pertinence

Une des caractéristiques les plus importantes de toute donnée comptable est son utilité ou sa pertinence. Pour qu'une donnée comptable soit considérée comme utile ou pertinente, il faut qu'elle soit spécifiée dans les modelés normatifs ou descriptifs des lecteurs, et, de plus, qu'elle soit mesurée, enregistrée et divulguée dans les rapports comptables. II s'ensuit donc que les différentes méthodes de calcul du profit devront être évaluées selon leur pertinence par rapport aux modelés de décisions des lecteurs. Il est important de se rendre compte qu'une méthode pourrait être interprétable tout en n'étant pas pertinente, et vice versa. L'idéal est que la méthode soit à la fois interprétable et pertinente.

11.2. EXEMPLE

Pour illustrer les différentes méthodes de calcul du profit, nous allons utiliser un exemple fictif: supposons que la compagnie <<Monti Ltée>> est fondée le 1er janvier 1977 dans le but de distribuer un nouveau produit nomme << Gamma >>. Le capital de la compagnie est compose de $3 000 de capital-actions et de $3 000 de dettes a 10%. Le 1er janvier, la compagnie Monti Ltée débute son exploitation par l'achat de 600 unités de Gamma a $10 chacune. Le 1er mai, la compagnie vend 500 unités a $15 chacune. Les changements spécifiques et généraux des prix se lisent alors comme suit:

	1er janvier 1977	1er mai 1977	1er décembre 1977
Coût de remplacement.	$10	$12	$13
Valeur de réalisation nette	----	15	17
Indice général des prix.	100	130	156

11.3. COMPTABILISATION DES ÉTATS FINANCIERS SANS TENIR COMPTE DE L'ÉVOLUTION DU NIVEAU GENERAL DES PRIX

---

[4] STERLING, Robert, *op. cit.*, p. 44.

Si on assume que le niveau général des prix est stable, il est possible de calculer le profit de la compagnie Monti Ltée pour l'année 1977, selon les 3 méthodes suivantes :

  1) la comptabilité a la valeur d'origine;
  2) la comptabilité a la valeur actuelle basée sur le cout de remplacement:
  3) la comptabilité a la valeur actuelle basée sur la valeur de réalisation nette.

L'état des revenus et dépenses et le bilan de l'année 1977 calcules selon les 3 méthodes mentionnées sont présentes dans les tableaux 11-1 et 11-2. Dans les

TABLEAU 11-1
État des revenus et dépenses, 31 décembre 1977

	Valeur d'origine	Coût de remplacement	Valeur de réalisation nette
Revenus	\$7 500 [1]	\$7 100	\$9 200 [7]
- Coût des marchandises vendues. ...	5 000 [2]	6 000 [4]	7 300 [8]
Marge brute d'exploitation.	\$2 500	\$1 500	\$1 900
- Intérêts . . .	300	300	300
Profit d'exploitation	\$2 200	\$1 200	\$1 600 [9]
±Plus-values (moins-values) matérialisées...	[3]	1 000	1 000
±Plus-values (moins-values) non matérialisées.........................	0	300 [6]	300
Profit net.	\$2 200	\$2 500	\$2 900

1. \$15 x 500 = \$7500.
2. \$10 x 500 = \$5000.
3. Inclus dans le profit d'exploitation.
4. \$12 x 500 = \$6000.
5. (\$12 - \$10) x 500 = \$1000.
6. (\$13 - \$10) x 100 = \$300.
7. \$7 500 + \$17(100) = \$9200.
8. \$6000 + \$13(100) = \$7300.
9. Compose du profit d'exploitation réalise (\$1 200) et du profit d'exploitation non réalise (\$400).

TABLEAU 11-2
Bilan - 31 décembre 1977

	Valeur d'origine	Coût de remplacement	Valeur de réalisation nette
Actifs			
Encaisse............	\$7 200	\$7 200	\$7 200
Stocks	1 000	1 300 [1]	1700 [3]
Total............	\$8 200	\$8 500	\$8 900
Passif	\$3 000	\$3 000	\$3 000

Obligations			
Avoir des actionnaires			
Capital-actions	3 000	3 000	3 000
Bénéfices non répartis			
matérialisés	2 200	2 200[2]	2 200
non matérialisés	0	300	700 [4]
Total.................	$8 200	$8 500	$8 900

1. $13 x 100 = $1300.
2. $1200 + $1000 = $2 200.
3. $17 x 100 = $1700.
4. $2900 - $2200 = $700 (profit total - profit matérialise).

pages qui suivent, les résultats produits par chaque méthode sont évalues par rapport à quatre critères:

1) erreurs d'appariement dans le temps;
2) erreurs d'unités de mesure,
3) possibilité d'interprétation ;
4) pertinence.

11.3.1. Les états financiers dressés à la valeur d'origine

Le profit comptable, ou méthode conventionnelle de calcul des résultats d'une entreprise, est basé essentiellement sur:

1) l'utilisation de la valeur d'origine pour l'évaluation des comptes (principe du coût) ;
2) le principe de la stabilité de l'unité monétaire ;
3) le principe du rapprochement des revenus et des dépenses;
4) le principe de la réalisation du revenu.

Par définition, donc, le profit comptable est la différence entre les revenus réalises et les coûts correspondants. Dans notre exemple, le profit comptable basé sur la valeur d'origine est égal à $2200. Que représente ce chiffre pour la compagnie Monti ? En général, on peut considérer ce profit comptable comme une expression de la base du calcul de l'impôt et des dividendes. Son utilisation dans les modèles de décision relatifs aux investissements tient essentiellement à son acceptation inconditionnelle par la profession comptable. Cette acceptation s'explique par le fait que le profit comptable est objectif, vérifiable, pratique et facile à comprendre. Les comptables préfèrent s'en tenir à ces qualités sures et craignent la confusion que pourrait engendrer l'adoption de toute autre technique de mesure du profit.

Cependant, que représente le chiffre de $2 200 sur le plan conceptuel et par rapport aux quatre critères d'évaluation?   '

1. Le profit comptable base sur la valeur d'origine contient des erreurs d'appariement dans le temps portant sur le profit d'exploitation et les plus-values ou moins-values de détention. Ainsi:
   a) il exclut le profit d'exploitation et les plus-values (ou moins-values) de détention de la période qui seront matérialises dans le futur;
   b) il inclut er combine en un seul chiffre le profit d'exploitation et les plus-values de détention matérialises dans la période actuelle et dont l'origine remonte à des périodes antérieures.

2. Le profit comptable base sur la valeur d'origine contient des erreurs d'unités de mesure puisque:
   a) il ne tient pas compte de l'évolution générale des prix au moyen d'une indexation sur le niveau général des prix;
   b) il ne tient pas compte de l'évolution spécifique des prix parce qu'il n'utilise pas la valeur actuelle mais la valeur d'origine comme base d'évaluation des actifs et des passifs.

3. Le profit comptable base sur la valeur d'origine mesure le changement du numéraire, en d'autres termes, il mesure le changement dans le nombre de dollars (NDD) durant une période. En ce sens, il peut être interprète.

4. Même s'il peut être interprète comme une mesure du NDD, le profit comptable base sur la valeur d'origine n'est pas pertinent parce que l'attribut à mesurer est plutôt le maintien de la capacité de production. Ce dernier équivaut au maintien du nombre de produits (NDP) que la firme peut être assurée de maintenir sur le marché.

11.3.2. Les états financiers dresses à la valeur actuelle sur la base du cout de remplacement

Les états financiers dresses a la valeur actuelle sur la base du prix d'entrée courant (ici le cout de remplacement) permettent de faire une distinction entre:
   1) un profit d'exploitation de $1200;
   2) des plus-values matérialisées de détention de $1000;
   3) des plus-values non matérialisées de détention de $300.

Le profit d'exploitation base sur le coût de remplacement est égal à la différence entre les revenus réalises et les couts de remplacement correspondants. Il n'est donc reconnu qu'au moment de la vente. Les plus-values et moins-values de détention proviennent de la différence entre le cout de remplacement et la valeur d'origine. Elles sont divisées en plus-values et moins-values de détention matérialisées et non matérialisées. Celles qui sont matérialisées sont égales à la différence entre les coûts de remplacement et les valeurs d'origine des biens vendus. Par contre, les non matérialisées sont égales à la différence entre les coûts de remplacèrent et les valeurs d'origine des biens non aliènes. Il s'agit de gains et pertes potentiels. Pour résumer, disons que le profit base sur le coût de remplacement est égal : 1) au profit d'exploitation base sur le cout de remplacement, 2) aux plus-values ou moins-values de détention matérialisées; et 3) aux plus-values ou moins-values de détention non matérialisées. Chacune de ces composantes à une signification économique propre. Ainsi: le profit d'exploitation base sur le cout de remplacement reflète le résultat de l'exploitation courante de l'entreprise. Il représente le montant maximum de dividendes que l'entreprise pourrait payer sans entamer son capital. De même, les plus-values ou moins-values de détention matérialisées sont un indicateur de l'efficacité de la gestion des investissements. Finalement, les plus-values ou moins-values de détention non matérialisées reflètent le potentiel de profit futur et constituent, en quelque sorte, un indicateur de la performance future de l'entreprise.

De nouveau, que représente le chiffre de \$2500, en tant que profit base sur le coût de remplacement, sur le plan conceptuel et par rapport aux quatre critères d'évaluation ?

1. Le profit comptable base sur le cout de remplacement contient des erreurs d'appariement dans le temps portant uniquement sur le profit d'exploitation (et non sur les plus-values et moins-values de détention). Ceci parce que les revenus ne sont reconnus que lorsqu'ils sont réalisés. Il s'ensuit que le profit comptable base sur le coût de remplace ment a pour effet :
   a) d'omettre les profits d'exploitation de la période qui ne sont pas encore matérialises;
   b) d'inclure les profits d'exploitation de périodes antérieures qui sont matérialises au cours de la période actuelle;
   c) d'inclure correctement les plus-values et moins-values de détention.

2. Le profit comptable base sur le cout de remplacement contient de erreurs d'unités de mesure puisque:
   a) il reconnait les changements spécifiques des prix;
   b) mais il ne reconnait pas le changement général des prix.

3. Le profit comptable base sur le cout de remplacement mesure le changement dans le nombre de produits que la firme peut être assurée de maintenir sur le marché. Il peut donc être interprète comme étant le NDP qu'on peut se procurer sur la base des résultats réalises de l'exploitation actuelle.

4. Même s'il peut être interprète comme une mesure du NDP réalise, le profit base sur le cout de remplacement n'est pas pertinent dans la mesure où il n'inclut pas le NDP fion réalise.

11.3.3. Les états financiers dresses à la valeur actuelle
sur la base de la valeur de réalisation nette

Les états financiers dresses a la valeur actuelle sur la base du prix de sortie courant (ici, la valeur de réalisation nette) permettent de faire une distinction entre :

1) un profit d'exploitation de $1600;

2) des plus-values matérialisées de détention de $1000;

3) des plus-values non matérialisées de détention de $300.

La seule différence entre le profit base sur le cout de remplacement et le profit base sur la valeur de réalisation nette réside dans le calcul du profit d'exploitation. La méthode du prix de sortie courant enregistre toute modification de prix réalisée ou non réalisée durant une période, alors que la méthode du prix d'entrée courant ne reconnait les revenus que lorsqu'ils sont réalisés. Ceci explique pourquoi le profit d'exploitation base sur le cout de remplacement est de $1 200, alors que le profit d'exploitation base sur la valeur de réalisation nette est de $1 600. 11 s'ensuit que le profit total base sur la valeur de réalisation nette présente les mêmes avantages que le profit total base sur le cout de remplacement. De plus, il reconnait le profit d'exploitation de produits non encore vendus. Les modifications de prix sont donc reconnues quand elles surviennent, qu'elles soient causées par des ventes ou non.

Que représente cette fois le chiffre de $2 900 en tant que profit total base sur la valeur de réalisation nette sur le plan conceptuel et par rapport aux quatre critères d'évaluation ?

1. Le profit comptable base sur la valeur de réalisation nette n'inclut pas d'erreurs d'appariement dans le temps puisque:

    a) il inclut tous les profits d'exploitation et les plus-values et moins-values de détention au moment où ils surviennent,

    b) il exclut tous les profits d'exploitation et les plus-values et moins-values de détention qui sont survenus dans les périodes antérieures. Le tableau 11-3 présente une analyse des erreurs d'appariement.

2. Le profit comptable base sur la valeur de réalisation nette contient les mêmes erreurs d'unités de mesure que le profit base sur le cout de remplacement.

TABLEAU 11-3

Analyse des erreurs d'appariement - Année 1977

Total des profits d'exploitation et des plus-values et moins-values de détention	Valeur d'origine		Coût de remplacement		Valeur de réalisation nette	
	Profit Comptable	Erreur	Profit comptable	Erreur	Profit comptable	Erreur
$2 900	$2 200	$700	$2 500	$400	$2 900	0

3. Le profit comptable basé sur la valeur de réalisation nette mesure le changement dans le NDP réalisé et non réalisé que la firme peut s'assurer sur le marché. Il peut donc être interprété comme étant le NDP réalisé et non réalisé qu'on peut se procurer sur la base des résultats réalisé et non réalisé de l'exploitation actuelle.

4. Même s'il peut être interprété comme une mesure du NDP réalisé et non réalisé, le profit base sur la valeur de réalisation nette n'est pas pertinent parce qu'il contient des erreurs d'unités de mesure.

11.4. COMPTABILISATION DES ÉTATS FINANCIERS ASSUMANT QUE LE NIVEAU GÉNÉRAL DES PRIX N'EST PAS STABLE

Si l'on assume que le niveau général des prix n'est pas stable, et qu'une indexation sur le NGP est nécessaire, il est possible de calculer le profit de la compagnie Monti Ltée pour l'année 1977, selon les 3 méthodes suivantes:

1) la comptabilité a la valeur d'origine indexée sur le NGP;

2) la comptabilité a la valeur actuelle basée sur le cout de remplacement et indexée sur le NGP;

3) la comptabilité a la valeur actuelle basée sur la valeur de réalisation nette et indexée sur le NGP.

L'état des revenus et dépenses et le bilan de l'année 1977 calcules selon les 3 méthodes mentionnées sont présentes dans les tableaux 11-4 et 11-5. Dans les pages qui suivent, les résultats produits par chaque méthode seront évalues par rapport aux quatre critères:

1) erreurs d'appariement dans le temps;

2) erreurs d'unités de mesure;

3) possibilité d'interprétation;

4) pertinence.

TABLEAU 11-4

État des revenus et dépenses, 31 décembre 1977
(Compte tenu de l'évolution du NGP)

	Valeur d'origine	Coût de remplacement	Valeur de réalisation nette
Revenus	\$9 000 [1]	\$9 000	\$10 700 [7]
- Coût des marchandises vendues. ...	7 800 [2]	7 200 [4]	8 500 [8]
Marge brute d'exploitation.	\$1 200	\$1 800	\$2 200
- Intérêts	300	300	300
Profit d'exploitation.	\$ 900 [3]	\$1 500	\$1 900
±Plus-values (moins-values) matérialisées......		(600) [5]	(600)
±Plus-values (moins-values) non matérialisées...	0	(260) [6]	(260)
±Gains (pertes) de pouvoir d'achat.......	180	180	180
Profit net.....	\$1 080	\$ 820	\$1 220

1. $\$7500 \times {}^{156}/_{130} = \$9000$.
2. $\$5000 \times {}^{156}/_{100} = \$7800$.
3. Inclus dans le profit d'exploitation.
4. $\$6000 \times {}^{156}/_{130} = \$7200$.
5. $(\$12 \times {}^{156}/_{130} - \$10 \times {}^{156}/_{100} \times 500 = (600)$.
6. $(\$13 - 10 \times {}^{156}/_{100}) \times 100 = (260)$.
7. $\$9000 + (17 \times 100) = 10700$.
8. $\$7200 + (13 \times 100) = \$8500$.

TABLEAU 11-5

Bilan - 31 décembre 1977 (Compte tenu de l'évolution du NGP)

	Valeur d'origine	Coût de remplacement	Valeur de réalisation nette
Actifs			
Encaisse............	$7 200	$7 200	$7 200
Stocks	1 560[1]	1 300	1 700
Total............	$8 760	$8 500	$8 900
Passif			
Obligations	$3 000	$3 000	$3 000
Avoir des actionnaires			
Capital-actions	4 680	4 680	4 680
Bénéfices non répartis			
matérialisés	900	900	900
non matérialisés	0	(260)	140
Gains (pertes) de			
pouvoir d'achat...............	180	180	180
Total.................	$8 760	$8 500	$8 900

1. $1000 x $^{156}/_{100}$= $1560.

11.4.1. Les états financiers dressés à la valeur d'origine indexes sur le NGP

Le pouvoir d'achat du dollar n'est pas stable d'une période à l'autre. Par conséquent, les valeurs d'origine consignées dans le bilan reflètent des dollars ayant des pouvoirs d'achat différents et on ne peut les additionner puisque les unités de mesure dans lesquelles elles sont exprimées ne sont pas uniformes. C'est pourquoi l'indexation des valeurs d'origine sur un indice général des prix semble être une solution adéquate. En effet, cette indexation corrige la situation en exprimant tous les postes du bilan en termes de dollars ayant le même pouvoir d'achat. Par définition, le profit comptable dresse a la valeur d'origine indexe sur le NGP est égal a la différence entre les revenus réalisés et les valeurs d'origine correspondantes indexées sur le NGP. Dans notre exemple, le profit comptable base sur la valeur d'origine indexe sur le NGP est égal a $1 080. Que représente ce chiffre pour la compagnie Monti Ltée?

1. Le profit comptable base sur la valeur d'origine indexe sur le NGP contient les mêmes erreurs d'appariement dans le temps que le profit comptable base sur la valeur d'origine présente dans la section 11.3.1.
2. Le profit comptable base sur la valeur d'origine indexe sur le NGP contient des erreurs d'unités de mesure puisque:
   a) il tient compte de l'évolution générale des prix au moyen de l'indexation sur le NGP ;

b) il ne tient pas compte de l'évolution spécifique des prix en omettant d'utiliser la valeur actuelle plutôt que la valeur d'origine comme base d'évaluation des actifs et des passifs.

3. Le profit comptable base sur la valeur d'origine index sur le NGP mesure le changement dans le pouvoir d'achat du numéraire. En d'autres termes, il mesure le changement dans le pouvoir d'achat d'un nombre de dollars (NDD) durant une période. En ce sens, il peut aussi être interprété.

4. Même s'il peut être interprété comme une mesure du pouvoir d'achat du NDD, le profit comptable basé sur la valeur d'origine n'est pas pertinent parce qu'il ne tient pas compte du changement spécifique des prix.

11.4.2. Les états financiers basés sur le coût de remplacement indexés sur le NGP

Les états financiers bases sur le coût de remplacement indexes sur le NGP permettent de faire une distinction entre:

1) un profit d'exploitation indexe de $1500;
2) des moins-values réelles matérialisées de détention de $600;
3) des moins-values réelles non matérialisées de détention de $260;
4) des gains (ou pertes) de pouvoir d'achat de $ 180.

Le profit d'exploitation base sur le cout de remplacement indexe sur le NGP est égal a la différence entre les revenus réalisés et les couts de remplacement indexes correspondants. De même, les plus-values ou moins-values << réelles >> de détention proviennent de la différence entre le cout de remplacement indexe er la valeur d'origine indexée. Selon cette méthode, on tient donc compte du changement réel des prix en reflétant l'effet cumulatif du changement général et du changement spécifique des prix. Remarquons que la seule différence entre le profit base sur le coût de remplacement et le profit base sur le cout de remplacement indexe réside dans le fait que ce dernier tient compte uniquement des plus-values ou moins-values << *réelles*>> de détention et aussi des gains et pertes de pouvoir d'achat.

De nouveau, que représente le chiffre de $820 en tant que profit base sur le coût de remplacement indexe sur le NGP sur le plan conceptuel et par rapport aux quatre critères d'évaluation ?

1. Le profit comptable base sur le cout de remplacement indexe sur le NGP contient les mêmes erreurs d'appariement dans le temps que le profit comptable base sur le cout de remplacement tel que présente dans la section 11.3.2.

2. Le profit comptable base sur le cout de remplacement indexe sur le NGP ne contient pas d'erreurs d'unités de mesure puisqu'il:
   a) reconnait les changements spécifiques des prix;
   b) reconnait le changement général des prix.

289

3. Le profit comptable base sur le cout de remplacement indexe sur le NGP mesure le changement dans le pouvoir d'achat d'un nombre de produits que la firme est assurée de maintenir sur le marché. 11 peut donc être interprété comme étant le NDP en dollars constants qu'on peut se procurer sur la base des résultats d'exploitation réalisés.

4. Même s'il peut être interprété comme une mesure du pouvoir d'achat du NDP réalisé, le profit base sur le cout de remplacement indexe sur le NGP n'est pas pertinent dans la mesure où il n'inclut pas le pouvoir d'achat du NDP non réalisé.

11.4.3. Les états financiers bases sur la valeur de réalisation nette indexes sur le NGP

Les états financiers bases sur la valeur de réalisation nette indexes sur le NGP permettent de faire une distinction entre:

1) un profit d'exploitation de $1900;

2) des moins-values réelles matérialisées de $600;

3) des moins-values réelles non matérialisées de $260;

4) des gains de pouvoir d'achat de $180.

Le profit comptable base sur la valeur de réalisation nette indexe sur le NGP diffère du profit comptable base sur le cout de remplacement indexe sur le NGP uniquement dans le calcul du profit d'exploitation. La méthode basée sur la valeur de réalisation reconnait toute modification de prix alors que la méthode basée sur le cout de remplacement ne reconnait que les revenus réalisés. Il s'ensuit que *le profit comptable basée sur la valeur de réalisation nette indexe sur le NGP est la méthode la plus acceptable de mesure du profit*. En effet :

1) 11 ne contient pas d'erreurs d'appariement dans le temps;

2) 11 ne contient pas d'erreurs d'unités de mesure;

3) 11 peut être interprété comme étant une mesure du pouvoir d'achat du NDP réalisé et non réalisé ;

4) 11 est pertinent à cause des 3 caractéristiques précédentes.

11.5. ANALYSE DES TYPES D'ERREURS

Le tableau 11-6 présente en détail les caractéristiques de chacune des mesures de calcul du profit analysées par rapport aux quatre critères d'évaluation utilisés dans ce chapitre. Le choix d'une de ces mesures dépendra en fait de l'école de pensée à laquelle adhèreront la firme, les lecteurs et la profession. Cette école de pensée se définira principalement par rapport aux quatre critères d'évaluation.

11.6. PRISE DE POSITIONS CANADIENNE SUR LES EFFETS DE VARIATIONS DE PRIX

Plutôt que de choisir entre les six positions présentées dans ce chapitre, le C.I.C.A. a choisi dans le chapitre 451. du Manuel de ne pas modifier les états financiers de base établis au cout d'origine, et de demander la présentation d'un supplément d'information sur les effets des variations de prix dans le rapport annuel qui contient les états financiers au cout d'origine. Ainsi, les entreprises dont les titres de participation ou d'emprunt sont négociés sur un marché public et qui possèdent, au début de l'exercice pour lequel on présente des états financiers:

    a) soit des stocks et des immobilisations d'une valeur d'au moins 50 millions de dollars (avant déduction de l'amortissement cumule et de la provision pour épuisement) ;

    b) soit un actif d'au moins 350 millions de dollars (après déduction de l'amortissement cumule et de la provision pour épuisement);

doivent présenter un supplément d'information sur les effets des variations de prix.

TABLEAU 11-6

Analyse des types d'erreurs

Méthodes de calcul du profit	Erreurs d'appariement dans le temps *	Erreurs d'unités de mesure **	Possibilité d'interprétation	Pertinence
1. Profit comptable basé sur la valeur d'origine	a. oui b. oui	c. oui d. oui	oui	non
2. Profit comptable basé sur le coût de remplacement	a. oui b. éliminées	c. oui d. éliminées	oui	non
3. Profit comptable basé sur la valeur de réalisation nette	a. éliminées b. éliminées	c. oui d. éliminées	oui	non
4. Profit comptable basé sur la valeur d'origine indexé sur le NGP	a. oui b. oui	c. éliminées d. oui	oui	non
5. Profit comptable basé sur le coût de remplacement indexe sur le NGP	a. oui b. éliminées	c. éliminées d. éliminées	oui	non
6. Profit comptable basé sur la valeur de réalisation nette indexe sur le NGP	a. éliminées b. éliminées	c. éliminées d. éliminées	oui	oui

* La lettre a. sera utilisée pour les erreurs portant sur le profit d'exploitation.

La lettre b. sera utilisée pour les erreurs portant sur les plus-values ou moins-values de détention.

** La lettre c. sera utilisée pour les erreurs portant sur le niveau général des prix.

La lettre d. sera utilisée pour les erreurs portant sur le niveau spécifique des prix.

Le supplément d'information à fournir se définit comme suit:

1. Il doit contenir les elements suivants:

   a) le cout actuel des marchandises vendues et de la dotation à l'amortissement des immobilisations fondées sur le cout actuel, ou les redressements nécessaires pour exprimer ces postes au cout actuel,

   b) les montants d'impôts exigibles et d'impôts reportes afférents à l'exercice ;

   c) le bénéfice avant postes extraordinaires, compte tenu des postes susmentionnés.

2. Il doit comporter au moins les données suivantes:

   a) le montant de la variation du coût actuel des stocks et des immobilisations survenues au cours de l'exercice, avec mention explicite des cas où l'on a réduit le cout actuel pour le ramener au montant recouvrable ;

   b) la valeur comptable:

   i) des stocks et,

   ii) des immobilisations, fondée sur le cout actuel à la fin de l'exercice, avec mention explicite des cas où l'on a réduit le cout actuel pour le ramener au montant recouvrable ;

   c) l'actif net, après réévaluation des stocks et des immobilisations au cout actuel à la fin de l'exercice;

   d) le gain ou la perte du pouvoir d'achat général sur détention d'elements monétaires nets au cours de l'exercice.

11.7. CONCLUSION

Le présent chapitre à présente, au moyen d'un exemple fictif, six méthodes envisagées pour calculer le résultat d'une entreprise pour une période donnée. Ces six méthodes ne constituent pas un ensemble exhaustif. Cependant, elles englobent les principaux concepts mis de l'avant dans la littérature et dans la pratique comptable en ce qui a trait à la détermination du profit. Chacune des méthodes présente des avantages différents pour la profession comptable. Comme le choix doit se faire surtout en fonction des besoins des lecteurs, il faut tenir compte de la possibilité d'utiliser le résultat fourni par ces méthodes dans les modelés normatifs de prise de décisions. Dans ce chapitre, nous nous sommes prononces en faveur de la méthode du profit comptable base sur la valeur de réalisation nette indexe sur le NGP, en tenant compte de quatre critères:

   1) l'absence d'erreurs d'appariement dans le temps;

2) l'absence d'erreurs d'unités de mesure;
3) la possibilité d'interprétation;
4) la pertinence.

Lectures

BASU, S. et J.R. HANNA, *La comptabilisation de l'inflation: solutions, problèmes de mise en application, vérification empirique*, Société des comptables en administration industrielle du Canada, 1975.

BELKAOUI, Ahmed, <<L'embarras du choix dans le calcul du profit>>, CA Magazine (avril 1975), pp. 44-47,

HANNA, J.R., *Accounting Income Models: An Application and Evaluation*, Étude spéciale n° 8, Société des comptables en administration industrielle du Canada, juillet 1974.

L'INSTITUT CANADIEN DES COMPTABLES AGRÉÉS, *La comptabilisation des effets de to variation du pouvoir d'achat de l'argent*, Exposé-sondage, juillet 1975.

ROSENFIELD, Paul, << GPD Accounting-Relevance and Interpretability >>, *Journal of Accountancy* (août 19715.

STERLING, Robert R., << Relevant Financial Reporting in an Age of Price Changes >>, Journal of Accountancy (février 1975), pp. 49-51.

------------, Theory of the Measurement of Enterprise Income, Lawrence, University Press of Kansas, 1970.

ZEFF, Stephen, A.,< Replacement Cost: Member of the Family, Welcome Guest, or Intruder >>, Accounting Review (octobre 1962), pp. 611~625.